엑셀을 이용한 실무 중심의

사회과학 조사방법론

이은수 · 조재범 지음

자유아카데미

머리말

대부분의 사회과학 연구분야에는 정성적 연구와 함께 이 책에서 설명하고자 하는 정량적 연구가 있다. 그리고 정량적 연구의 흐름은 다음과 같은 순서에 따라 진행되는 것이 일반적이다.

① 기존에 연구된 논문이나 기타 관련 자료들을 검토하고 정리하여 ② 그를 기반으로 새로운 연구 주제나 방향을 정한다. 연구 주제가 결정되면 그와 관련된 ③ 검증하고자 하는 가설을 설정한다. 다음으로 설정된 가설을 정량적으로 검정하기 위한 자료를 수집하여야 하는데, 이러한 자료를 수집하는 과정에서 가장 중요한 것이 모집단의 대표성과 객관성, 그리고 정확성을 확보하는 일이다.

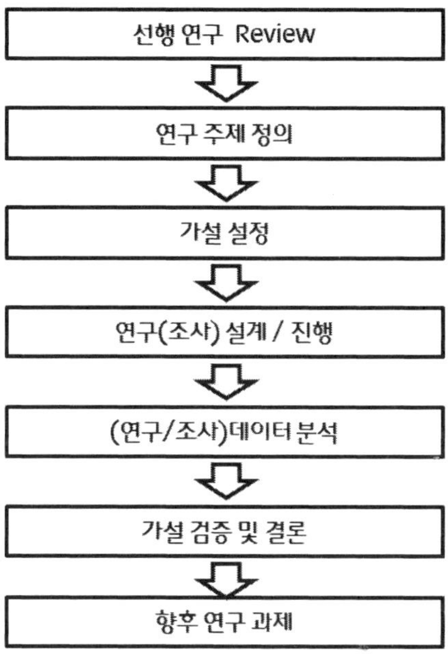

따라서 ④ 모집단을 대표할 수 있도록 조사 대상자를 선정하여 표본을 설계 및 추출하고, 연구자의 주관성이 개입되지 않도록 객관적인 데이터를 수집하여 실제 현상을 정확하게 반영할 수 있는 데이터 수집 방법 및 표본설계 등의 연구방법을 설계하여야 하는 것이다. 연구방법의 설계가 끝나면 이에 따라 ⑤ 실제 데이터를 수집하여 ⑥ 통계적 분석을 수행하고 설정된 가설을 검정하여 연구의 결론을 찾아내는 과정을 따르게 된다.

이 과정에서 정량적 연구방법론을 전공하지 않은 연구자들에게 두 가지 측면의 어려움이 있다. 첫 번째는 조사 대상자를 선정하고, 설문지 작성, 자료 수집, 데이터 코딩 및 입력, 데이터 정제 등의 연구를 위한 조사 설계 및 진행 과정에서의 어려움이다. 이 경우 연구자가 교과서에서 다루듯이 단순히 학문적으로 접근하고 학습하기보다는 실무 중심의 경험에서 보다 효율적인 조사 설계가 이루어져야 하기 때문이다. 물론 사회과학 분야에서 연구조사방법론에 대한 실무 강좌가 일부 진행되기는 하지만, 막대한 비용이 투입되는 프로젝트 진행 경험에 의한 조사연구의 노하우를 반영시키는 것에는 현실적으로 어려움이 따른다.

정량적 연구를 진행하면서 부딪히는 두 번째 어려움은 통계적 분석 측면이다. 많은 사회과학 분야 연구자들이 통계적 방법론의 이론에 대한 이해가 부족한 상태에서 정량적 연구를 진행한다. 따라서 수집한 자료의 통계적 분석을 다른 통계학 전문가에게 의뢰하거나 통계학의 기본적 개념 없이 기계적으로 분석을 하게 되는데, 이렇듯 두 가지 측면 모두에서 다소의 문제점이 종종 발견된다.

진행하고자 하는 연구 주제에 대해서 생소하거나 관여 정도가 낮은 통계 전문가가 기계적인 통계적 분석만 수행하다 보니 연구 방향이나 목적과 부합되지 않는 잘못된 통계적 방법을 사용함으로써 결과가 왜곡되는 경우가 자주 발생한다. 즉 연구의 세부 목적이나 모집단의 특성, 데이터 수집 방법에 따라 세부적으로 사용하는 통계적 방법이 다를 수 있음에도 불구하고, 이러한 점을 고려하지 않고 분석이 진행되고, 담당 연구자 또한 이러한 세부적인 분석방법론의 차이에 대한 이해도가 낮기 때문에 왜곡된 결론이 도출되는 것은 어쩌면 당연하다고 할 수 있다. 즉 정량적 연구는 해당 주제에 대한 연구 분야, 조사방법론 분야, 통계분석 전문가 등의 연구진들이 같이 진행하여야 하는 것이다.

이 책은 이러한 측면에서 사회과학 분야 전공자들이 정량적 연구를 진행하는 과정에서 효율적으로 연구조사를 설계하고 데이터 수집 및 정확한 통계분석을 진행하는 가이드를 제공할 목적으로 저술되었다. 즉 오랫동안 다양한 정량적 연구를 진행한 경험과 수많은 공기업 및 사기업의 조사연구 프로젝트를 수행하면서, 풍부한 경험의 실무자들 각자의 지식과 경험을 서로 진솔하게 공유하며 얻은 소중한 실무경험을 기반으로 저술하였다.

복잡한 통계적 이론, 어려운 수식보다는 사회과학 분야 전공자들의 입장에서 최대한 이해하고 사용하기 쉽도록, 그리고 정확한 연구결과를 도출하기 위해 최선의 연구 조사를 설계할 수 있는 가이드를 제공하려고 노력하였다.

실제 대학에서 사회과학 분야 전공자들과 함께 공부하는 눈높이에서, 그리고 이론과 현실을 같이 고려해야 하는 실무자의 입장에서 오랜 숙고와 다양한 배려 속에 고민한 결실을 내 놓는다. 출간 후에라도 수정사항이 있을 경우에는 자유아카데미 홈페이지(www.freeaca.com) 자료실에 제공할 예정이다. 여러 모로 부족한 부분이 있지만, 많은 사회과학 분야 전공자 및 연구자들에게 자그마한 도움이라도 되기를 진심으로 소망한다.

2016년 7월

저자 이은수(eslee@marketlink.co.kr), 조재범(cjb@f1ckorea.com)

이 책을 쓴 의도와 주안점

이 책은 크게 두 가지 Part로 구성되어 있다. 첫 번째 Part는 연구자들이 이론과 현실이라는 상충되는 구조 하에서 효율적으로 조사 대상자를 선정하고, 표본을 추출하는 방법, 데이터를 수집하는 방법 등의 다소 실무적인 부분이며, 두 번째 Part는 얻은 데이터를 정량적으로 분석하는 통계적 방법론의 측면으로 구성하였다. .

현재 엑셀을 이용한 통계분석 관련 서적이 많이 출간되어 있는 상황이나 어려운 통계적 이론 위주의 설명에 엑셀로 분석하는 방법을 추가하는 방식으로 저술된 것이 많아서 실제 통계적 이론에 낯선 연구자들이 사용하기에 쉽지만은 않은 경향이 있다. 또한 조사방법론에 대해서는 다소 현실과 거리감이 있는 추상적인 이론들 위주로 저술된 서적이 많다.

학교 및 기업체 등에서 많은 연구자들과 함께 연구나 프로젝트를 하다 보면 사회과학은 물론 자연과학을 연구하는 연구자들의 경우 이러한 통계적 이론에 익숙하지 않아 간단하게 분석을 할 수 있는 방법에 대한 요구를 자주 접하게 된다.

또한 연구 과정에서 통계적 분석보다는 가장 어려워하는 부분이 바로 조사 설계 및 진행 과정이다. 무엇을 어디서부터 시작해야 할지 엄두조차 내지 못하고 연구를 주저하거나 포기하는 연구자들도 수없이 봤다.

따라서 이 책은 어려운 통계 및 수리적 이론에 대한 내용에 대해서는 가급적 언급을 피하고, 조사연구 분야에서 가장 많이 사용되는 분석방법과 통계 기법에 대하여 철저하게 실용적 관점에서 작성된 연구 조사 및 분석방법의 실무적 매뉴얼 성격으로 소개하려고 노력하였다.

한마디로 이야기하자면 **통계적 이론에 익숙하지 않은 사회과학 및 자연과학 연구자들, 또한 관련 업계에서 프로젝트를 진행하는 실무자들이 ① 조사연구를 설계하고 진행하여 ② 얻은 데이터를 엑셀로 쉽고 간단하게 분석할 수 있는 매뉴얼**을 만들고자 하는 의도로 저술하였다.

그러나 좀 더 깊은 통계적 이론들을 필요로 하는 사회과학 분야의 연구자들을 위해 각각의 분석방법마다 해당 장의 뒷부분에 통계적 이론에 대한 내용도 간략하게 참조하도록 하였다. 따라서 통계적 이론이 어렵거나 불필요한 연구자들은 단순하게 분석방법론만 학습하여 이용하면 될 것이다.

마지막으로 이 책에서 사용된 실습 데이터는 본 출판사의 홈페이지 자료실에서 다운받을 수 있으며, 단순히 강의용 데이터가 아닌 실제 연구자료로 수집된 데이터를 제공하니 반드시 데이터를 다운 받아서 실습을 병행하면서 이 책을 공부하길 다시 한 번 당부한다.

차례

1장 표본조사와 표본설계

2장 조사방법별 진행 및 유의 사항

3장 설문지 작성 및 자료수집

4장 추정 및 검정

5장 평균값 차이 검정

1장

표본조사와 표본설계

정량적 연구방법 설계에서는 먼저 누구를 대상으로 조사할 것인가, 몇 명을 조사해야 하는가, 무엇을 조사할 것인가, 어떤 자료수집 방법을 이용하여 조사할 것인가, 데이터를 어떻게 처리하고 어떤 분석방법을 사용할 것인가, 어떤 결과물을 얻을 것인가 등을 총체적으로 고려하여 표본설계 및 조사방법을 결정해야 한다.

즉 응답자 특성, 조사방법, 표본추출방법, 표본크기, 조사목적, 질문항목, 데이터의 통계적 분석방법 등이 각각 정해진 정답이 있는 것이 아니라 톱니바퀴처럼 서로 얽혀 있어 총체적으로 고려해서 연구설계가 결정되어야 한다. 따라서 표본 설계는 조사연구 설계의 일부분이자 전체라고 할 수 있다.

조사방법이나 표본 구성은 각기 정해진 원칙이 있는 것이 아니라 연구의 주제, 조사 대상자의 연령, 직업, 성별, 거주 지역 등의 인구통계적 분류 변수, 시간과 비용이라는 현실적 한계 등을 종합적으로 고려하여 가장 최선의 방안을 찾는 과정이기 때문에 이론적 원칙과 조사 과정에서 발생할 수 있는 문제들에 대한 현실적 상황을 모두 숙지 및 이해하고 있어야 한다.

즉 표본추출의 이론적 원칙 및 데이터 수집 과정의 현실적 상황과 한계를 모두 고려해서 연구설계를 해야 하는 것이다. 가끔 조사 대상자의 접근 가능성, 적합한 응답자인지에 대한 검증 가능성, 모집단의 구성비 등 현실적인 부분을 고려하지 않고 표본오차를 줄인다는 이론적 원칙만 고려하여 무리하게 조사 대상자를 선정하거나 표본 설계를 하여 오히려 이로 인한 비표본오차를 증가시키는 오류를 범하는 경우가 많다. 이는 대부분의 학교 교육 과정에서 이론적 표본오차만 강조하고 실제 데이터 수집 및 처리 과정에서 발생하는 비표본오차에 대한 연구나 교육의 부족에 기인한 점도 있으리라 판단된다. 따라서 이 장에서는 이론적 표본오차를 줄이기 위한 표본 설계뿐만 아니라 비표본오차를 줄이기 위하여 고려해야 하는 조사 설계 시의 중요한 유의 사항들에 대해서 종합적으로 설명하고자 한다.

1.1 표본조사 정의

조사방법에는 전수조사와 표본조사가 있다. 전수조사는 연구 주제에 대해서 관심이 있는 집단 구성원 전체를 모두 조사하는 것이며, 우리나라에서 현재 전 국민을 대상으로 진행하는 '인구주택총조사'가 전형적인 전수조사의 예이다. 그러나 이와 같이 정보를 알고자 하는 연구 대상자를 전부 조사하는 것은 비용과 시간, 접촉 가능성 등 현실적으로 어려운 경우가 대부분이다.

예를 들면 H 가구에서 새로운 주방 가구를 디자인해서 이에 대한 가정 주부들의 선호도를 파악하여 출시 여부를 결정하고, 사전에 주부들의 의견을 반영하여

표 1-1 표본조사와 전수조사

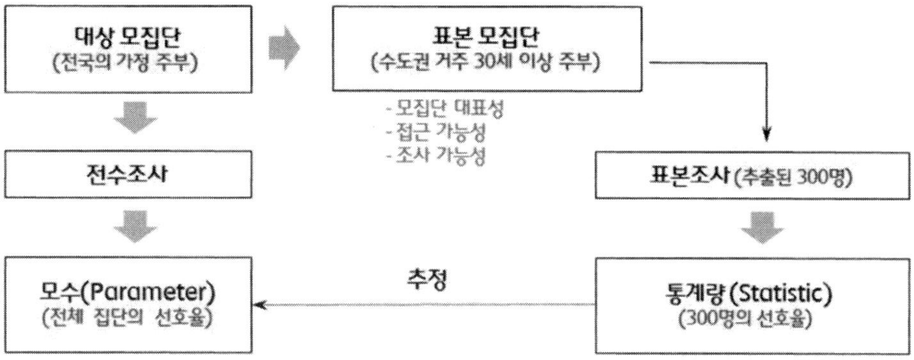

개선점을 찾아 제품을 개선하려고 한다고 가정하자. 그렇다면 연구 대상인 집단은 우리나라 국민 전체에서의 가정주부가 잠재적 고객으로 연구의 관심 대상일 것이다.

그러나 현실적으로 전국의 모든 주부를 대상으로 조사를 진행하는 것은 불가능에 가까우며, 설사 가능하다고 해도 시간과 비용을 고려할 때 매우 비효율적이다.

따라서 관심 대상인 전체 집단 – 여기서는 전국의 모든 가정주부 – 을 대상으로 하는 것이 아니라 그 중의 일부를 표본으로 추출하여 그 표본만을 대상으로 조사를 진행한 후 표본의 조사 결과로 전체 집단의 특성을 추정하는 것을 표본조사라고 한다.

1.1.1 대상 모집단

진행하고자 하는 조사 연구의 관심 대상 전체를 대상 모집단(Target Population)이라고 한다. 예를 들어 새로운 주방가구의 디자인에 대한 주부들의 선호도를 파악하고자 한다면 연구의 주제는 새로운 주방가구의 디자인 선호도이고, 연구의 관심 대상은 전국의 주부들이다. 이렇게 연구의 관심 대상인 전국의 주부들이 '대상 모집단'인 것이다.

한편 모집단에는 구성원의 수가 너무 많아서 셀 수 없는 경우를 무한 모집단이라고 하고 구성원의 수가 그리 많지 않아서 쉽게 셀 수 있는 경우를 유한 모집단이라고 한다.

그렇다면 무한 모집단과 유한 모집단을 구분하는 구성원의 수(기준)에 대한 의문점이 제기될 것이다. 안타깝게도 아직 이론적으로 유한 모집단과 무한 모집단을 구분하는 구성원의 수(기준)에 대한 명확한 정의는 정해지지 않았다. 다만 실무적으로 편의상 특정 은행이나 통신사, 신용카드 회사 등의 고객과 같이 구성원의 수가 일일이 접근하기에는 무한히 큰 경우를 무한 모집단이라고 하고, 기업의 협력업체나 B2B(기업과 소비자가 아니라 기업과 기업이 거래하는 산업) 산업과 같이 고객의 수가 무한히 크지 않은 경우를 유한 모집단이라고 정의하는 경향이 있다.

1.1.2 표본 모집단

만약 새로운 주방가구 디자인 선호도에 대한 주부들의 선호도를 파악하는 연구에서, 수도권에 거주하는 주부들과 수도권 이외의 지역에 거주하는 주부들과의 선호도 차이가 크게 없다고 가정하자. 그렇다면 전국의 주부들을 대상으로 조사를 진행하는 것보다는 수도권에 거주하는 주부들만을 대상으로 조사를 진행하는 것이 효율적일 것이다. 또한 결혼이 늦어지는 최근 추세를 고려할 때 20대 초반의 주부들부터 모두 포함하는 것보다는 30세 이상의 주부들만을 대상으로 조사하는 것이 더욱 효율적일 것으로 판단된다. 따라서 전국의 주부들이 아니라 수도권에 거주하는 30세 이상의 주부들을 대상으로 조사를 진행한다고 하자. 이렇게 **실제 조사를 진행할 표본을 추출하고자 하는 대상 모집단의 전체 또는 일부를 표본(표집) 모집단(Sampled Population)**이라고 한다.

한편 대상 모집단에서 표집 모집단을 정의하는 과정에는 몇 가지 주의해야 할 원칙이 있다.

(1) 첫째, **모집단의 대표성**이다. 앞의 주방가구 디자인 선호도 사례에서 수도권의 주부들과 수도권 이외 지역 주부들의 주방가구 취향이나 사용 행태가 다르다면, 수도권 주부만을 대상으로 표본을 추출해서는 모집단의 대표성을 담보할 수 없을 것이다. 또는 결혼 연령이 낮아져 20대에 결혼하는 여성이 많고, 이러한 20대 여성들의 취향이나 선호도가 30세 이상의 주부들과 통계적으로 유의할 정도로 다르다면 30세 이상의 주부들만을 대상으로 표본을 추출해서는 안 될 것이다. 즉 **표집 모집단에서 추출된 표본이 대상 모집단의 특성을 대표할 수 있어야 한다는 것이 중요**하다.

(2) 두 번째 고려해야 할 표집 모집단의 특성은 **응답 대상자의 접근 가능성**이다. 예를 들어 VIP를 대상으로 한 금융상품 관련 조사를 하기 위하여 표본 모집단을 전국의 현금자산 50억 원 이상을 가지고 있는 사람으로 정의한다고 하자. 그렇다면 이러한 사람들을 어떻게 찾을 것이며, 응답자의 적합성 여부를 어떻게 검증할 것인가에 대한 문제가 제기된다. 국가 기관을 동원해서 자산을 추적하지 않는 한 현금 자산 정도를 확인하는 것은 불가능하다. 즉 접근이 불가

능한 표집 모집단을 정의한 것이다. 이렇게 표집 모집단 정의는 실제로 조사 대상자를 찾아서 접근 가능한 조건인지를 고려해야 한다.

(3) 세 번째는 **조사 가능성**이다. 특정 병원이나 골프장, 호텔 숙박 고객들을 대상으로 조사를 진행한다고 가정하자. 고객 리스트가 없는 상황이라면 지정된 호텔, 병원, 골프장에 가서 현장에서 조사를 진행하여야 하는데 해당 기관 관련자의 협조 없이는 조사가 불가능한 상황이다. 왜냐하면 관리 담당자가 조사를 허락하지 않기 때문이다. 이렇게 실제로 **표본을 추출하여 조사를 진행할 표집 모집단을 정의할 때는 대상 모집단을 대표할 수 있어야 하고, 접근 가능하며 조사가 가능하도록 고려해야** 한다. 응답 대상자 조건에 대해서는 '1.2 표집 모집단(조사 대상자) 선정 방법'에서 자세히 설명하도록 하겠다.

1.1.3 모수

앞의 주방가구 예에서 최종적으로 알고 싶은 것은 전국적인 주방가구 신제품의 디자인에 대한 선호도이다. 즉 **관심의 대상인(전국의 가정주부) 대상 모집단의 특성치(주방가구 신제품 디자인에 대한 선호도)**를 모수(Parameter)라고 하며, 이는 전수조사를 하기 전에는 알 수 없는 미지(unknown)의 상수(constant)이다. 즉 전수조사를 하기 전에 알 수는 없지만 만약 전수조사를 한다면 파악할 수 있는 고정된 숫자인 것이다. 바로 이 **모집단의 특성치인 모수를 추정하기 위해서 표집 모집단에서 표본을 추출하고 추출된 표본을 대상으로 표본조사를 진행**하는 것이다.

1.1.4 표본

실제로 조사를 진행하기 위하여 대상 모집단의 일부(또는 전체)인 표집 모집단에서 추출된 표집 모집단의 일부를 표본(sample)이라고 한다. 앞의 예에서 수도권에 거주하는 30세 이상의 주부(표집 모집단) 중 300명을 추출하여 조사를 진행하였다면 이 300명이 조사 표본이 되는 것이다. 표본을 추출하는 방법과 표본의 크기에 따라 표본오차가 발생하게 되는데, 이러한 표본오차를 최소화하기 위하여 표본추출의 이론적 원칙 하에 표본의 효율성을 극대화할 수 있는 표본 설계를 하여야 한다. 즉 **모집단의 특성을 최대한 반영함은 물론 시간과 비용이라는 현실적 여건도 종합적으로 고려하여 표본의 크기와 표본추출방법을 결정**하여야 한다.

1.1.5 통계량

표본을 대상으로 조사하여 나타난 결과치(표본의 특성치)로써 모집단의 특성인 모수를 추정하는 것을 표본조사라고 하고, 이때 표본의 특성치를 통계량(statistic)이라고 한다. 즉 앞의 예를 들어서 설명하면 새로운 주방가구의 디자인에 대한 선호도를 파악하기 위하여 관심의 대상인 전국의 주부(모집단) 중 실제 표본을 추출할 수도권에 거주하는 30세 이상의 주부(표집 모집단)에서 300명(표본)을 추출하여 300명에 대한 선호도(표본의 특성치, 통계량)로 전국 주부들의 선호도(모수)를 추정하는 것이 표본조사이다. 모수가 미지의 상수인 반면 이를 추정하는 통계량은 기지(known)의 변수(variable)이다.

표본조사를 통하여 바로 측정되는 수치이지만 표본조사를 진행할 때마다 변동될 수 있는 변수인 것이다. 즉 첫 번째 300명의 표본을 추출하여 조사하였을 때 선호도가 응답자의 60%라고 한다면, 다시 300명을 조사할 경우 선호도가 60%가 아닌 다른 수치가 나올 수도 있다는 것이다. 이러한 차이는 표본추출 과정에서 발생하는 표본오차 외에도, 조사 설계, 데이터 수집, 데이터 처리 및 데이터 분석 과정에서 야기되는 비표본오차 때문이다. 비표본오차에 대해서는 '1.3 표본오차와 비표본오차'에서 자세히 설명하겠다.

1.2 표집 모집단(조사 대상자) 선정 방법

앞서 설명한 것처럼 표본을 추출할 때 대상 모집단에서 표본을 바로 추출하지 않고 대상 모집단의 일부(또는 대상 모집단과 표집 모집단이 같은 경우도 있다.)인 표집 모집단으로부터 표본을 추출하는 이유는 시간과 비용적 측면에서의 효율성, 현실적으로 조사 진행이 가능한 응답자 조건 정의, 데이터의 신뢰성을 담보하기 위한 응답자 선정, 그리고 정확한 응답이 가능한 조사 대상자를 추출하기 위해서이다.

이러한 표집 모집단 추출 시 고려해야 할 원칙과 중요한 주의사항을 몇 가지만 간단하게 설명하도록 하겠다.

1.2.1 대상 모집단의 대표성

먼저 원칙적으로 모집단의 대표성을 담보해야 한다. 즉 대상 모집단이 서로 이질적인 세분 집단으로 분할되고 이에 따라 조사결과가 영향을 받는다면 표집 모집단도 이를 반영하여 대상 모집단의 대표성을 담보할 수 있도록 표집 모집단이 정의되어야 한다.

예들 들어 아파트 브랜드의 이미지 조사를 진행한다고 하자. R 아파트, D 아파트, P 아파트, H 아파트 등 4개 아파트 브랜드의 이미지 조사를 진행하는데 만약 특정 지역별로 선호되는 기업이 있다면 지역별로 선호되는 기업에서 시공한 아파트 브랜드 이미지가 좋게 나타날 것이다. 이럴 경우에는 특정 지역에서 표본을 추출하는 것이 아니라 모든 지역에서 표본을 추출하여야 할 것이다

또한 이렇게 각 지역별로 표본을 추출할 경우에는 지역별로 표본수를 동일하게 할 것인가? 아니면 각각 다르게 할 것인가에 대한 의사결정도 해야 하는데, 이는 조사 목적이 무엇인가에 따라 달라진다.

표 1-2 조사 대상자 정의시 고려 사항

① 모집단 대표성
② 접근 가능성
③ 조사 가능성
④ 응답 신뢰성
⑤ 응답 가능성

지역별로 선호되는 아파트 브랜드가 존재한다면, 즉 선호 아파트 브랜드와 지역 간 일정 정도 상관 관계가 존재하고, 조사 목적이 전국의 아파트 브랜드 이미지를 파악하고자 하는 것이라면, 각 지역별로 균등한 표본수를 할당하여 전체 아파트 브랜드 이미지 결과에 영향을 미치지 않도록 사전에 지역에 의한 편의(Bias)의 발생을 방지하여야 할 것이다.

그러나 만약에 조사 목적이 국민들이 가장 거주하고 싶어 하는 아파트 브랜드를 파악하는 것이라면, 지역별로 인구수 또는 가구수에 따라 표본을 비례 할당하여 전국적 차원의 선호 아파트를 조사하여야 할 것이다. 이처럼 지역, 성별, 연령 등과 같이 모집단을 구성하는 구성원들이 여러 기준에 의하여 세분 집단으로 나뉘고, 이것이 조사 결과에 영향을 미친다면 각 집단별로 표본을 할당하여야 하며, 조사 목적에 따라 표본 할당기준은 달라져야 하는 것이다.

반면에 앞서 설명한 주방가구 디자인 선호도 조사처럼 대상 모집단(전국의 주부)의 일부인 표집 모집단(수도권에 거주하는 30세 이상의 주부)의 조사 결과가 연령 등의 특성에 의해 영향을 받지 않고 동일하게 나타날 것으로 판단된다면 대

상 모집단의 일부만을 표집 모집단으로 선정하여 조사 대상자를 추출하는 것이 효율적일 것이다.

이처럼 표집 모집단의 정의는 조사하고자 하는 내용에 대한 반응이 조사지역, 고객유형, 고객특성 등에 따라 이질적일 것인가 동질적일 것인가를 판단하여 결정하는 것이다.

1.2.2 응답자의 접근 가능성

조사 대상자의 접근 가능성도 표집 모집단 선정 시 중요한 기준 중의 하나이다. 위에서 설명한 모집단의 대표성만을 고려하여 표집 모집단을 정의한 결과, 실제 조사가 가능하지 않거나 신뢰할 수 없는 왜곡된 데이터를 얻는 경우를 종종 볼 수 있다.

예를 들어 VVIP 고객들을 대상으로 한 신규 의류 브랜드를 출시하기 위해, 현금 자산 100억 원 이상을 보유한 여성들을 대상으로 패션 및 의류에 대한 라이프스타일 조사를 진행한다고 하자. 이러한 조건에 해당하는 응답 대상자를 주변에서 찾기도 쉽지 않을 것이며, 찾아도 이러한 조건에 해당하는지를 현실적으로 검증하기도 어렵다. 또는 특정 지역이나 사교 모임 등에 이러한 자산가들이 많이 있다고 하더라도 접근이 가능한지에 대한 점도 고려해야 한다. 이처럼 표집 모집단을 선정할 때는 **표본을 추출하고자 하는 표집 모집단의 특성이 우리 주변에 얼마나 침투(penetration)해 있는지, 얼마나 접촉이 용이한지(contactable), 응답 대상자 조건의 확인이 가능한지(confirmable) 등을 종합적으로 고려하여야** 한다. 만약 이렇게 연구자가 정의한 조사 대상자의 대상조건에 대한 확인이 어렵다면 실제 데이터를 수집하는 과정에서 신뢰할 수 없는 데이터가 얻어지고, 이렇게 얻어진 왜곡된 데이터로 분석을 한다면 실제 모집단의 현상(특성)과 다른 결과가 도출되어 결과적으로 잘못된 연구 결과가 나올 수 있다.

1.2.3 응답자의 조사 가능성

연구자가 정의한 조사 대상자가 실제 현장에서 조사 가능한지 여부도 고려되어야 한다. 예를 들어 병원 인테리어 디자인에 대해서 환자들이 느끼는 편안함과 편리함 정도를 알아보기 위한 연구 계획을 설정하고, 이를 위하여 환자를 대상으로 표본조사를 진행한다고 하자. 그런데 병원의 전반적인 시설이나 인테리어에 대한 평가를 하려면 최소한 병원에 1주일 이상 입원하면서 병원의 전반적인 시스

템과 시설을 경험한 환자를 응답 대상자로 선정하여야 할 것이다. 그러나 1주일 이상 입원할 정도의 환자에게 과연 설문조사를 진행하는 것이 가능한가에 대한 의문이 제기된다. 이는 병원 측의 협조가 있거나 해당 병원에서 입원 경험이 있는 고객 리스트가 있지 않는 한 현실적으로 불가능에 가깝다고 할 수 있다.

또는 특정 골프장 고객들을 대상으로 골프장 환경이나 시설에 대한 조사를 진행한다고 하자. 골프장 이용 행태나 구조를 고려할 때 골프장 내에서 고객들에게 설문조사를 진행하는 것 역시 해당 골프장 관계자들의 협조가 있거나 고객 리스트가 있어서 사후에 방문 또는 전화를 통해 조사를 진행하지 않는 한 현실적으로 어렵다.

설령 이렇게 조건에 맞는 조사 대상자를 찾을 수 있다고 하더라도 실제 조사가 가능한지도 고려하여 표집 모집단을 정의하여야 한다. 물론 연구의 목적상 반드시 특정 골프장 이용 고객들을 대상으로 조사를 진행하여야 한다면 포기하기보다는 조사를 진행할 수 있는 방법을 찾아야 할 것이다. 예를 들면 골프장 내에서는 조사가 어렵다고 해도 운동 후 골프장 주변 식당에서 식사를 하는 사람들을 대상으로 조사를 진행한다든지 하는 대체방법을 찾을 수는 있을 것이다. 즉 일방적인 연구의 목적과 원칙만을 고집할 것이 아니라 실제 정확하고 신뢰할 만한 데이터를 얻을 수 있는 방법이 있는가도 함께 고려해서 표집 모집단을 정의하여야 한다.

1.2.4 응답의 신뢰성

표본 모집단을 정의할 때 고려해야 할 또 한 가지 중요한 사항은 신뢰성 있는 응답을 할 수 있는 고객이어야 한다는 것이다. 예를 들어서 특정 자동차 브랜드에 대한 고객만족도 조사를 진행한다고 하면 일단 ⓐ 해당 브랜드의 자동차를 자신의 명의로 구매를 하였어야 하며, ⓑ 구매 시 정보 탐색 및 상담, 구매과정에 직접적으로 관여하였어야 하고, ⓒ 자신이 직접 운전을 하고, ⓓ 구매한지 3년(또는 일정 기간)이 지나지 않아서 구매 당시 체험한 서비스가 기억나서 평가할 수 있어야 하고, ⓔ 구입 후 6개월 이상 사용 경험이 있어야 한다는 등의 조건이 충족되어야 자동차의 구매 과정부터 사용 경험에 의한 만족 또는 불만족 정도에 대해 응답할 수 있을 것이다.

데이터의 신뢰성을 위해서는 조사 대상자가 믿을 수 있는 응답을 할 수 있는 조건의 사람인지 알아야 할 뿐만 아니라 응답자가 솔직하게 응답을 할 수 있는가에 대한 부분도 같이 고려되어야 한다. 즉 조사문항이나 응답 대상자의 특징에 따라 응답자가 솔직하게 이야기할 수 있는 질문인지, 그리고 자격요건을 갖춘 응답 대상자인가에 대한 점이 고려되어야 한다. 응답자가 대답하기를 꺼리는 부분이나 민감한 내용 등도 조사 대상자 선정 시 함께 고려하여야 한다.

1.2.5 응답자의 응답 가능성

손해보험 고객만족도 측정 설문지에서 자동차 사고가 나서 보험금을 수령할 때의 서비스에 대한 만족도 항목이 포함되어 있다면 조사대상 표본 중에 보험금 수령자가 일부 포함되어 있어야 할 것이다. 경험이 없는 서비스에 대해서 만족 정도를 평가할 수는 없기 때문이다. 따라서 **고객 만족도 측정에 필요한 고객 접점을 모두 고려해서 해당 접점을 경험한 고객들이 일부(최소한의 유의한 표본수) 포함되도록 고려하여 조사 대상자를 정의**하여야 한다. 그렇다고 전체 조사 대상자 집단을 보험금 수령 경험자로 정의할 수는 없다. 보험금 수령 경험이라는 특수한 조건이 고객 만족도에 영향을 미칠 수 있고, 이렇게 되면 전체 손해보험 고객 집단을 대표하는 것이 아니라 보험금 수령 집단에 대한 조사가 될 수 있기 때문이다.

이렇게 표본을 구성할 때 고객의 특수 조건(예로 특정 접점 서비스 유경험자)을 그대로 반영하여 조사 대상자를 선정할 시 특정 접점 서비스의 경험자가 없거나 극소수여서 통계적으로 해당 접점 서비스를 평가하기 위한 유의한 표본수를 확보하기 어렵게 되고, 그렇다고 빈번하게 발생하지 않는 고객 접점 서비스를 체험한 고객들로 표집 모집단을 정의하면 전체 고객 집단을 대상으로 한 고객만족도 점수가 왜곡될 가능성이 있기 때문에, **전체 고객 집단의 특성과 특정 서비스를 체험한 고객들의 구성비를 모두 고려하여 합리적이고 효율적인 조사 대상자 선정 및 표본 구성**을 설계해야 하는 것이다.

1.3 표본오차와 비표본오차

우리는 흔히 오차라고 하면 표본오차 만을 고려하는 경향이 있는데, 실제 사회과학에서는 비표본오차의 크기와 심각성이 더욱 크다고 할 수 있다. 표본오차는 표본크기와 표본추출방법이 결정되면 이로 인한 표본오차의 크기에 대한 수리적 계산이 가능한 반면, 비표본오차는 이론적이나 학문적으로 계산이 불가능하고 실제 조사 설계 및 데이터 수집, 처리, 분석 과정에서 다양하게 발생하기 때문에 조사 연구 과정에서 제대로 고려되지 않는 경향이 있다.

표 1-3 표본오차와 비표본오차

표본오차	– 모집단으로부터 표본을 추출하는 과정에서 발생 – 표본크기와 표본추출방법에 따라 변동 – 표본오차 크기의 계산이 가능 – 전수조사에서는 발생하지 않음 – 자연과학과 사회과학 모두에서 발생 가능
비표본오차	– 표본오차를 제외한 연구설계, 데이터 수집, 자료 처리 및 분석 등의 과정에서 발생하는 오차 – 조사설계, 원칙적인 데이터 수집, 데이터 처리 등의 과정에서 최소화 가능 – 비표본오차의 계산이 불가능 – 전수조사에서도 발생 – 사회과학에서 주로 발생

언론에서 발표되는 여론 조사 결과와 수많은 연구 결과나 논문에서 비표본오차가 언급되지 않는데, **모든 사회과학의 조사연구는 표본오차와 비표본오차가 함께 발생한다는 점을 반드시 고려해서 조사 결과의 해석에 유의해야** 한다.

예를 들어 전 국민 1,000명을 무작위로 추출하여 여론조사를 진행하였고 95% 신뢰수준 하에서 표본오차가 ±3.1%라고 하자. 이 의미는 동일한 조사를 100번을 반복하였다면 100번 중에 95번은 오차가 ±3.1% 이내라는 것이다. 그런데 이러한 해석 역시 표본오차만을 고려한 것이기 때문에 정확한 표현이 아니다. 다만 비표본오차는 계산이 불가능하기 때문에 언급이 되지 않을 뿐이지 **모든 설문 조사를 기반으로 한 사회과학 연구에서 비표본오차는 '0%'가 불가능하다. 따라서 항상 표본오차 + α(비표본오차)가 존재한다**는 것을 고려해야 한다.

1.3.1 표본오차

표본오차는 모집단으로부터 표본을 추출하는 과정에서 발생하는 오차로, 표본크기와 표본추출방법 등에 따라 달라진다. 따라서 모집단에 대해 전수조사를 수행한다면 발생하지 않는다.

모집단 구성원의 특성, 조사방법, 조사 현장의 특성을 고려하여 이론적으로 정교한 표본추출방법을 사용하고 표본수를 늘림으로써 표본오차의 크기를 줄일 수 있으며, 표본추출방법과 표본크기가 결정되면 표본오차 크기를 계산할 수 있다는 점에서 조사 연구에서는 항상 표본오차가 제시된다. 표본오차는 표본추출방법과 그 과정에 의해서도 영향을 받지만 아주 잘못된 방법의 표본추출이 아니라면 실질적으로는 표본의 크기에 가장 민감하게 영향을 받는다고 할 수 있다.

이론적으로는 표본크기가 n일 때 95% 신뢰수준 하에서 표본오차 한계는 $\pm 1.96 * \sqrt{0.25 / \text{표본수}}$ (모비율(p)의 표준편차 $\sqrt{p(1-p)/n}$에서 p=0.5인 경우 표준편차가 최대)이며, 그림 1-1과 같이 표본크기와 표본오차는 반비례한다.

즉 표본의 크기가 크면 클수록 표본오차의 크기는 줄어들고, 표본의 크기가 작으면 작을수록 표본오차의 크기는 증가한다. 그러나 조사 기간과 비용 등 현실적인 제한이 있으므로 무한정 표본의 크기를 크게 할 수는 없다.

따라서 연구 결과의 중요성과 현실적인 요인 등을 고려하여 표본의 크기를 결정해야 하는데, 표본오차가 주어졌을 때 표본크기를 구하는 이론적인 공식은 95% 신뢰수준 하에서 오차 한계를 e 이하로 하기 위한 최소한의 표본크기 $n = \left(1.96 * \frac{\text{모집단 표준편차}(\sigma)}{\text{오차한계}(e)}\right)^2$이다. 즉 허용할 수 있는 오차 한계가 크면 이를 위한 표본의 크기는 줄어든다. 만약 사람의 생명과 관련된 의학이나 약학 분야 등의 중요한 연구에서와 같이, 매우 정밀하게 조사가 진행되어야 하고 따라서 허용할 수 있는 표본오차 한계가 작아야 한다면 이를 위해 표본의 크기는 늘어나야 한다. 단 '1.96'이라는 상수는 요구되는 신뢰수준 정도에 따라서 달라지는데, 이에 대해서는 대부분의 기초 통계학 서적의 부록에 결과표가 제시되어 있으니 참고하기 바란다.

또한 이때 모집단의 분산(σ^2, 즉 표준편차의 제곱)을 모르는 경우가 대부분이므로, 과거의 유사한 조사로부터 얻어진 분산을 이용하거나, 예비 조사 단계로 일정 정도의 표본조사를 진행하여 여기에서 측정되는 표본의 분산(S^2)을 모집단 분산의 추정치로써 대신 사용하여도 무방하다. 모집단의 표준편차와 오차 한계에 따른 표본의 크기를 계산한 결과가 '표 1-4'와 같으니 실제 조사 연구 설계 시 참고하기를 바란다.

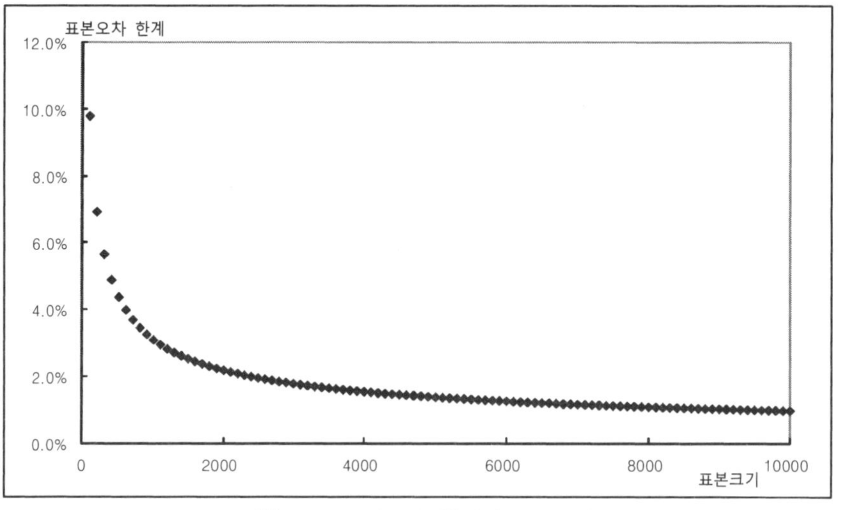

그림 1-1 표본오차 한계와 표본크기

표 1-4 모집단의 표준편차, 표본크기와 오차 한계

n \ σ	1	3	5	7	10	13	15	17	20	25	30
30	0.358	1.074	1.789	2.505	3.578	4.652	5.368	6.083	7.157	8.946	10.735
50	0.277	0.832	1.386	1.940	2.772	3.603	4.158	4.712	5.544	6.930	8.315
100	0.196	0.588	0.980	1.372	1.960	2.548	2.940	3.332	3.920	4.900	5.880
200	0.139	0.416	0.693	0.970	1.386	1.802	2.079	2.356	2.772	3.465	4.158
300	0.113	0.339	0.566	0.792	1.132	1.471	1.697	1.924	2.263	2.829	3.395
400	0.098	0.294	0.490	0.686	0.980	1.274	1.470	1.666	1.960	2.450	2.940
500	0.088	0.263	0.438	0.614	0.877	1.139	1.315	1.490	1.753	2.191	2.630
600	0.080	0.240	0.400	0.560	0.800	1.040	1.200	1.360	1.600	2.000	2.400
700	0.074	0.222	0.370	0.519	0.741	0.963	1.111	1.259	1.482	1.852	2.222
800	0.069	0.208	0.346	0.485	0.693	0.901	1.039	1.178	1.386	1.732	2.079
900	0.065	0.196	0.327	0.457	0.653	0.849	0.980	1.111	1.307	1.633	1.960
1000	0.062	0.186	0.310	0.434	0.620	0.806	0.930	1.054	1.240	1.549	1.859
2000	0.044	0.131	0.219	0.307	0.438	0.570	0.657	0.745	0.877	1.096	1.315
3000	0.036	0.107	0.179	0.250	0.358	0.465	0.537	0.608	0.716	0.895	1.074
4000	0.031	0.093	0.155	0.217	0.310	0.403	0.465	0.527	0.620	0.775	0.930
5000	0.028	0.083	0.139	0.194	0.277	0.360	0.416	0.471	0.554	0.693	0.832
6000	0.025	0.076	0.127	0.177	0.253	0.329	0.380	0.430	0.506	0.633	0.759
7000	0.023	0.070	0.117	0.164	0.234	0.305	0.351	0.398	0.469	0.586	0.703
9000	0.021	0.062	0.103	0.145	0.207	0.269	0.310	0.351	0.413	0.516	0.620
10000	0.020	0.059	0.098	0.137	0.196	0.255	0.294	0.333	0.392	0.490	0.588

그러나 실제 연구에서 표본의 크기를 결정할 시는 이론적인 표본오차와 표본크기의 관계뿐 아니라 비표본오차와, 분석하고자 하는 최소 분석 단위, 통계적 유의성을 담보할 수 있는 최소 표본수 등을 종합적으로 고려하여야 한다. 이러한 표본크기 결정 방법에 대해서는 '1.4 표본크기 결정 시 고려사항'에서 자세히 설명하도록 하겠다.

의학, 농업, 약학과 공학 등과 같이 실험실과 연구실 또는 토지 등에서 이루어지는 자연과학분야의 연구에는 이러한 표본오차가 주로 고려의 대상이 된다. 즉 표본을 설계하고, 표본을 추출하는 과정에서 표본오차가 주로 발생하는 것이다.

그러나 사회과학 분야에서는 조사 대상자 정의(표집 모집단 선정), 조사방법의 결정, 조사를 통한 데이터 수집과정, 데이터 처리과정, 분석 및 보고서 작성과정 등에서 잘못된 분석이나 설계 등에 의해 비표본오차가 발생한다. 이러한 비표본오차의 유형은 일일이 설명할 수 없을 정도로 다양하게 발생한다. 여기서는 대표적인 몇 가지 비표본오차의 유형에 대해서만 간단히 설명하도록 하겠다.

1.3.2 비표본오차

비표본오차는 표본추출방법과 표본크기 등의 표본 설계에 의해서가 아니라 누구를 대상으로(표집 모집단 선정), 무슨 방법(데이터 수집 방법)으로, 어떻게 조사하여, 어떤 과정으로 데이터를 처리하고, 어떤 통계적 분석방법을 통하여 분석하는가에 따라 발생하는 오차이므로 전수조사를 진행해도 발생하는 오차이다.

따라서 학문적이나 이론적 설계보다는 실제 데이터를 수집하고 분석하는 과정에서 정확하고 원칙적인 기준에 따라 조사를 진행함으로써 비표본오차의 크기를 최소화하여야 한다. 또한 특정 상황이나 목적에 따라 정해진 조사방법이 있는 것이 아니며, 조사 대상에 따라 정해진 조사방법이 있는 것도 아니다.

대상 모집단의 특성 및 연구 목적에 따라 표집 모집단과 조사방법이 결정되며, 이에 따라 데이터 처리 및 분석방법이 결정되므로 이 모든 과정에 대한 총체적인 관점에서 의사결정이 이루어져야 한다. 예를 들어 조사 항목이 간단하며 조사 내용과 대상을 고려할 때 여러 조사방법 중 전화 조사가 가장 효과적이라고 가정하자. 그러나 만약 우리나라 고교생들을 조사 대상자로 정의할 경우, 고교생들의 라이프스타일을 고려할 때 사설 학원의 자율학습 등으로 인해 대체적으로 귀가 시간이 늦으므로 전화 조사는 현실적으로 매우 어려울 뿐만 아니라, 설사 조사를 어렵게 진행한다고 해도 그 응답자가 전체 고교생들을 대표한다고 보기에는 한계가 있다.

또는 유선 전화 번호부를 도구로 하여 전화 조사로 전 국민 여론 조사를 진행한다고 가정하였을 때, 평일 주간에 집에서 전화를 받는 30~40대 남자들의 경우 자영업자이거나 재택 근무자, 또는 일정한 직업이 없는 사람들일 가능성이 많다. 그렇다면 이러한 집단이 30~40대 남자 전체를 대표할 수는 없을 것이다. 따라서 이러한 경우 전화 조사는 객관적이지 못한 조사방법인 것이다.

이와 같이 조사 설계 과정에서 이후 진행되는 데이터 수집과 분석 등이 사전에 종합적으로 고려되어 일정 수준의 이론적 지식과 실무적 경험을 기반으로 연구 설계가 이루어져야 한다. 또한 이러한 비표본오차와 관련된 조사 설계 부분은 학교의 정규과정 등에서 배울 수 없는 경우가 많아 이 부분만큼은 오랜 실무 경험의 전문가 도움을 받는 것이 이후 연구과정에 차질이 없을 것이라고 생각한다.

실제 연구 논문을 준비하거나 기타 연구자들의 연구 과제에 대해 컨설팅을 하다 보면 표본 설계 부분은 전혀 문제가 없는데, 데이터가 너무 비상식적이거나 논리적으로 앞뒤가 맞지 않는 현상이 종종 나타난다. 예를 들면 특정 제품의 디자인에 대해서 성별로는 여자보다는 남자가 상대적으로 더 선호하는 결과가 나타난 반면, 직업별로는 전업주부들이 가장 선호한다는 논리적으로 납득할 수 없는 결과가 나타나는 경우가 있다.

또 다른 예를 든다면, 특정 기업의 새로운 브랜드 로고의 선호도에 대해서 사내 직원들을 대상으로 조사한 결과, 근무 연차가 많을수록 선호도가 높은 반면 직급이 높을수록 선호도가 낮은 논리적으로 상반되는 결과가 나타날 수 있다. 이렇게 논리적으로 앞뒤가 안 맞거나 또는 지극히 상식적인 것과 상반되는 결과가 나타나는 이유는 대부분 조사설계, 데이터 수집, 데이터 처리 등에서 발생하는 비표본오차를 효과적으로 통제하지 못하였기 때문이다.

이제 표 1-5의 조사연구 과정의 진행 단계별로 발생하는 비표본오차의 유형에 대해서 간략히 설명하도록 하겠다.

표 1-5 조사연구과정

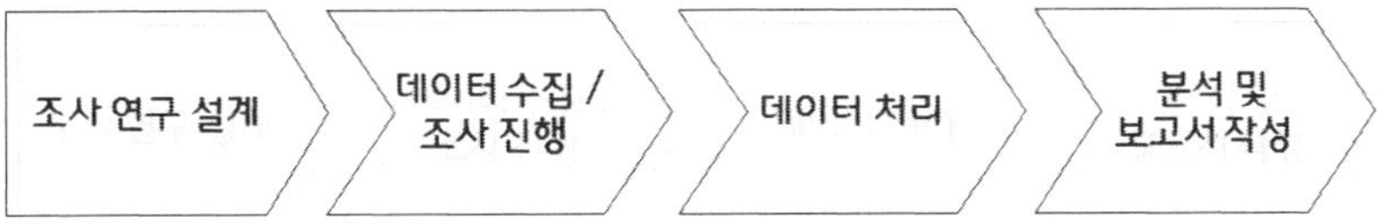

(1) 조사연구 설계단계에서의 비표본오차

조사연구의 설계 단계는 조사 대상자 선정(표본 모집단 정의), 성별/연령별/직업별/기타 등으로 분류해서 분석하고자 하는 분류 변수별 표본 구성표 작성 및 표본수 결정, 데이터 수집 방법, 표본추출, 설문지 작성, 기타 조사 도구를 준비하는 과정이다. 이 단계에서 치명적인 오류가 발생하면 향후 데이터를 아무리 정확하게 수집하고, 과학적인 분석을 한다고 해도 모든 것이 의미가 없어진다.

향후 분석 과정과 결과물의 형태, 데이터 수집 및 처리 과정에서 발생할 가능성이 있는 모든 비표본오차들을 사전에 고려하여 조사 설계를 하여야 하는데 많은 경우에 조사 설계 부분을 잘못 설계하고, 그로 인하여 현상을 왜곡하는 데이터가 수집되고, 분석이 불가능하거나 연구 목적을 정확하게 파악할 수 없는 등 수습 불가능한 상황에 도달해서야 전문가에게 도움을 요청하는 경우를 수없이 경험한다.

그러나 조사설계가 잘못되어서 발생한 상황에서는 그 어떤 전문가도 이를 수습할 수 없기 때문에 도움을 주고 싶어도 줄 수 없는 안타까운 상황에 놓이게 된다. 따라서 반드시 조사를 진행하기 전에 조사 설계 단계에서 전문가의 도움을 받는 것이 좋다.

① 먼저 조사 대상자를 선정하는 문제에 대해서는 앞서 설명한 바와 같이 표본의 모집단 대표성, 응답자의 접근 가능성, 조사 가능성, 응답 신뢰성, 응답 가능성 등을 고려하여야 한다. 조사 대상자가 무리하게 정의되면 조사가 진행되는 과정에서 비표본오차가 발생될 가능성이 높기 때문이다.

② 조사방법을 결정할 시에는 설문지의 길이, 응답자의 특성, 조사하고자 하는 목적, 비용과 기간의 현실적 제약 조건 등을 종합적으로 고려하여 전화 조사, 일대일 면접조사, 온라인 기반의 자기기입식 조사, 갱서베이 등의 데이터 수집 방법을 결정하여야 한다.

예를 들어 우리나라 고등학생의 경우 바쁜 일과와 늦은 귀가 시간 등 때문에 전화 조사보다는 학교나 학원 앞에서 응답자를 인터셉트(intercept)하여 진행하는 CLT나 일대일 개별 면접 조사 등을 사용하여야 한다. 전업주부를 대상으로 하는 조사는 유선 전화 조사가 효율적일 수 있다. 또는 동일한 전화 조사라고 하더라도 응답자의 특성이나 직업에 따라 유선전화 또는 무선전화 조사의 효율성이 다를 수 있다. 조사하고자 하는 목적과 질문 항목의 깊이, 원하는 데이터의 성격에 따라 일반적인 면접 조사를 사용할 것인지, Hybrid Gang Survey 같은 방법을 사용할 것인지 등 조사방법이 달라진다. 이처럼 조사목적, 조사 대상자, 표본크기, 조사항목 등을 종합적으로 고려하여 가장 적합한 조사방법을 결정하여야 한다. 이를 위해서는 각 조사방법별 진행 방법 및 특징, 장단점에 대해서 명확하게 숙지하고 있어야 한다. 조사방법별 진행 방법에 대해서는 '2장 조사방법별 진행 및 유의 사항'에서 자세히 설명하도록 하겠다.

③ 표본크기는 이론적으로 허용할 수 있는 오차의 한계, 분석하고자 하는 최소 단위의 유형과 수, 모집단의 크기 및 표집 모집단의 침투(penetration) 상황, 조사방법에 따른 시간과 비용 등 모든 사항들을 종합적으로 고려하여 결정하여야 한다. 이 점에 대해서는 '1.4 표본크기 결정 시 고려사항'에서 자세하게 설명하도록 하겠다.

④ 설문지 역시 비표본오차를 발생시키는 대표적인 이유 중의 하나이다. 설문지의 길이, 설문 문항의 워딩(wording), 설문 항목의 제시 순서, 질문 방법, 향후 분석하고자 하는 구체적인 통계적 방법, 응답자의 응답상황, 응답자의 조건, 조사 목적, 도출하고자 하는 결과물의 형태 등 모든 것을 종합적으로 고려하여 설문지를 작성하여야 하며, 최대한 조사하고자 하는 현실을 가장 객관적으로 파악할 수 있도록 설문지를 작성하는 것이 관건이다. 특히 설문지의 워딩이나 질문 순서, 질문 방법 등에 따라 고의적/비고의적으로 조사 결과가 왜곡될 수 있다. 또한 설문지의 구성 포맷(format)에 따라 향후 코딩/데이터 입력 등의 데이터 처리에 문제가 생기거나 이후 통계적 분석에 치명적인 어려움이 초래될 수 있으므로 향후 데이터 입력 및 데이터 구조, 이에 따른 분석방법까지 종합적으로 고려하여 설문지를 작성하여야 한다. 구체적인 설문지 작성 방법에 대해서는 '3장 설문지 작성 및 자료수집'에서 자세히 설명하도록 하겠다.

⑤ 기타 설문지와 함께 사용되는 조사 보조도구, 갱서베이 같은 경우 연구자의 진행 방법이나 CLT 등의 진행 상황, 2개 이상의 디자인 시안의 선호도 조사와 같은 경우 시안별 진행 순서, 시안별 표본할당 등 일일이 열거할 수 없을 정도의 다양한 요인들의 고려와 통제가 요구되며, 이러한 세세한 사항들이 모두 비표본오차에 직접적으로 영향을 미치는 요인들인 것이다.

더구나 이러한 점들은 조사방법론 등의 교과서에 일일이 수록할 수 없는데다가 학교에서 거의 강의되지 않고 있고, 오랜 실무 경험에서 노하우가 축적되는 것이므로 조사설계 단계에서 반드시 전문가의 도움을 받는 것이 비표본오차를 최소화할 수 있는 최선의 방법이다. 앞에서도 언급하였지만, 비표본오차가 커지면 커질수록 모집단의 실제 현상과 왜곡된 조사결과를 얻을 수 있다. 즉 모수를 추정하거나 검정하고자 하는 가설에 대해 실제 현상과 정반대의 연구 결과를 도출할 수 있다는 점을 항상 유의하여야 한다.

(2) 데이터 수집 / 조사 진행 단계에서의 비표본오차

데이터를 수집하는 단계에서 비표본오차를 발생시키는 대표적인 것은 ① 조사자의 태도나 외모, 조사진행 방법 등 조사자에 의해서 발생하는 오차, ② 응답자의 불성실하거나 솔직하지 않은 응답 등 응답자에 의해서 발생하는 오차, ③ 응답자와 조사자가 몰입할 수 없는 조사 진행상황이나 장소의 분위기 등에 의해서 발생하는 오차 등이다. 자연과학 데이터의 신뢰성을 담보하기 위해 가장 중요한 것이 효율적인 실험 설계와 정확한 관찰값 측정이라면, 사회과학을 위한 설문조사 데이터에서는 응답하는 사람의 자세와 태도에 따라 데이터의 신뢰성이 가장 영향을 받는다.

응답하는 사람이 얼마나 솔직하게 응답을 하고, 문항 하나하나에 집중해서 응답하려는 성실한 태도가 있는가에 따라 데이터의 신뢰성이 좌우된다. 그리고 이러한 응답자의 응답 태도에 영향을 미치는 것이 바로 조사자와 조사 장소의 환경이다.

조사자의 외모나 태도 등에 따라서도 응답의 긍정적/부정적 편의가 개입될 수 있으므로 가능한 가장 평범한(normal) 외모와, 적정한 수준의 친절성과 평범한 대화로 풀어 나가야 한다. 조사자가 말 한 마디를 어떻게 하느냐에 따라 응답자의 대답이 달라질 수 있다는 점을 유의해야 한다. 따라서 여러 명의 조사자에 의해서 조사가 진행되는 경우는 표준적인 조사 진행 가이드를 만들어서 모든 조사자가 이에 따라 표준화된 방식에 의해 획일적으로 조사가 이루어질 수 있도록 해야 한다.

또한 조사 진행 장소의 환경이나 분위기도 유의해야 한다. 예를 들어 길거리에서 지나가는 사람들을 인터셉트하여 조사를 진행하는 경우 문항마다 정확히 질문의 의도를 전달하고 응답자의 성의 있는 대답을 얻어 내기가 용이하지 않을 것이다. 따라서 질문의 성격이나 조사 목적에 따라서는 응답 대상자를 길거리에서 인터셉트하여 일정 장소로 이동하게 한 후 조사를 진행하는 CLT 방법이나, 일정한 장소에 모여서 집단으로 조사를 진행하는 갱서베이(Gang Survey) 방법 등을 사용해야 한다.

전화 조사의 경우 응답자가 어떤 상황인가도 고려하여 조사를 진행하여야 한다. 전화 조사의 경우 대부분의 응답자는 가정이나 사무실, 작업장 등에서 일을 하고 있다가 전화를 받을 가능성이 많다. 그러한 어수선한 상황에서도 응답이 가능할 정도의 질문 성격과 길이를 고려해서 조사를 진행해야 하는 것이다.

그 외에도 응답자에게 설문의 대가로 지급되는 보상의 정도, 설문조사 시 설문지와 같이 사용되는 조사 보조 도구, 심지어는 설문지의 전반적인 포맷이나 인쇄 상태에서도 응답 데이터에 영향을 미칠 수 있으므로 이러한 모든 사항을 고려하여 최대한 객관적인 데이터를 얻을 수 있도록 조사를 진행하여야 한다. 이러한 부분들을 사소하다고 생각하여 무시하기 쉬운 경향이 있는데, 이러한 사소한 사항들이 모두 모여서 실제 모집단의 현상을 왜곡하는 데이터가 수집되고 이를 분석한 잘못된 연구 결과가 산출될 수 있는 것이다. 특히 탁상공론식의 수많은 연구 논문들에서 이러한 세세한 비표본오차가 무시되고 이론적인 표본크기나 표본추출방법만을 고려하는 경향이 있어서 이에 대한 주의가 필요하다. 잘못된 연구 결과에 의한 잘못된 논문의 발표, 또 이를 참고로 다른 연구 논문을 작성하는 악순환이 반복되는 경향이 종종 발견된다.

(3) 데이터 처리 단계에서의 비표본오차

설문지가 회수되고 나면 데이터를 분석하기 이전에 **조사의 신뢰성 검증, 데이터의 성실한 정도를 확인하고 보강하는 에디팅, 주관식(개방형) 문항의 답변 내용을 입력하기 위해 부호화하는 코딩, 데이터를 입력하는 펀칭, 그리고 데이터의 오류나 에디팅, 코딩 에러를 발견하고 교정하기 위한 데이터 정제과정 등을 거쳐야** 하는데, 이 단계를 전문 기관이 아닌 개인이 하기에는 현실적으로 많은 어려움이 있다. 따라서 주로 개인적 단위에서 이루어지는 논문 연구의 경우 이러한 단계를 무시하고 개인이 설문 조사 → 데이터 입력의 단계로 바로 작업하여 분석하는 경우가 많은데, 이로 인해 비표본오차가 많이 발생한다.

예를 들어 설문 문항의 위치 상 앞 문항의 응답과 뒤 문항의 응답이 논리적으로 맞지 않을 경우, 또는 성별/연령/직업/분석 변수별로 응답이 비논리적이고 비상식적일 경우 일일이 응답자에게 전화를 걸어 다시 질문에 대한 응답 내용을 확인하는 등의 작업을 해야 하는데, 실질적으로 개인적 차원에서 이러한 작업을 거치는 것이 용이하지 않다. 업계에서는 이를 설문지 에디팅이라고 한다.

이러한 현실적 어려움 때문에 설문지 에디팅 과정 등을 거치지 않고 바로 설문 응답 데이터를 입력하여 분석을 수행해도 개별 응답자의 오류가 나타나지 않는데, 이는 분석차원이 개별 응답자 기준이 아니라 전체 응답자 기준으로 분석되기 때문이다.

그러나 논리적으로 맞지 않는 잘못된 데이터들이 모여져서 분석을 하게 되면 결국 신뢰할 수 없는 연구결과가 나올 수밖에 없다. 그러나 아쉽게도 수많은 연구자들이 이러한 비표본오차를 확인하고 교정하는 과정 없이 이미 비표본오차가 많이 포함된 데이터를 기준으로 분석을 하고 연구 결과를 도출하는 상황이 비일비재하다.

그나마 요즘은 많은 연구자들이 이러한 비표본오차에 대한 인식이 조금씩 생겨서 연구 조사 전문가에게 조사 설계에 대한 컨설팅을 받고, 데이터 수집, 데이터 처리 등을 해당 전문 기관에 맡기고, 이후 분석 및 연구 논문 작성 단계에서 연구자 자신이 직접 참여하고 있어 다행이라고 할 수 있다. 하지만 아직도 그렇지 않은 연구들이 대부분이라 잘못된 연구 결과들이 나올까 우려되는 상황이다. 이러한 자료 처리의 각 작업에 대해서는 '실무자를 위한 마케팅리서치 매뉴얼(2011)' 등 참고서적을 참고하기를 바란다. 여기서는 비표본오차의 유형에 대해서만 설명하도록 하겠다.

(4) 데이터 분석 및 보고서 작성 단계에서의 비표본오차

데이터 분석 단계에서 발생되는 비표본오차는 주로 **최소 유의 표본수에 대한 잘못된 인식, 통계적 유의성 검증 없이 수행하는 데이터 해석, 통계적 분석방법의 가정에 대한 진단 없이 진행되는 통계분석, 신뢰수준에 따른 가설 검정 결과의 변화, 통계적 분석의 옵션에 대한 이해 부족과 잘못된 분석에 의한 잘못된 결과 도출, 조사목적에 따른 분석 데이터의 가중치 할당 문제 등에 의해서 주로 발생한다.**

① **먼저 통계적 유의성을 담보할 수 있는 최소한의 표본수에 대한 고려 없이, 해석이 위험할 정도로 극히 적은 표본수로 정량적 분석**을 하는 경우이다. 즉 어떤 주제나 이슈에 대해서 정량적 분석을 하기 위해서는 일정 정도 이상의 표본수가 담보되어야 한다. 예를 들어 두 개의 디자인 시안에 대한 소비자들의 선호도를 파악하기 위해서 표본조사를 진행한다고 가정하자. 이때 각 시안에 대해 평가를 하는 표본수가 최소한 30개 이상은 되어야 하는데, 그 이하의 극히 적은 표본수를 기준으로 해서 정량적 분석을 하는 경우가 있다. 이 경우 **표본의 수가 너무 적어서 모집단의 현상과 정반대의 결과가 도출될 수 있다**는 점에 유의해야 한다. 한편 **최소 표본 30명도 표본오차만을 고려하였을 때의 통계적으로**

유의한 최소 표본수이고, 비표본오차를 고려한다면 '30+α'개 이상의 표본수가 담보되어야 한다.

또한 비표본오차의 정도, 즉 조사설계와 데이터 수집, 데이터 처리 과정에서 얼마나 정교하게 비표본오차의 크기를 줄이느냐에 따라 30+α의 α 수가 변하는 것이므로 사회과학에서 통계적으로 유의한 최소 표본수가 30개라는 인식은 위험하다.

하물며 30개 이하인 10~20개 정도의 표본수로 정량적 분석을 진행할 시 모집단의 사실과 다른 정반대의 왜곡된 결과를 도출할 수 있다는 점을 유의해야 한다. 결국 연구를 진행하지 않는 것보다도 못한 연구가 되는 것이다.

가끔 조사 비용과 시간 등의 현실적 제약 조건에 의해 타당하지 않은 조사방법과, 현상을 왜곡할 가능성이 있는 표집 모집단 정의, 잘못된 표본구성 등을 결정하여 진행하는 경우가 있는데 그럴수록 비표본오차는 커지며, 그 만큼 필요한 전체 표본의 크기도 커진다는 점을 기억해야 한다. 따라서 이론적 원칙과 현실적 상황을 항상 종합적으로 생각해서 표본수를 결정해야 한다. 표본수 결정 방법에 대해서는 '1.4 표본크기 결정 시 고려사항'에 대해서 자세히 설명하도록 하겠다.

② **집단 간 또는 시안(처리)별 반응값의 비교 시는 반드시 시안별 반응값 평균 차이에 대한 통계적 유의성을 확인해야 한다.** 예를 들어 세탁기 신제품 출시 전 소비자들의 디자인에 대한 선호도를 파악하기 위해서 A 디자인과 B 디자인에 대해서 소비자들에게 각각 500명씩 100점 만점으로 평가를 받은 결과, A 디자인과 B 디자인이 각각 평균 70점과 73점으로 나타났다고 하자. 이 점수는 각각 500명에 대한 표본의 평균 점수이다. 그렇다면 '3점' 차이의 점수가 실제로 통계적으로 유의한 점수 차이인가? 즉 표본평균의 점수가 A 디자인보다 B 디자인이 '3점' 높게 나타났는데, 실제로 모집단(전체 잠재고객)의 점수도 A의 평가보다 B 디자인의 제품에 대한 선호도가 높다고 결론을 낼 수 있는가에 대한 검증을 해야 하는 것이다. 그러나 많은 연구 조사보고서나 논문에서 이러한 통계적 유의성 검증 없이 표본조사 결과만으로 결론을 내고 잘못된 최종적인 의사결정을 하는 경우가 많다. 이 역시 실제 모집단과 정반대의 잘못된 의사결정을 야기하는 비표본오차의 사례이다. 평균값 차이의 유의성 검증에 대해서는 '5장 평균값 차이 검정'에서 자세히 설명하도록 하겠다.

③ 우리는 표본조사를 통해 흔히 모집단의 특성에 대해서 가설검정이나 추정을 한다. 이때 여러 가지 통계적 분석방법을 사용하는데, 많은 통계적 방법이 데이터의 분포에 대한 가정을 전제로 한다. 예를 들면 오차의 정규성이나 독립성, 등분산성이나 데이터가 특정 분포에 따른다는 가정 하에 통계적 분석을

하게 된다. 그렇다면 조사 결과 얻어진 데이터가 특정 통계적 분석을 하기 위한 여러 가지 가정이나 분포에 적합한가를 확인하고 해당 통계적 분석을 수행하여야 한다. 그러나 많은 경우 이러한 가정에 대한 확인 없이 기계적으로 통계적 분석 방법을 사용하고, 결과적으로 잘못된 결론을 도출하는 경우가 종종 발생하는 것을 볼 수 있다. 이것은 통계적 방법에 대한 이론적 알고리즘의 이해 부족과, 기계적인 프로그램 사용 습관 때문이다. 이는 대학에서의 연구 논문뿐만 아니라 조사연구 전문기관에서도 흔히 볼 수 있는 비표본오차의 유형이다. 잘못된 분석은 잘못된 의사결정을 하게 되고, 이로 인해 사회적/경제적/학문적으로 엄청난 해를 끼칠 수 있음을 유의해야 한다. 이러한 통계분석방법의 가정에 대한 검증방법은 전문 통계적인 내용이므로 참고서적을 참고하기를 바란다.

④ 모집단의 특성치에 대한 추정이나 검정을 할 때는 신뢰수준을 전제로 하여 유의성을 확인한다. 모든 표본조사의 추정이나 검증에서 100% 신뢰수준이라는 것은 존재하지 않으며, 따라서 주어진 신뢰수준 하에서 통계적 분석을 하게 되는 것이다.

예를 들어 앞서 A 디자인, B 디자인에 대한 선호도 조사 결과 A보다 B 디자인의 시안이 평가점수가 높다는 가설을 검정하고자 할 때 95% 신뢰수준 하에서는 "통계적으로 유의한 차이가 없다."라는 결론을 낼 수 있는 반면, 90% 신뢰수준 하에서는 "통계적으로 유의한 차이가 있다."라고 정반대의 결론이 도출될 수 있는 것이다. 따라서 모든 표본조사에 의한 모집단 특성에 대한 추정이나 검정 시 이러한 신뢰수준의 정도를 감안하여 그 의미를 해석해야 한다.

⑤ 통계적 분석방법 이용 시 데이터 상황에 따라 선택하는 분석방법이 상이해서 상황에 맞는 옵션을 선택하여 사용해야 한다. 그러나 이 역시 통계적 방법에 대한 정확하지 못한 이해와 기계적인 통계 처리 프로그램 사용에 의해 오류를 범하는 경우가 많다. 예를 들면 위에서 설명한 A 디자인과 B 디자인의 시안에 대한 선호도 점수의 평균값 차이에 대한 유의성 검정 시에 *t*-test라는 통계적 방법을 사용하는데, 이때 두 개 시안의 평가 데이터에 대한 분산의 이질성과 동질성에 따라 사용하는 검정통계량이 다르다. 또는 세 개 이상의 제품에 대한 평가나 세 집단 이상의 평가 차이에 대한 유의성 검정 시 실험 설계 방법에 따라서도 사용하는 통계적 분석방법의 옵션이 각각 지정되어야 하는 것이다. 같은 통계적 분석방법이라도 해당 옵션에 따라 결과가 상이하게 나올 수 있으므로 이 또한 잘못 사용할 시 비표본오차에 의한 잘못된 결과를 도출할 수 있다. 이 역시 '5장 평균값 차이 검정'에서 자세히 설명하도록 하겠다.

그 외 동일한 표본을 조사하였다고 해도 조사목적에 가중치를 다르게 할당하는 방법이나 테스트 순서, 조사 목적에 따른 표본구성 방법 등에 따라 수없이 많은 비표본오차가 영향을 받는다.

다시 정리하면 표본조사에는 표본오차와 비표본오차가 존재한다. 비표본오차는 조사 대상자 선정, 조사방법, 설문지 작성, 표본 구성 및 추출 등의 조사설계 단계, 데이터 수집단계, 데이터 처리단계, 분석단계에서 다양한 형태로 발생할 수 있다. 이러한 비표본오차는 표본조사 및 통계적 분석방법에 대한 정확한 이론적 숙지와 오랜 경험을 기반으로 비표본오차가 발생할 모든 가능성에 대해서 사전에 고려하여 연구조사를 설계하고 이에 따라 조사 진행, 분석 및 보고서를 작성함으로써 최소화할 수 있다.

1.4 표본크기 결정 시 고려 사항

표본크기를 결정할 때 고려할 사항은 이론적으로 발생하는 표본오차 부분과 현실적으로 조사 업무를 진행하는 과정에서 발생하는 비표본오차, 그리고 비용과 시간이라는 현실적 요인을 종합적으로 고려해야 한다. 표본수가 많을수록 표본오차는 작아지므로 허용 오차가 작을수록 표본의 크기는 커야 한다.

또한 비표본오차가 클수록 의미있는 데이터의 해석을 위한 표본의 수도 커져야 하므로 조사 대상자, 조사 기간, 조사방법 등 조사의 난이도에 따라 표본수가 조정되어야 한다. 물론 이에 따라 조사 기간과 비용이 영향을 받으므로 이 점도 함께 고려하여야 한다.

예를 들어 조사 대상자가 접촉하기 어려운 사람일수록, 주어진 조사 기간이 짧을수록, 책정된 조사비용이 낮을수록 조사의 난이도가 높아지고 이에 따라서 비표본오차는 커질 가능성이 높으며, 데이터를 수집하는 조사방법에 따라서도 비표본오차의 크기가 달라질 수 있다. 따라서 이러한 모든 점을 종합적으로 고려하여 표본의 수를 결정하여야 한다.

1.4.1 최소 분석 단위

연구자가 분석하고자 하는 최소 분석 단위의 수와 종류에 따라 전체 표본수가 변동되므로 이에 대한 점을 먼저 고려해야 한다. 예를 들어 특정 기업의 고객 만족도 조사를 진행한다고 하자. 이때 고객을 성별, 연령별로 나누어 각 성별×연령별 세분 집단의 고객 만족 점수를 파악하고자 할 때, 연령을 20대, 30대, 40대, 50대, 60대 이상 5개의 집단으로 구분한다면 2×5=10개의 세분 집단으로 나누어질 것이다.

이때 표본오차만을 고려한 분석 단위별 최소 표본수를 30개라고 하자. 그렇다면 각 세분 집단의 최소 유의표본수 30×세분 집단수 10=300개의 표본이 전체적으로 필요할 것이다. 그러나 최소표본 30개는 표본오차만을 고려한 통계적 이론에 의하여 도출되는 최소 유의표본수이며, 비표본오차까지 포함하면 30개 이상이 되어야 하고, 조사방법이나 난이도 등에 따라 비표본오차의 크기가 변하는 점을 고려할 때 최소 분석 단위별 50~100개 표본은 되어야 할 것으로 추측된다. 앞서 설명한 것처럼 비표본오차는 측정할 수 없는 오차이므로 경험과 직관에 의해서 추측할 수밖에 없다.

또한 만약 성별×연령별×고객 등급별(5개 등급)로 고객을 분류하여 분석을 하고자 한다면 총 50개의 세분 집단별로 최소 50표본에서 최대 100표본이 필요하게 되고 전체적으로 2,500~5,000개의 표본이 필요한 것이다.

이렇게 분석하고자 하는 최소 단위나 고객 분류 변수가 늘어날수록 필요한 최소 표본의 수는 기하급수적으로 늘어나게 된다. 따라서 고객 유형별로 분석하고자 하는 분류 변수 및 해당되는 범주의 수를 사전에 고려하고, 최소 분석 단위별 통계적 유의 표본수를 감안하여 전체 표본수를 결정하여야 한다.

단, 분석하고자 하는 분류 변수가 많아지면 요구되는 전체 표본의 수가 극단적으로 커지므로 연구자의 의욕과 가지고 있는 현실적 자원을 고려하여 신중하게 전체 표본수를 판단하여야 한다.

참고

모집단의 데이터 분포가 임의의 분포(평균이 μ, 분산이 σ^2인 분포)일 때 표본의 수가 n인 표본을 추출하여 평균을 구한다고 하자. 이러한 표본을 추출하여 평균을 구하는 표본조사를 여러 번 반복한다고 할 때 표본의 평균도 여러 개가 나올 것이고 각기 상이한 결과가 나타날 것이다. 예를 들어 전 국민으로부터 500명씩 표본을 추출하여 특정 디자인에 대한 선호도를 질문하는 조사를 100회 반복하였다고 하자. 그러면 100개의 각기 다른 선호도 평균값이 도출될 것이다. 물론 경우에 따라 동일한 평균값이 나타날 수도 있다. 이 100개의 표본평균 점수도 일정한 분포를 따를 것이며 표본의 수 n이 일정 정도 크면 모집단의 분포와 상관없이 표본평균값들의 분포가 평균이 μ이고 분산이 σ^2/n인 정규분포를 따른다는 이론이 있다. 이러한 이론을 중심극한 정리(CLT, Central Limit Theorem)라고 하고, 이때 표본평균의 분포가 중심극한정리에 따르려면 최소 표본의 수가 30개라는 이론이 있다. 이러한 점에 근거하여 통계적 유의성을 담보할 수 있는 최소한의 표본수가 30개라는 것이다. 그러나 이는 표본오차만을 고려한 자연과학에 해당하는 것이고, 사회과학에서는 표본오차와 비표본오차를 같이 고려해야 한다.

□ **중심극한정리(CLT, Central Limit Theorem)란?**

평균이 μ이고 분산이 σ^2인 임의의 모집단으로부터 표본의 크기가 n인 표본평균을 구할 때 표본의 크기 n이 일정 정도(≥30) 크다면 모집단의 분포가 어떤 분포에 따르는지와 상관없이 표본평균의 분포는 평균이 μ이고 분산이 σ^2/n인 정규분포(normal distribution)를 따른다.

1.4.2 대상 모집단의 동질성

앞에서 최소 분석 단위로 통계적으로 유의한 표본수에 대해 설명하였다. 유사한 맥락에서, 모집단이 되는 AA 보험회사의 전체 고객이 성별(2개 범주), 연령별(5개 범주)은 물론, 지역별(10개 범주), 거주 지역의 시/도/읍면 단위별(15개 범주), 고객 등급별(10개 범주), 가입 상품별(10개 범주)로 고객만족도 점수나 기타 조사 문항에 대한 반응이 다르다고 가정하자. 고객 분류 변수는 6개밖에 안되지만 각각으로 분류하면 150,000개의 고객 집단으로 분류된다. 물론, 분석하고자 하는 모든 고객 분류 변수에 의해서 고객을 분류하여 표본을 할당하는 것은 아니지만 많은 변수에 의해서 고객의 성격이 이질적인 집단으로 분류된다면 조사를 진행해야 할 전체 표본의 수는 증가할 것이다. 반대로 성별, 연령별, 고객 등급별, 지역별, 가입 상품별로 고객만족도 또는 기타 조사 문항에 대한 반응이나 고객 특성에 큰 차이가 없다면 각 세분 집단별로 유의미한 표본을 모두 할당할 필요가 없으므로 전체 표본수는 작아질 것이다. 이와 같이 전체 집단의 성격이 이질적인 집단으로 많이 나누어진다면 필요한 전체 표본의 수가 많아질 것이며, 전반적으로 고객 속성이 유사하다면 표본의 수는 작아질 것이다.

1.4.3 표본추출방법 및 조사방법

표본추출방법이나 조사방법에 따라서도 표본의 크기가 조정될 수 있다. 조사 대상자의 특성이나 설문지의 길이, 가용한 조사 비용과 기간, 조사를 진행하고자 하는 제품이나 서비스 종류 등에 따라 적절한 조사방법을 선택하여 사용하여야 한다. 특정 대학의 학생들을 대상으로 학교의 강의와 시설, 기타 학생 복지시설에 대한 만족도 조사를 진행한다고 가정하자. 이때 캠퍼스 내에서 면접 조사를 통해 학년별/전공 학과별 최소한의 표본수를 확보하여야 한다고 하자. 그러면 학과별/학년별 목표 표본수를 전부 조사하기 위하여 캠퍼스를 돌아다니면서 학과/학년별 필요한 학생들을 찾아 조사를 진행하여야 하므로 이러한 방법이 현실적으로 쉽지는 않을 것이다. 따라서 최소한의 유의한 표본수 만을 추출하는 설계를 할 것이다. 그러나 만약 조사방법을 개별면접조사가 아니라 학과별/학년별 전공수업을 듣는 시간에 강의실에서 협조를 얻어서 갱서베이(집단 면접 조사법)로 조사를 진행한다면 더욱 많은 학생들을 조사할 수 있을 것이다. 해당 수업을 듣는 학생은 모두 조사를 진행할 수 있기 때문이다.

이렇게 응답자의 특성에 따라 어떤 조사방법을 선택하느냐에 따라서도 표본수가 조정될 수 있다.

또한 조사방법에 따라 비표본오차가 달라지는 경향이 있으므로 이 점도 고려해야 한다. 예를 들면 혼잡한 길거리에서 조사를 진행하는 경우에 면접 조사방법이나 응답자 접촉이 어려운 CLT 방식보다는 갱서베이 방법이 응답자나 조사자, 진행 환경 등에 의해 발생하는 비표본오차를 상대적으로 줄이는 경향이 있다. 이렇게 비표본오차가 적을 경우에는 상대적으로 표본수가 작아도 데이터가 안정적으로 나타나는 경향이 있다. 따라서 조사방법에 따른 표본수도 고려되어야 한다.

1.4.4 조사의 난이도

조사의 난이도는 일반적으로 응답자의 접근성, 질문지의 길이, 응답의 편이성, 조사방법의 문제 등을 의미한다.

조사 목적이나 내용 등을 고려해서 응답자를 선정(표집 모집단 정의)하는데, 선정된 응답 대상자의 조건이 만나기 힘들거나, 많지 않아서 찾기 어려운 대상자라면 조사의 난이도가 높아지는 것이다.

면접 조사나 전화 조사, CLT 등의 조사방법을 사용할 시 설문지의 길이와 조사의 난이도는 정확하게 비례한다. 즉 설문지의 길이가 길어지면 길어질수록 조사의 난이도는 함께 증가한다. 조사의 난이도가 높아지면 비표본오차가 늘어나고 비표본오차가 늘어나면 안정적인 데이터의 경향성을 담보하기 위한 표본의 수도 증가하여야 한다. 그러나 갱서베이 등과 같이 상대적으로 긴 설문지에 의한 조사 진행이 용이한 조사방법을 사용할 시는 어느 정도의 설문지 길이는 비표본오차에 크게 문제가 되지 않는다. 그러나 특수한 경우를 제외하고 갱서베이 방법은 비용이 상대적으로 많이 든다는 단점도 있으므로 이러한 점 또한 고려되어야 한다.

1.4.5 기간과 비용 등의 현실적 제한

현실적으로 표본수 결정에 가장 큰 영향을 미치는 요인은 비용, 기간과 인력이다. 앞서 설명한 이론적 원칙과 조사방법이나 응답자 특성 등을 고려한 데이터 수집상의 문제들을 모두 생각해야 하지만, **비용과 기간이라는 현실적 자원과 상기 언급한 사항 등을 종합적으로 고려하여 판단**해야 한다. 연구의 정확성과 소요자원은 항상 직결되기 때문이다. 즉 표본오차를 줄이기 위한 표본설계와, 비표본오차를 줄이기 위한 조사방법을 선택하면 그 만큼 소요 비용과 기간이 늘어나기 때문에 연구자는 이 상반되는 사항들 속에서 스스로 신중하게 타협하여 결정하여야 한다.

1.5 표본추출방법

리서치 기관에서 주로 사용하는 대표적인 표본추출방법에는 단순 무작위(임의) 추출법, 층화 추출법, 계통 추출법, 집락 추출법 등이 있으나, 일반적으로 기업의 의사결정을 위한 마케팅 조사에서는 층화 추출법이 많이 사용되며, 사회 여론 조사에서는 임의 추출법이나 계통 추출법이 많이 사용된다.

1.5.1 단순 임의 추출법

단순 임의 추출법은 가장 간단한 확률 추출법으로 다른 여러 확률 추출법의 기초가 되는 추출 방법이다. **전체 크기가 N인 모집단에서 크기 n인 표본을 추출할 때 모든 표본이 추출될 확률이 동일한 추출 방법을 단순 임의 추출법(Simple Random Sampling)**이라고 하며, 이에 의해 추출된 표본을 단순 임의 표본이라고 한다. 예를 들어 AA 은행이 고객 리스트를 이용하여 표본을 추출하여 고객 만족도 조사를 진행한다고 하자. 이때 전체 고객 각각에 일련 번호를 부여하고 난수(random number)를 발생하여 해당하는 일련 번호의 고객을 추출한다면 이런 방식을 단순 임의 추출법이라고 한다. 전체 고객이 여러 가지 분류 변수에 의해 다양한 세분 집단으로 나누어질 경우, 각 세분 집단에 속해 있는 모든 구성원들이 표본으로 추출될 확률이 동일하도록 표본을 추출하는 방식이다.

1.5.2 계통 추출법

계통 추출법은 전체 모집단에서 일정한 간격으로 표본을 추출하는 방법으로써, 모집단의 크기가 N이고 표본의 크기를 n이라고 할 때 모집단에서 첫 번째 표본을 추출한 후 다음 k(=N/n)번째마다 한 개씩의 표본을 추출하는 방법이다. 예를 들면 고객리스트를 활용하여 표본을 추출한다고 할 때 10,000,000명의 전체 고객 집단이 있고, 이 중에서 1,000명의 표본을 추출한다고 하자. 10,000,000 / 1,000 = 10,000이므로 고객리스트 중에서 첫 번째 고객을 표본으로 추출하였다면, 다음 10,001번째 고객, 20,001번째 고객의 순으로 10,000번째 고객마다 표본을 추출하는 방식이다. 이런 방식으로 1,000명을 모두 추출하여 조사에 대한 안내 및 참여 협조를 위해 접촉하였는데, 피추출된 고객의 일부가 조사 참여를 거절한 경우 1,000개 이상의 표본추출이 필요하므로 다시 2번째, 10,002번째, 20,002번째 고객의 순으로 표본을 추출하여 조사를 진행한다.

백화점이나 마트 등의 유통업체와 같이 출입구에서 나오는 고객들을 대상으로 조사를 진행할 경우, 예를 들어 AA 마트의 동대문 지점에서 500명을 조사하고자 하는데, 평소 이 매장의 이용 고객수가 5,000명이라면 5,000명 / 500명 = 10명의 고객마다 한 명씩의 고객을 표본으로 추출하여 조사를 진행하는 방식이다.

또는 선거 출구 조사에서 대표적으로 사용되는 표본추출방법으로 특정 투표소에서 선거가 시작되고 투표를 하고 나온 사람 중에서 처음 조사를 성공하고 나서 다음 k번째 투표를 하고 나온 사람에게 조사를 진행하는 방식이다.

실제로 현업에서는 추출하고자 하는 표본수의 일정 배수 – 예를 들면 1,000명을 조사하기 위하여 10 배수인 10,000명 – 의 고객을 단순 임의 추출법에 의해 추출한 후, 다시 계통 추출법에 의해 정해진 표본수를 추출하는 방식을 많이 사용한다.

1.5.3 층화 임의 추출법

전체 모집단의 구성요소들이 중복되지 않도록 동질적인 몇 개의 세분 집단(sub-group)이나 층(strata)으로 나눈 다음 각 층으로부터 단순 임의 추출법에 의해서 표본을 추출하는 방법을 층화 임의 추출법(Stratified Random Sampling)이라고 한다. 이때 동일한 집단 내에 속한 구성 요소들은 최대한 성격이 유사한 동질성을 유지하여야 하고 집단 간에는 가능한 성격이 다른 이질성을 최대한 유지하도록 한다. 예를 들어 보험 회사가 고객 만족도 조사를 진행하려고 하고, 보험 회사의 고객 만족에 가장 중요하게 영향을 미치는 고객 분류 변수가 가입 상품과 가입 기간이라고 하자. 그렇다면 가입 기간과 가입 상품별로 고객을 분류하고, 각 집단별로 - 가입 기간, 가입 상품별로 - 할당된 표본수만큼 고객을 무작위 추출하는 방식이다. 이때 가입 상품별, 가입 기간별 표본 구성비는 전체 고객 집단의 구성비나 고객의 특성, 고객 만족도에 대한 회사의 관리 방침 등에 따라 결정한다.

1.5.4 집락 추출법

전체 모집단을 여러 개의 집락으로 나눈 다음에 이 중에서 소수 몇 개의 집락을 임의로 추출하고 추출된 군집 내에서 전수조사(혹은 표본조사)를 진행하는 방식을 집락 추출법(**Cluster Sampling**)이라고 한다. 이 방법은 상대적으로 비용과 시간이 많이 들어서 연구 조사 방식으로는 적절하지 않다는 것이 일반적인 견해이다.

이와 같이 여러 가지 표본추출 방법이 있기는 하지만 실질적으로 모집단의 특성과 비용, 기간 등을 고려하여 여러 개의 표본추출 방법을 혼용하여 탄력적으로 사용하는 방법도 효율적이다.

2장
조사방법별 진행 및 유의 사항

설문 조사라고 하면 대부분의 사람들은 TV뉴스에서 보는 전화 조사, 또는 조사자와 응답자가 얼굴을 마주보고 진행하는 일대일 개별 면접 조사를 통한 여론 조사를 흔히 생각한다. 그러나 설문 조사의 영역은 정치 지도자에 대한 대국민 지지도 조사나 사회적 이슈에 대한 여론 조사뿐 아니라 신제품의 시장 타당성 조사, 판매 수요 예측 조사, 고객 세분화 조사, 광고 사전/사후 효과 조사, 브랜드 이미지 조사, 브랜드 가치 진단 등의 마케팅 의사 결정을 위한 조사와 사회학, 행정학, 정치학, 심리학 등의 사회과학과 미술이나 음악의 예술 분야의 학문적 연구까지 다양하다.

이렇게 각 분야의 다양한 목적과 내용에 대해 설문 조사를 진행하는 조사방법 또한 단순한 전화 조사와 일대일 면접 조사뿐만 아니라 일반인들에게 잘 알려지지 않은 다양한 조사방법들이 사용되고 있다.

연구 조사방법은 조사의 진행 방법과 얻고자 하는 데이터(정보)의 성격에 따라 크게 정성 조사와 정량 조사로 나뉠 수 있다.

표 2-1 정량 조사와 정성 조사

구분	내용
정량 조사 (quantitative research)	- 연구주제에 대한 응답자의 태도나 행동을 파악 - 구체적 수치로 계량화하여 모집단의 현상으로 일반화 - 통계적 유의성을 담보하기 위해 대표본조사 - 모든 응답자에게 동일한 문항과 워딩으로 질문 - 구조화된 설문지를 이용
정성 조사 (qualitative research)	- 응답자의 태도나 행동에 대한 원인과 이유를 심층적으로 탐색 - 연구주제에 대한 대략적인 가이드만으로 진행 - 조사자와 응답자가 양방향 대화식으로 진행 - 상대적으로 소표본을 조사

이러한 다양한 조사방법은 연구 배경이나 목적, 조사 항목, 조사 대상자의 특성, 표본의 구성 형태, 얻고자 하는 정보의 형태, 비용과 기간을 종합적으로 고려하여 가장 효율적인 조사방법을 선택해서 사용한다.

그러나 연구 상황이나 목적에 따라 이론적으로 정해진 조사방법이 존재하는 것이 아니라 연구자가 그때그때 상황에 맞추어서 가장 최적의 조사방법을 선택하여 진행한다. 경우에 따라서는 하나의 연구에 2개 이상의 여러 가지 조사방법이 같이 사용되기도 한다. 따라서 각 조사방법의 진행 방법과 특징, 장점과 단점 등을 명확하게 이해하고 연구 목적과 상황에 가장 최적의 조사방법을 선택하여야 한다.

그러나 실질적으로 데이터를 수집하는 과정에서 예상하지 못한 수많은 상황들이 발생하며, 이러한 상황들 역시 비표본오차로 연결되므로 세부 진행 방법에 대해서는 충분한 경험을 가진 전문가와 상의하는 것이 좋다.

이 장에서는 연구 조사에서 대표적으로 사용되는 몇 가지 조사방법에 대해서만 간략하게 설명하도록 하겠다.

먼저 정량 조사는 특정 주제에 대한 ⓐ **응답자의 태도나 행동**에 대해서 ⓑ **구조화된 설문지**에 의해 ⓒ **동일한 항목**을 상대적으로 ⓓ **여러 명(대표본)**에게 질문하여 구체적인 수치로 ⓔ **계량화**하고 이를 전체 모집단의 태도나 행동으로 ⓕ **일반화**하는 조사방법이다.

예를 들어 S 커피숍과 C 커피숍의 인테리어 디자인에 대해서 고객들이 느끼는 감정을 파악하여 고객들에게 좀 더 편안한 시설 환경을 조성하기 위한 자료를 수집할 목적으로 조사를 진행한다고 하자. 이때 먼저 두 개의 커피숍 중 어느 커피숍의 시설에 더 편안함을 느끼는지를 파악하려면 각각 점수로 평가하든 아니면 두 개의 커피숍 중 어느 것이 더 좋은지를 질문하여 선호율(%) 등의 구체적 수치로써 계량화할 수 있다. 또한 이렇게 구체적 수치로 계량화하여 모집단의 특성을 일반화하기 위해서는, 즉 모든 잠재 소비자들의 선호도로 일반화하기 위해서는 앞 장에서 설명한 통계적으로 유의한 최소표본이 있어야 하므로 대표본을 조사해야 한다.

그리고 모든 응답자에게 공통적 주제에 대해 동일한 문항을 질문하여 응답자들의 응답을 얻어야 하므로 이때 구조화된 설문지를 이용하여 조사를 진행하게 된다.

즉 연구 주제나 이슈(편안한 커피숍 인테리어)에 대한 응답자들의 태도나 행동(인테리어 선호도)을 파악하기 위하여 구조화된 설문지를 이용하여 구체적 수치(인테리어 평가 점수나 선호도)로 선호도를 파악하고 이를 전체 모집단(모든 잠재 고객)으로 일반화하는 것이 정량 조사의 목적이다.

반면 정성 조사는 구조화된 연구 주제에 대해 응답자들의 태도나 행동을 유발하게 하는 ⓐ **심리적이고 구체적인 이유와 원인**이 무엇인지를 ⓑ **심층적으로 탐색**하기 위한 조사방법으로 설문지가 아니라 연구주제에 대한 대략적인 ⓒ **진행가이드**만을 이용하여 ⓓ **조사자와 응답자가 심층적인 대화**를 통해 진행한다. 정량조사처럼 계량적인 수치를 얻는 것이 목적이 아니므로 상대적으로 ⓔ **소표본을 조사**하는 것이 일반적이다

위의 예를 기준으로 설명하면 두 개의 커피숍 중에서 특정 인테리어가 더 편안함을 느끼는 이유가 무엇인지, 편안함을 느끼는 이유가 안락함이라면 구체적으로 어떤 안락함인지, 커피숍 인테리어에서 안락함이 얼마나 중요한지, 구체적으로 어떤 점이 안락함을 주는지 등 응답자가 더 편안하다고 선택한 커피숍의 이유와 원인에 대해서 심층적으로 대화를 하면서 구체적으로 파악하는 조사방법이다.

이제 이러한 정량 조사와 정성 조사의 대표적 조사 방법들에 대해서 간단하게 설명하도록 하겠다.

2.1 정량 조사의 유형 및 진행 방법

2.1.1 일대일 개별 면접 조사

면접 조사 또는 개별 면접 조사 등으로 지칭하기도 하지만 정확한 명칭은 일대일 개별 면접 조사(**Face To Face Interview**)이며, 교과서나 논문들에서는 약자로 **F2F**, **2F** 등으로 표현하기도 한다. 응답자의 가정, 직장이나 학교 등을 조사자가 방문하거나, 길거리에서 지나가는 사람을 접촉하여 연구자가 정의한 조사 대상자의 조건에 맞는 사람인지를 확인한 후 조사를 진행하는 방법으로, 조사자와 응답자가 일대일로 얼굴을 마주하면서 대화하는 방식으로 진행한다고 해서 일대일 개별 면접 조사라고 한다.

일반적으로 많은 교재에서 가장 신뢰할 수 있는 데이터를 얻을 수 있는 조사방법으로 소개되어 있기도 하다. 조사자와 응답자가 실제 얼굴을 마주 대하면서 대화하듯이 조사를 진행하며, 조사자의 통제하에 조사 대상자가 응답을 하기 때문이라는 측면에서 가장 신뢰할 수 있다는 주장이다.

그러나 이는 일대일 면접 조사의 원칙을 지킬 경우의 원론적인 주장이고, 조사 현장에서는 실제 조사를 진행하는 과정에서 면접 조사의 원칙을 100% 완벽하게 지키는 것이 사실상 불가능에 가깝기 때문에 비표본오차가 가장 많이 발생할 수 있는 조사 방법이라는 것이 저자의 생각이다.

일단 조사자에 의한 오류가 가장 심각한데, 첫 번째로 연구자가 정의한 조사 대상자의 조건에 맞는 사람을 찾는 것이 어렵거나 설문지가 너무 길어서 응답자가 도중에 포기할 가능성이 높을 때 조사자들이 고의적으로 에러를 내는 경우이다. 즉 응답 조건에 맞는 응답 대상자를 찾기 어려운 경우에는 적정하지 않은 사람들을 대상으로 조사를 진행한다거나, 설문지가 너무 길어서 조사 대상자가 응답을 하다가 도중에 거절을 하면 조사 대상자가 응답하지 않은 나머지 부분은 조사자가 허위로 작성을 하는 방식의 오류가 가장 많이 발생한다.

두 번째는 이러한 조사자의 고의적인 오류뿐 아니라 조사자에 의한 비고의적인 오류도 발생하는데, 조사자의 말투, 행동과 태도 등에 의해서 조사 대상자의 응답에 편의가 개입될 수 있다. 물론 이러한 조사자 에러는 개별 면접 조사뿐 아니라 조사자와 응답자가 마주하는 모든 조사에서 발생하지만 개별 면접 조사에 있어 특히 오류가 많이 발생한다.

이러한 개별 면접 조사의 오류들을 최소화하기 위하여 다음과 같은 조치들을 취하여야 한다. 그러나 이러한 방법들도 조사자들이 일으키는 오류들을 원칙적으로 방지하는 것이 아니라 단지 최소화하기 위한 장치라는 점을 유의해야 한다.

(1) 철저한 조사원 교육

조사원의 고의적/비고의적 오류를 방지하기 위하여 가장 중요한 사항이다. 조사자의 행동이나 말투, 외모, 태도, 조사 진행방식 등에 따라 조사 대상자의 응답 내용이 달라질 수 있다. 따라서 조사원의 고의적 오류를 최소화하기 위하여 조사 원칙의 중요성을 강조하는 것은 물론 조사원의 비고의적 오류를 최소화하기 위한 조사원의 규정화된 말투, 행동과 예의 범절에 대한 철저한 사전 교육이 필요하다.

① 먼저 연구조사의 중요성과 의미에 대해서 인식을 시키는 것이 중요하다. 대부분의 조사자들은 자신들이 수행한 설문지 한 부 한 부에 대해서 크게 중요하게 생각하지 않고 단순히 수당을 얻기 위한 아르바이트 수단으로만 생각한다.

또한 자신들이 조사를 진행한 설문지의 자료가 어떻게 처리되고 분석되어 연구자에게 얼마나 중요한 연구결과를 제공하는 자료인지 또는 국가나 기업 등의 중요 정책에 대한 의사결정에 얼마나 중요하게 사용되는 자료인지에 대한 인식이 부족하다.

따라서 단순히 아르바이트 수당으로만 생각하지 않고 해당 연구의 중요성과 그 신뢰성의 절실함에 대한 소명 의식을 갖도록 교육을 시키는 것도 매우 중요하다.

② 다음은 조사 원칙의 중요성에 대해서 인식시켜야 한다. 개별 면접 조사 진행 시에는 ㉠ 응답자에게 보기 카드(Show Card)만 제시하고 설문지를 보여 주지 않으며, ㉡ 설문지를 조사원이 임의대로 워딩을 바꾸어서 읽지 않고 반드시 있는 그대로 읽어주고 응답을 받는 방식으로 진행해야 하며, ㉢ 너무 튀지 않는 용모와 태도를 유지하고, ㉣ 너무 사무적이거나 또는 지나치게 부담스러울 정도로 친절하지도 않고 평범한 일상의 말투로 진행하는 등의 원칙이 있는데, 이러한 원칙들은 모두 조사자의 비고의적인 오류를 방지하기 위한 것이다.

그러나 조사자들은 이러한 원칙의 필요성에 대한 인식 없이 응답자의 편의상 또는 나름대로 유연하게 조사를 진행한다는 측면에서 보기 카드를 사용하지 않거나, 임의적으로 설문 문항을 수정해서 질문하는 방식으로 진행하는 경우가 많다. 따라서 조사진행 원칙과 그 이유에 대해서 충분히 인식시키고 반드시 주어진 원칙대로 조사를 진행하도록 해야 한다.

이렇게 조사원 교육을 통해 조사의 중요성과 원칙에 대한 중요성을 인식시키고 원칙대로 진행할 것을 당부하였음에도 불구하고 조사원들이 고의적인 오류를 범하는 경우가 많은 것이 현실이다.

따라서 조사가 진행되어 회수된 설문지는 반드시 그 신뢰성을 검증하여야 한다.

즉 조사자가 진행하여 수거된 설문지의 일부 또는 전체 응답자에게 일일이 다시 전화 등으로 확인을 하여 데이터의 신뢰성에 대해 검증해야 하는데 ㉠ 연구자가 정의한 조사 대상자의 조건에 맞는 사람인지, ㉡ 설문지의 처음부터 끝까지 모든 항목을 조사자가 임의로 작성하지 않고 조사 대상자에게 질문하여 응답을 받은 것인지, ㉢ 설문지의 응답 내용이 정확한 응답 내용인지에 대해서 확인이 이루어져야 한다. 조사자가 고의적으로 오류를 범한 응답내용이 그대로 데이터에 포함되어 사실과 다른 조사결과가 나타날 수 있으므로 이러한 검증작업을 반드시 거쳐야 한다.

또한 이러한 ③ **검증 작업을 한다는 사실에 대해서 사전에 조사자들에게 명확하게 알려서 조사자들의 고의적인 오류를 최소화**하여야 한다. 이는 면접 조사뿐 아니라 뒤에서 설명할 유치 조사(HUT)나 CLT 등과 같이 조사자와 응답자가 대면하여 진행하는 모든 조사에도 해당된다.

(2) 합리적인 응답자 보상

응답자에게 타당한 보상을 제공하여야 한다. 앞에서 원칙적으로는 개별 면접 조사가 가장 비표본오차가 적은 조사방법이라고 하였다.

조사 원칙에 의하면 조사자는 응답자에게 보기 카드만 제시하고 설문지를 있는 그대로 또박또박 읽으면서 대화식으로 진행해야 한다. 문제는 이렇게 원칙대로 개별 면접 조사를 진행하면 대략 8페이지 정도의 설문지를 진행하는 데 약 30분 이상이 소요된다는 점이다.

또한 일반적으로 응답자와 조사자는 사전에 안면이 없는 상태에서, 응답자의 협조를 얻어서, 경우에 따라서는 길거리에서 조사를 진행하게 된다. 그렇다면 응답자에게 당연히 그에 상응하는 보상을 해야 할 것이다. 지나가는 낯선 사람에게 양해를 얻어 오랜 시간 조사를 진행하면서 그에 상응하는 보상을 하지 않는다면 당연히 응답 대상자는 처음부터 또는 중간에 조사를 거절할 것이며, 따라서 조사자가 고의적인 오류를 발생시킬 가능성이 높아진다.

설사 처음부터 끝까지 응답자가 조사에 협조한다고 해도 무성의하고 불성실하게 대답을 하여 정확하지 않은 데이터를 수집할 가능성이 많다. 결국 **응답자에 의한 비표본오차를 최소화하기 위해서는 합리적인 응답자 보상이 전제되어야** 할 것이다. 항상 응답자의 입장에서 생각한다면 보상 기준이 보일 것이다. **"나 같으면 이 정도 보상이면 조사에 성실히 응해줄 것 같다."라고 생각하면 다른 사람도 조사에 응해 줄** 것이다.

(3) 조사원 수당의 현실성

조사원들의 고의적/비고의적 오류의 원인은 거의 대부분 조사원 수당의 문제와 연결된다. 조사원들이 조사 대상자의 조건에 타당하지 않은 사람을 대상으로 조사를 진행하거나, 전체 설문 항목의 일부분만 질문을 하고 나머지는 임의대로 허위 작성을 하는 등의 고의적 오류를 야기하는 모든 본질적인 문제는 결국 조사원 수당과 관련된 문제이다. 대부분의 연구조사에 투입되는 조사원들은 성공한 부수에 따라 수당을 지급받는다. 따라서 가능한 많은 부수를 완료하기 위하여 적합하지 않은 응답자를 대상으로 조사를 진행하거나 허위로 설문지를 작성하는 오류를 야기하는 것이다.

그러나 설문지의 난이도에 따라 이에 상응하는 수당이 지급되거나, 사후검증을 하여 신뢰할 수 있는 설문 부수에 대해서 합리적이고 현실성 있는 수당을 지급한다면 조사원들도 주어진 원칙대로 조사를 진행하여 고의적/비고의적 오류를 최소화할 수 있을 것이다.

(4) 보기 카드의 사용

개별 면접 조사 시 조사자(면접원)는 응답자와 대화하듯이 설문지를 읽어 주고, 응답자는 설문지를 보지 말고 질문 내용의 선택 보기만을 따로 정리한 다음과 같은 보기 카드만 보면서 자신의 의견과 동일하거나 가장 비슷한 보기의 번호로 응답하는 방식으로 조사를 진행한다.

보기 카드(예). 불만족 이유
1) AS가 마음에 들지 않아서 2) 제품의 내구성이 떨어져서 3) 기대 대비 품질의 만족도가 떨어져서 4) 작동 방법이 어려워서 5) 기타(구체적으로 응답해 주십시오. : ______________________________)

이처럼 보기 카드를 사용하는 이유는 ① 응답을 할 때 다음 항목을 미리 보면 앞에 있는 질문의 응답에 편의가 생길 수 있기 때문이다. 또한 ② 응답자가 설문지를 직접 읽는 것이 아니라 조사자가 서로 대화를 하듯이 설문지를 읽어 주고 응답자는 이에 응답하는 방식으로 조사를 진행하기 위해서이다. 그리고 ③ 응답자의 가구 소득이나 학력, 금융 자산 등과 같이 응답하기 부담스러운 항목의 경우 구체적인 내용을 직접 묻지 않고 보기를 주어서 해당하는 보기의 번호를 응답하도록 유도하기 위해서이다.

(5) 설문지의 구어체

옛말에 "'아' 다르고 '어' 다르다."라는 말이 있다. 우리나라 말은 똑같은 의미의 말도 어떻게 이야기 하느냐에 따라 듣는 사람의 느낌과 반응이 다를 수 있다는 의미이다. 설문 조사에서 똑같은 질문 문항도 조사자가 어떻게 읽어 주느냐에 따라 응답자의 응답이 달라질 수 있는 것이 설문 조사의 특징이다. 따라서 **조사자와 응답자가 대화를 하면서 진행하는 일대일 개별 면접 조사나 전화 조사는 모든 조사자가 동일한 말투와 워딩으로 표준화하여 모든 응답자에게 동일하게 질문이 되어야 한다. 따라서 설문지가 철저하게 대화하는 방식의 구어체로 작성되어야 한다.**

만약 설문지가 문어체로 작성된다면 조사자가 응답자에게 설문지를 읽어 줄 때 임의대로 대화체로 바꾸면서 조사자마다 제각기 다른 워딩(wording)으로 설문지를 읽어 주게 되는 것이다.

결과적으로 조사자에 따라 응답자가 듣는 설문내용은 모두 조금씩 달라지게 되며(질문 내용이 같은 내용이라고 해도) 결과적으로 조사자에 따른 비고의적 오류가 크게 발생할 수 있는 것이다.

설문지는 일상적으로 대화하듯이 구어체로 작성하며, 조사자는 절대 임의적으로 문구를 변형하지 말고 문항을 있는 그대로 정확하게 읽어야 하고, 가능한 조사 시 주변의 환경이나 조건이 모든 응답자에게 동일한 상황에서 조사를 진행하여야 한다.

특히 설문지가 긴 경우에는 응답자가 조사 도중에 거절을 하는 경우가 빈번하게 발생하므로 조사자가 짧은 시간에 조사를 마무리하기 위하여 임의로 문항을 짧게 워딩(wording)을 수정하여 질문하는 경우가 많다. 이에 대한 철저한 관리와 교육이 필요하다. 물론 응답자의 입장에서 설문지의 길이를 적절히 고려해야 할 것이다.

(6) 조사자별 진행 부수 제한

조사원의 고의적/비고의적 오류를 최소화하기 위하여 **이렇게 조사원에 대한 교육과 조사 시의 오류방지 장치들을 갖추었다고 해도 조사자의 특성에 따라 편의가 개입될 수밖에 없는 것이 개별 면접 조사이다.**

따라서 개별 면접원이 진행해야 하는 부수에 제한을 주는 것이 좋다. 실제로 과거 대학생들의 학교 교육 시설과 교수법에 대한 고객 만족도 조사를 진행하였는데, 이때 전공 학과별로 학생들을 모아 놓고 집단적으로 진행하는 갱서베이 방식을 사용하였다. 그 결과 특정 학과의 학교에 대한 만족도 점수가 이상할 정도로 낮아서 진행자를 바꾸어서 다시 조사를 진행하였더니 결과가 전혀 다르게 나타난 경험이 있다.

물론 특이할 정도로 조사자의 편의가 개입된 경우이지만 이렇게 조사자에 의해 조사 결과가 다르게 나타날 수도 있는 것이다. 따라서 **조사원의 특성에 의한 편의를 최소화하기 위하여 철저한 조사원 교육은 물론 개별 조사원의 조사 진행 부수를 제한하여** 조사원에 의한 편의를 최소화하는 것이 필요하다. 설문 조사는 조사 진행의 전 단계에 걸쳐 세밀한 부분까지 비표본오차를 최소화시키기 위한 치밀하고 집요한 노력의 연속이라는 점을 다시 한 번 강조한다.

이상 설명한 조사자에 의한 오류는 개별 면접 조사뿐 아니라 유치 조사(HUT), CLT 등과 같이 조사자와 응답자가 대면하여 진행하는 모든 조사에 동일하게 적용된다.

2.1.2 전화 조사

전화 조사는 조사자와 응답자가 전화를 통해서 대화를 하듯이 질문을 하고 응답을 받는 식으로 진행하는 조사방법으로써, **응답자의 상황과 전화 조사의 한계를 고려하여 설문지를 작성하는** 것이 중요하다.

(1) 설문지 길이

설문지를 작성하다 보면 조사하고자 하는 연구주제와 관련된 부수적인 문항들이 꼬리에 꼬리를 물고 계속해서 궁금해지고 이러한 관련 문항을 계속 추가하다 보면 설문지가 무한히 늘어나게 된다.

그러나 전화로 응답을 하는 조사 대상자의 입장에서 생각을 하는 것이 중요하다. 응답자와 조사자가 서로 얼굴도 보지 않은 상태에서 전화를 통해 진행하는 문항의 수에는 한계가 있으며, 따라서 질문할 수 있는 항목의 수는 지극히 제한적이다. 문항의 수가 늘어나면 늘어날수록 응답자는 피곤함을 느끼게 되고, 중간에 거절할 가능성이 높으며 설사 끝까지 응답을 해 준다고 하더라도 몰입도가 떨어져서 성실한 응답을 기대하기가 어렵다. 당연히 데이터의 신뢰성이 감소한다. 즉 응답자의 몰입도 저하에 의한 비표본 오차가 증가하게 되는 것이다.

경우에 따라 조사 대상자의 조건에 맞는 응답자 리스트, 예를 들면 특정 서비스를 경험한 고객 리스트나 특정 기업의 내부 고객(직원)과 같은 리스트를 대상으로 조사를 진행하는 경우에 응답자의 거절률이 상대적으로 낮기는 하지만 문항이 길어질수록 응답자의 몰입도가 감소하는 것은 마찬가지이다. 입장을 바꾸어서 응답자 입장에서 고려하면 설문 문항수의 한계가 보일 것이다.

(2) 대화체로의 설문지 워딩

전화 조사 시 조사자의 설문 항목을 읽는 속도, 억양, 존칭의 정도나 사투리 등의 말투 등 사소한 요인에 의해서 응답이 영향을 받을 수 있다. 특히 얼굴을 보지 않고 전화상으로만 조사를 진행하기 때문에 이러한 경향이 더욱 강하게 나타난다.

따라서 모든 조사원이 그대로 읽기만 하면 되게끔 대화체로 설문지를 작성하고, 조사원이 임의적으로 말투를 변형하지 않고 있는 그대로 읽으면서 조사를 진행할 수 있도록 관리하여야 한다.

(3) 응답자의 상황을 고려한 설문지 작성

전화 조사를 진행할 때 응답 대상자는 조사에 응하기 위하여 대기하고 있는 것이 아니라 사무실, 직장이나 학교 등 각자의 생활 공간에서 업무나 기타 작업을 하다가 조사에 응하게 되는 경우가 대부분이다. 즉 설문 조사에 대한 관여도가 매우 낮은 상태에서 응답을 하게 된다. 따라서 응답자의 생각이 요구되거나 복잡한 문항의 질문은 자제해야 한다. 가능한 쉽고 간단하게 응답할 수 있는 문항을 지나가는 말로도 응답할 수 있는 말투로 질문을 하여야 한다.

(4) 전화 조사로 응답 가능한 문항

개별 면접 조사나 유치 조사 등과 같이 조사자와 응답자가 얼굴을 마주하는 조사에서 가능한 문항이 있고 전화 조사로 진행이 가능한 문항이 있다. 따라서 각각의 조사방법에 따라 질문하는 방법도 달라야 한다. 예를 들면 특정 제품을 선호하는 이유에 대해 파악하고자 할 때 응답보기를 너무 많이 읽어 주고 이 중에서 선호하는 응답을 질문한다면 응답자는 보기 뒷부분을 들으면서 앞부분의 보기는 기억에서 없어질 것이다.

이럴 경우에는 면접 조사를 통해 보기 카드를 제시하고 질문하여야 한다. 전화 조사로 특정 제품의 선호 이유를 파악해야 하는 상황이라면 차라리 주관식으로 질문하는 것도 방법이다.

(5) 임의 번호 전화 걸기

전화 조사 시 조사 대상자에 대한 특별한 대상 리스트가 없다면 전화 번호부에 있는 번호 중에서 무작위로 추출하여 접촉을 하는 방식으로 조사를 진행한다. 문제는 유선 전화 가입자 중에서 KT의 전화 번호부 등재여부가 가입자의 선택 사항이어서 실제 전체 전화 번호 중에서 전화 번호부에 등재되어 있는 비율은 약 50% 정도에 지나지 않는다는 점이다. 한 연구에 의하면 유선 전화 가입자 중에서 전화 번호부에 자신의 유선 전화 번호를 등재한 집단과 등재하지 않는 집단의 인구 통계학적 특성이나 구매 행태, 정치 사회적 가치관, 라이프 스타일 등이 통계적으로 유의한 차이가 날 정도로 다른 패턴을 나타낸다는 것이다. 즉 전체 국민을 통계적으로 유의한 차이가 있는 전화번호 등재집단과 비등재집단으로 나눌 때 이 중 한쪽 집단만을 대상으로 조사를 진행할 수밖에 없다는 것이다.

최근에 이러한 문제를 해결하기 위하여 조사 기관들이 RDD(Random Digit Dialing) 방법을 사용하고 있는데, 간략하게 설명하면 지역번호+국번호+4자리 번호 중에서 마지막 4자리 번호를 무작위로 추출하여 접촉을 하는 것이다. 즉 지역번호와 국번호는 각 지역별로 정해져 있으므로 나머지 전화번호 끝의 4자리는 난수표를 발생하여 이에 따라 접촉을 하고 만약 결번이면 다른 번호로 다시 연결을 하는 방식이다. 결과적으로 등재된 번호와 등재되지 않은 번호가 무작위로 균등하게 추출되는 것이다. 무작위 추출이란 모든 번호들이 추출될 확률이 동일하게 추출되는 방법이다.

이러한 RDD 전화 조사방법은 관련된 장비나 프로그램 등 하드웨어와 소프트웨어의 투자가 필요하지만 모집단의 특성을 반영하는 표본조사의 목적을 고려할 때 적절한 조사방식이다.

그러나 휴대 전화는 통신 회사 번호+국번호+4자리 번호 중에서 지역별로 지정된 국번호가 없다는 점에서 전국적인 조사에서는 RDD 조사방법이 가능하지만, 특정 지역을 대상으로 조사를 진행할 시는 해당 지역의 국번호가 별도 지정된 것이 아니기 때문에 조사 대상 지역의 거주자들을 찾기가 힘들다는 단점이 있다. 이러한 문제점들에 의해 최근 20대 총선에 '안심번호'라는 제도를 이용하여 휴대전화를 통한 조사를 진행하였으나 아직 일반화되지는 않은 실정이어서 관계 법안의 마련이 시급하다.

실제 전문 조사 기관에서 휴대 전화와 유선 전화를 병행해서 조사를 진행하는데, 이 경우 무작위로 휴대 전화의 번호로 전화를 연결하여 특정지역의 가입자 번호를 찾아가는 다소 비효율적인 방법을 사용할 수밖에 없는 것이 현실이다. 또한 유선 전화와 휴대 전화를 병행하여 조사를 진행하는 경우 그 비율을 결정해야 하는데 이는 별도의 정답이 없으며 조사 대상자의 특성, 조사 항목과 조사 목적 등에 따라 결정한다.

(6) 시간대별 표본 구성

조사의 목적이나 조사 내용이 일반 국민들을 대상으로 하는 조사이고, 표본 구성이 성별/지역별/연령별/기타 인구 통계학적 분류 변수별로 표본이 할당되어 있다면 유선 전화를 통해 가정집에 전화를 걸어서 표본 구성표에 맞추어 조사를 진행한다.

그런데 전화 조사는 주로 주간, 즉 늦은 아침부터 초저녁까지 진행하는 것이 일반적인데, 너무 이른 시간이나 늦은 시간에 남의 가정에 전화를 해서 조사협조를 요청하기가 어려우며 설사 전화 조사를 한다고 해도 대부분의 조사 대상자들이 불쾌해 하며 거절하는 경우가 많아 현실적으로 조사가 어렵다.

또한 전화 조사 시 시간대별로 성별/연령별 재택률이 다르다는 것이 문제로 제기된다. 즉 20~50대 이하의 남자가 평일 주간에 집에 있는 사람과 주간에 집이 아니라 외부에서 경제 활동 등의 외부 활동을 하는 사람 간에는 직업과 학력 등의 응답자 특성은 물론 소비성향과 사회적 가치관 등이 다름에도 불구하고, 전화번호부를 이용한 조사는 주간에 집에 있는 사람만을 대상으로 조사를 진행하므로 궁극적으로 조사 결과에 편의가 발생한다.

따라서 전화 번호부를 이용한 조사는 통계청에서 발표하는 성별/연령별/시간대별 재택률을 반영하여, 시간대별로 표본 할당을 구성하여야 한다.

(7) CATI 시스템

위에서 설명한 RDD 등의 조사 대상 번호 추출 방법을 사용하려면 사전에 등록된 전화 번호 – 그것이 KT 유선 전화번호 리스트이든지 아니면 특정집단 구성원의 전화 번호 리스트이든지 – 중에서 무작위로 번호를 추출하여야 하며, 이러한 추출작업을 사람의 손에 일일이 의존하기보다는 컴퓨터에서 발생하는 난수표를 이용하는 것이 효율적일 것이다. 또한 여러 명의 조사원이 조사를 진행할 시, 조사 대상자 특성별로 성/연령/직업/지역 등에 따라 할당된 표본수의 조사진행상황을 실시간으로 체크하고 관리하려면 각 조사자가 개별적으로 진행한 상황을 집계하여 한눈에 보아야 할 것이다.

이러한 전화 번호 무작위 추출과 표본 구성별 QUOTA 체크 등을 컴퓨터를 통하여 진행하는 전화 조사 시스템을 **CATI(Computer-aided Telephone Interview) 시스템**이라고 한다. 조사자별로 컴퓨터 프로그램에 의하여 응답 대상자의 번호를 추출한 후 자동으로 다이얼링(Dialing)하고, 전화 연결이 되면 화면에 제시되는 조사문항을 읽어 주고 응답자가 응답한 내용을 마우스나 키보드를 이용하여 실시간으로 입력하면서 조사를 진행하는 방식이다.

전화 번호 무작위 추출과 실시간 진행 상황에 의한 QUOTA 관리뿐만 아니라 펀칭 에러, 에디팅 에러를 줄이고 조사가 끝남과 동시에 실시간으로 조사 결과를 분석할 수 있다는 장점이 있다.

2.1.3 CLT(Central Location Test)

CLT는 길거리 또는 조사 지역에 지나가는 사람들을 접촉(intercept)하여 연구자가 사전에 정의한 조사 대상자 조건(표집 모집단 정의)에 적합한 사람인지를 확인한 후 사전에 준비한 주변의 공간으로 이동하여 일대일 개별 면접 조사 방식으로 진행하는 방법이다.

식음료의 맛이나 냄새, 향기 등을 조사하기 위해서는 일정 정도의 조리 공간이 필요하며, 제품의 디자인, 색상, 광고 영상이나 지면 광고 등의 반응을 조사하기 위해서는 제품 시안이나 광고물, 노트북 등의 조사 도구를 이용해서 조사를 진행하여야 한다.

이처럼 일정한 조사 도구를 사용하여 조사를 진행하거나 공간이 필요한 경우에 사전 정의된 조사 대상자의 조건에 적합한 사람들이 많이 이동할 만한 장소에 일정 정도의 공간과 장비를 준비해 놓고 지나가는 사람들을 접촉하여 정해진 장소로 이동하여 조사를 진행하는 방법이다.

때때로 특별한 조사 도구가 필요하지는 않지만, 조사 대상자 조건에 맞는 사람들이 많이 이동하는 장소에서 조사를 진행하거나 또는 응답자의 몰입도를 위해 안정적인 분위기가 필요할 경우 일정한 장소를 준비하고 진행하기도 한다. 예를 들면 특정 레저 시설이나 백화점 등의 유통점 이용자들을 대상으로 조사를 진행할 때 근처에 안정적인 장소를 준비하여 이용객들을 접촉하여 진행한다.

그러나 지나가는 사람들을 접촉하고 응답 대상자 조건에 맞는지 사전 질문(흔히 선정 질문 또는 응답자 screen 질문이라고 한다.)을 하고, 적합한 응답자 조건에 맞으면 정해진 장소로 같이 이동하여 진행하는 방법이다 보니 응답 거절률이 가장 높은 조사방법 중의 하나이다. 즉 데이터 수집의 난이도가 높아 조사자에 의한 비표본오차의 발생 가능성이 매우 높다. 조사 난이도가 높으므로 응답자 조건에 맞지 않는 사람들을 대상으로 조사를 진행하는 이른바 조사자의 고의적인 비표본오차가 높게 나타난다.

보통 조사지역 주변의 커피숍이나 제과점, 카페, PC방 등을 이용하거나 또는 특정 시설물 내에 간이 책상 같은 책상을 놓고 어수선한 공간에서 진행하기 때문에, 응답자의 몰입을 위하여 몇 가지 지켜야 하는 사항들이 있는데, 이러한 점들 또한 현장에서 제대로 지키는 것이 쉽지 않아 이로 인한 비표본오차도 발생한다. CLT 진행 시 주의해야 할 사항들에 대해서 중요한 몇 가지만 소개하겠다.

① CLT 진행은 보통 3~5명 정도가 조를 이루어서 진행하는데, 조장의 소양과 능력에 따라 데이터의 품질이 많이 좌우되므로 조장 선발에 특히 주의를 요하며, 서로 면식이 있는 조사원을 한 조로 같이 구성하지 않는 것이 좋다. 팀원들

끼리 서로 친분이 있거나 면식이 있으면 연구자가 정의한 원칙을 지키지 않고 임의적 방식으로 조사를 진행하고 이로 인한 비표본오차를 야기할 가능성이 높기 때문이다. 앞서 설명한 것처럼 CLT는 진행상의 난이도가 높은 방법이기 때문에 원칙을 지키는 것이 무엇보다 중요하다.

② 응답자 조건에 부합되는 사람을 찾아서 조사 장소로 안내해 오면 한 명의 응답자를 대상으로 여러 명의 조사원이 같이 조사를 진행해도 안 되고, 한 명의 조사자가 여러 명의 응답자를 대상으로 동시에 조사를 진행해서도 안된다. **반드시 한 명의 조사원과 한 명의 응답자가 일대일 개별 면접 조사 방식으로 진행**하여야 한다. 이는 응답자의 몰입도를 높이고 타인의 응답에 의해 영향을 받는 것을 차단하기 위해서이다.

③ **두 명 이상의 응답자가 동시에 조사를 진행할 때는 공간적 거리를 두어 각각의 응답자가 응답하는 내용을 서로 듣지 못하도록** 해야 한다. 특히 지나가는 사람들을 대상으로 조사에 대한 협조를 구할 때 응답자가 친구와 함께 지나가고 있으면 같이 조사에 참여하겠다고 하는 경우가 많다. 이때 서로의 응답을 듣지 못하도록 공간적 통제를 해야 한다. 이는 다른 사람의 하는 말이 응답자에게 영향을 미쳐 응답에 편의가 발생할 가능성을 막기 위해서이다.

④ 조사 장소의 주변을 지나가는 임의의 사람들을 대상으로 연구자가 정의한 대상자를 찾는 것과 정해진 장소로 안내하여 조사를 진행하는 것이 실제 조사 현장에서 매우 어려운 것이 사실이다. 그렇다 보니 응답자 조건이나 진행상의 원칙들을 제대로 지키지 않고 조사원들이 임의적으로 진행하는 상황이 종종 발생한다. 이러한 이유로 **CLT 진행 시 조사원들의 임의적인 진행을 관리 및 감독하기 위하여 모니터 제도를 운영하는** 것이 좋다. 즉 연구자가 별도로 섭외한 모니터 요원 – 조사를 진행하는 조사원들과는 전혀 알지 못하는 – 들이 지나가는 사람을 가장해 조사 진행장소 주변을 맴돌면서 조사 진행원칙이 제대로 지켜지고 있는가를 감시하는 방식이다. 상황에 따라서는 모니터 요원들이 직접 조사 응답자로 참여하면서 원칙적인 진행여부를 확인하고, 마지막에 모니터 요원임을 밝혀 조사 데이터로 사용되지 않도록 한다. 모니터 요원에 의해서 신뢰성이 의심되는 경우 즉각 조사를 중단시키고 다른 조사원들로 다시 팀을 구성하여 조사를 진행하여야 한다.

이렇게 데이터의 비표본 오차 발생 가능성이 높은 조사방법이면서 난이도가 높다 보니 자연스럽게 비용과 시간도 상대적으로 많이 소요된다. 그러나 조사목적이나 응답 대상자의 성격에 따라 CLT 방법으로 진행할 수밖에 없는 경우가 종종 발생한다. 이 경우 데이터의 신뢰성을 보장하기 위한 원칙들을 철저하게 교육하고 관리하여야 한다.

2.1.4 HUT(Home Used Test): 제품 유치 조사

직장이나 가정 등 생활 공간에서 제품을 일정기간 사용해 본 다음에 그 제품의 품질을 평가하거나 개선점에 대한 의견을 수렴하는 조사방법이다. 주로 생활용품이나 식품 등의 제품을 출시하기 전에 미리 소비자들의 반응을 파악하기 위하여 사용하는 방법이다. 예를 들면 아기 기저귀나 여성용품, 식품, 세제, 비누, 화장품 등 다양한 제품들을 실제 생활하면서 사용해 보고 제품의 품질이나 기능, 성능 등 개선점을 파악할 목적으로 사용한다.

2.1.5 Hall Test

연구자가 정의한 조사 대상자의 조건에 부합하는 응답자를 사전에 리쿠르팅하여 일정한 장소에 모이게 하고 제품을 경험한 후에 느낌이나 반응을 수렴하는 조사방법이다. 생활용품이나 식음료 제품 포장의 디자인에 대한 소비자들의 반응을 살피고자 할 때 CLT 같은 조사방법을 통해서 진행할 수 있다면, **Hall Test**는 조사자들이 휴대하고 이동하기 어려운 가전제품의 디자인 등에 대한 소비자들의 사전 반응을 수렴하여 제품 출시 전 개선점을 찾고자 하는 경우에 사용하는 방법이다.

또는 휴대폰 단말기의 신제품 디자인처럼 휴대하여 이동이 가능한 제품이더라도 보안이 중요하여 외부로 유출되는 것을 방지해야 할 경우 CLT 방식으로는 보안을 유지하기가 어렵다. 이러한 경우 보안에 대한 관리와 통제가 용이한 Hall Test 방법으로 디자인에 대한 사전조사를 많이 진행한다.

진행방법은 응답자 조건에 적합한 사람들을 동일한 시간에 동일한 장소로 모이게 하여 진행자가 제품의 기능, 특징이나 디자인에 대해 설명한 후 응답자들이 실제 제품이나 목업(mock-up)을 보면서 설문문항에 자기기입식으로 응답을 하는 방법이다.

제품의 디자인뿐만 아니라 식음료의 맛 테스트, 제품의 색상 테스트나 향기 테스트처럼 조사 환경이 엄격하게 통제되어야 할 경우에도 효율적으로 사용될 수 있다.

2.1.6 집단 면접 조사

집단 면접 조사(**Gang Survey**)는 사전적 의미처럼 집단으로 모여서 설문 조사를 진행하는 방법으로써 Hall Test와 거의 유사한 조사방법이다. 실제로 Hall Test와

Gang Survey를 동일한 방법으로 인지하고 있는 사람들도 많지만 굳이 차이점을 찾자면 전자는 제품의 맛이나 디자인, 색상, 향기, 기능 등을 테스트하는 것이 목적인 반면, 후자는 집단으로 모여서 설문조사를 진행한다는 점이 다르다.

진행방법은 Hall Test와 비슷한 개념으로, 일정한 장소에 사람들을 모아 놓고 진행자가 개별 조사 항목에 대한 질문의 취지와 목적을 설명하고 응답자들은 자기기입식으로 설문지를 작성하는데, 중간 중간에 보조 진행자들이 대기하다가 참석자의 요청 시 설문 작성 방법을 도우면서 진행하는 방법이다.

원래는 조직의 구성원들을 대상으로 설문조사를 진행할 경우 대회의실 같은 곳에서 집단으로 진행하는 목적으로 사용되었으나, 이러한 조사들은 최근에 웹 기반의 온라인 조사를 이용하여 많이 진행한다.

한편 면접 조사를 진행할 시 설문지가 너무 길어서 비표본오차가 클 것으로 예상되는 경우 갱서베이 방식으로 대체하여 조사를 진행하기도 한다. 물론 개별 면접 조사보다는 시간과 비용이 많이 소요되지만 상대적으로 비표본오차를 최소화할 수 있으므로 표본수를 줄여서 면접 조사 대신 사용하는 경향이 늘고 있다.

즉 ① 일단 응답자들이 일정한 목적 의식을 가지고 조사에 임하기 때문에 시간이 길게 진행되어도 응답자의 성실한 응답을 유도할 수 있고, ② 진행자 및 보조 진행자에 의해서 정해진 원칙대로 조사를 진행할 수 있으며, ③ 조건에 맞는 응답자 여부를 정확하게 확인할 수 있다. 그러나 연구자가 정의한 응답자 조건이 어려울 경우 리쿠르팅 과정의 오류가 발생될 가능성이 높아 이에 대한 세심한 확인도 필요하다.

그 외에 우편 조사나 팩스 조사 등을 이용한 정량 조사 방법과, 소비자 집단 토론회(FGD, Focus Group Discussion), 심층 면접법(In-depth Interview), 동행 조사나 일기 조사(Diary Study) 등의 정성 조사 방법이 사용되지만 이 책에서는 정성 조사에 대한 설명은 생략한다.

2.2 온라인 조사 진행 및 유의사항

온라인 조사란 구조화된 설문지를 웹상에 올려(web up) 응답자가 인터넷을 통해서 설문지를 읽으면서 자기기입식으로 응답하는 조사방법이다.

응답자 선정 방식과 조사 진행 방식에 따라 조사 기관의 응답자 풀(pool) 패널을 이용하는 방식, 포탈 사이트의 회원 리스트를 이용하여 조사 협조 메일을 발송하거나 사이트에 조사 협조 배너를 걸어서 진행하는 방식, 제품이나 서비스의 구매 고객이나 특정 집단의 회원 리스트를 이용하여 진행하는 방식, 기업이나 브랜드의 홈페이지 배너를 이용하여 방문자들을 대상으로 진행하는 방식, 회사나 조직의 구성원들에게 조사 협조 이메일을 발송하여 진행하는 방식 등이 있다.

온라인 조사는 ① 자발적 참여 의사를 가진 사람들에 의해 조사를 진행하므로 타 조사방법에 비해 응답자의 몰입도가 상대적으로 높아 데이터의 신뢰성을 확보할 수 있다는 점, ② 비용과 기간이 상대적으로 낮게 소요된다는 점, ③ 오프라인 조사의 데이터 입력 과정과 에디팅 과정에서 발생하는 비표본오차를 방지할 수 있다는 점, ④ 음향이나 동영상 등의 조사 도구를 입체적으로 활용하면서 조사를 진행할 수 있다는 점, ⑤ 긴 설문지를 조금씩 여러 번에 나누어서 작성할 수 있으므로 오프라인으로 진행하기에는 어려운 내용의 긴 설문 내용을 조사할 수 있다는 점, ⑥ 오프라인 조사의 가장 큰 문제라고 할 수 있는 조사원 에러를 방지할 수 있다는 점, ⑦ 사전에 조사 목적과 특성을 파악하고 이에 적절한 패널을 대상으로 조사를 진행하기 때문에 부적절한 조사 대상자의 참여를 방지할 수 있다는 점 등의 장점이 있다.

반면에, 단점으로는 인터넷에 익숙하지 않은 모집단에 대한 표본의 대표성을 확보하기 어렵다는 점이 제기되고 있다.

온라인 매체의 증가와 활용 인구의 증가로 인해 현실적으로 다양한 분야의 조사 연구자들이 접근하기에 가장 용이한 방법이므로 자세히 설명하도록 하겠다.

2.2.1 온라인 조사의 유형 및 진행 방법

(1) 조사기관의 보유 패널/풀(pool)을 이용하는 방법

온라인 조사 전문 기관들이 자체적으로 보유하고 있는 패널을 대상으로 조사를 진행하는 방법으로써, 해당 조사 기관에서 진행하는 설문 조사에 참여하겠다고 사전에 의사를 밝힌 후 해당 기관에서 진행하는 설문 조사에 응답자로 활동하는 사람들을 패널이라고 한다. 조사 기관은 이러한 패널들의 풀(pool)을 구축하고 각 조사 목적이나 질문 내용, 응답자 조건에 적합한 사람들에게 설문 참여 메일을 보내면 – 패널 가입 시 기본적인 응답자 특성이나 구매 행태에 대한 정보를 미리 파악한다 – 메일을 받은 패널들이 조사 응답에 참여하는 방식이다.

설문 조사 안내 메일을 받은 패널이 조사 참여 의향을 나타내는 '설문 참여' 등의 아이콘을 클릭하면 웹상의 설문지를 읽으면서 자기기입식으로 응답을 하는 조사 방식으로써, 조사 기관은 설문 조사에 참여한 응답자에게 현금으로 사용할 수 있는 포인트, 전자상품권이나 (전자)쿠폰 등을 제공하거나 경품 추첨 등의 보상을 통해서 응답 대상자에게 동기 부여를 한다.

이러한 조사 기관의 패널을 이용할 때는 ① 패널에서 표본을 추출할 시 조사하고자 하는 품목이나 서비스 평가에 대해 전체 고객 집단(모집단)의 특성을 얼마나 잘 반영할 수 있는가 하는 **패널의 모집단 대표성 문제를 잘 확인해서 사용하여야** 한다. 즉 조사를 진행하고자 하는 조사 대상자의 특성을 반영할 수 있는 패널을 구축하고 있는가를 확인하고 조사를 진행하여야 하는 것이다. 또한 ② 조사 기관이 **구축하고 있는 패널들을 어떠한 방법으로 구축하였는지 구축한 방법에 대해서도 확**인하여야 한다. 많은 온라인 리서치 회사들이 오프라인 면접원 – 개별 면접 조사나 전화 조사 면접원으로 활동하는 조사원들 – 이나 오프라인 조사 회사에서 활동하는 코딩, 에디팅, 검증원 등 아르바이트 직원들의 소개 등을 통해서 패널을 구축하거나 특정 사이트의 배너 광고를 이용하여 패널을 모집하고 있다. 이 경우 동일한 패널이 다수의 중복된 패널 활동을 수행함으로써 조사의 신뢰성을 심각하게 훼손할 수 있다. 즉 동일한 사람이 여러 명의 주민 등록 번호와 이름으로 패널에 가입하여 30대 남자도 되었다가, 20대 여자도 되었다가 하는 식의 조사 참여를 하여 데이터의 신뢰성을 치명적으로 훼손하는 경우가 종종 발생한다.

동일한 사람이 여러 사람의 명의로 조사에 참여하면서 포인트 및 현금을 챙기는 사람들이 많기 때문이며, 이러한 응답자들은 성실하게 응답을 하지 않는 것은 물론, 임의적으로 설문에 대한 응답을 조작하는 경우가 많다. **패널 구축은 원칙적으로 불특정 시간에, 불특정 사이트에서, 불특정 경로를 통하여 패널을 모집하여, 고의적인 불량 패널의 유입을 원천적으로 방지하는** 것이 중요하다.

한편 각 패널의 조사 진행 상황을 관리하여, 동일한 품목에 대한 조사는 일정 기간 동안 참여할 수 없도록 자체적으로 통제함으로써 응답자의 학습에 의한 오류를 방지하여야 한다.

(2) 포털 사이트나 커뮤니티 회원 등의 외부 패널을 이용하는 방법

조사 기관이 자체적으로 구축한 패널이 아니라 외부 포털 사이트 회원이나 기타 온라인 커뮤니티, 특정 기관/회사의 고객 리스트 등을 임대해서 조사를 진행하는 방식이다. 즉 조사 기관에서 설문지를 작성하여 포털 사이트나 각종 온라인 커뮤니티의 회원들에게 설문 조사 참여 안내 메일을 발송하고, 이메일을 받은 응답 대상자가 조사에 참여하겠다는 의향을 밝히면 바로 웹상의 설문지로 이동하여 조사에 참여하는 방식이다.

이 경우 포털 사이트나 온라인 커뮤니티는 회원의 개인 정보 보호를 위하여, 설문 조사를 위탁받아 진행하는 조사 기관에는 회원 정보를 제공하지 않고 직접 조사 참여 안내 메일을 발송하며, 이때 조사 기관에서는 조사에 응답한 데이터만 제공을 받는다. 독자들도 개인적으로 가입한 포털 사이트나 온라인 커뮤니티에서 설문 조사 협조를 부탁하는 이메일을 받은 경험이 있을 것이다. 물론 조사에 대한 안내 메일을 발송하는 조사 대상자는 회원 가입 시 이러한 이메일을 보내는 것에 동의한 회원들을 대상으로 메일을 발송한다.

이렇게 외부 패널을 이용할 시 특정 사이트나 커뮤니티가 나름대로의 특성 및 성향들을 지니고 있으므로 이들 회원들 역시 공통된 특성 및 성향들을 가지고 있을 가능성이 높다. 따라서 일반적 모집단의 대표성을 왜곡하여 실제 현실과 다른 조사 결과가 나타날 가능성이 있으며, 과거 조사 경험 여부를 고려하지 않고 메일을 발송하는 등의 문제로 인해 비표본오차가 커질 가능성도 있다. 특정 사이트에 가입하거나 방문한 사람들과 일반 대중들 간의 집단 동질성 문제로써, 특정 사이트에 가입하여 활동하거나 방문하는 사람들과 그렇지 않은 일반 대중들 간에는 구매 습관, 브랜드나 기업에 대한 태도, 소비 행태, 가치관, 여가생활, 라이프 스타일 등이 통계적으로 유의적인 차이가 있을 가능성이 높다.

사이트의 특성에 따라 그러한 차이의 크기와 유형이 각기 다를 것이므로, 조사를 진행하고자 하는 품목이나 서비스, 응답 대상자 조건과 사이트 특성 등을 종합적으로 고려하여 외부 사이트 회원 이용 여부를 결정하여야 한다.

(3) 포털 사이트나 홈페이지를 이용한 조사 진행 방법

포털 사이트나 온라인 커뮤니티 등의 사이트에 설문 조사에 대한 배너를 걸어 참여할 의향이 있는 사이트 방문자가 클릭하여 web-up된 설문지에 응답하면서 자기기입식으로 진행하는 방식이다. 이 방법은 특정 사이트의 회원으로서 로그인한 상황이 아니고 단순히 배너 광고에 클릭하는 방식으로 응답자 선정이 이루어지기 때문에 특정한 성향을 가진 방문객들이 사이트에 접속할 가능성이 높으며, 이러한 방문객 특성에 따라 조사에 응답하는 사람들이 일반적 모집단이 아닌 특정한 경향을 가진 사람들로 패널이 편중될 가능성이 있다. 물론 이러한 경향을 방지하기 위해서 응답자 선정 질문을 통하여 사전에 성별이나 연령, 직업 등의 인구 특성이나 조사 품목과 관련된 사용 행태 질문 등을 통해서 응답자 적합 여부를 확인하지만, 포털 사이트의 특성으로 인한 방문자들 자체가 특정 성향을 가진 사람들로 구성될 가능성은 배제할 수 없다.

마케팅 리서치에서 특정 상품이나 서비스, 브랜드의 이용 경험자를 찾기 쉽지 않을 경우, 즉 시장 내 침투(penetration)가 높지 않을 경우 일반 패널을 이용하면 적합한 조사 대상자를 찾기가 어려워 적합한 조사 대상자가 주로 방문할 가능성이 높은 사이트의 배너를 이용하는 경우가 종종 있으나, 이 역시 사이트의 특성으로 인한 응답자 편의가 개입될 가능성은 배제할 수 없다.

한편 조사에 참여한 응답자에게는 경품 추첨이나 포인트 등의 혜택을 제공하기 때문에 동일한 사람이 여러 번 반복해서 조사에 참여할 가능성이 있으므로 IP 등을 확인하여 중복 응답을 배제하는 등의 응답자 표본 추출에 유의해야 한다.

(4) 고객 리스트를 사용하는 방법

기업이나 기관 등이 보유한 회원 또는 고객들의 이메일 리스트를 이용하여 조사를 진행하는 방식이다. 즉 고객 리스트에 있는 메일 주소(또는 휴대 전화)로 설문 조사 참여에 대한 안내 메일(또는 SMS)을 보내고, 조사 참여를 희망하는 고객들을 대상으로 웹에서 자기기입식으로 설문 조사를 진행하는 조사방식이다.

응답자들의 거래 행태나 특성에 대한 사전 정보가 있기 때문에, 원하는 특성을 가진 응답자들의 리스트만 여과하여 추출할 수 있어 응답자 선정과 관련하여 불필요한 질문을 할 필요가 없으며, 고객센터 등을 이용하여 사전에 조사 협조를 요청할 수도 있어 비교적 수월하게 조사를 진행할 수 있다.

또한 오프라인 리스트 조사와 마찬가지로 조사에 참여한 고객들의 거래 정보와 연계하여 분석할 수도 있는데, 예를 들어 거래를 지속하다가 갑자기 거래를 중단한 이탈 고객들만 추출하여 고객 이탈 사유에 대한 조사를 진행할 수 있으며, VIP 대상의 상품을 출시하기 전 타깃 집단의 특성에 적합한 고객들만 추출하여 VIP 상품 수용도에 대한 조사 등을 진행할 수 있다.

(5) 조직의 구성원들을 대상으로 진행하는 방법

특정 기업이나 조직의 내부 구성원들을 대상으로 조사를 진행할 때는 조직원들에게 각자 조사 협조 메일을 발송하여 진행하는 방법과, 조직의 홈페이지에 배너나 조사 진행 메뉴를 만들어서 진행하는 방법이 있는데, 조직원의 특성과 조직 문화 등에 따라 적합한 방법을 선택한다.

한편 내부 직원들을 대상으로 온라인 조사를 진행할 경우에는 전체 조직원 또는 임직원 중 조사 참여자가 누구인지를 향후에 파악할 수 있도록 하는 방법과, 조사 참여자가 누구인지 모르게 진행하는 방식이 있다. 전자의 경우는 조사에 참여하지 않는 직원 또는 부서원들에게 설문 조사 참여에 대한 독려를 통해 조사 참여율을 높일 수 있는 반면 조직에 대한 솔직한 의견을 응답하지 않을 가능성이 있고, 후자의 경우는 솔직한 응답은 기대할 수 있으나 조사 참여율이 낮을 때 참여한 사람과 참여하지 않은 사람을 구분할 수 없어서 설문 참여에 대해 독려를 하지 못한다는 단점이 있다. 각 조직의 문화와 정서를 감안하여 적합한 방식을 선택하여 진행하여야 한다.

2.2.2 온라인 조사 설문 제시 방법

(1) 주관식 문항의 최소화

오프라인 조사와 같이 조사원과 응답자가 얼굴을 마주 대하고 진행하는 조사가 아니라, 응답자 스스로 설문지를 읽고 자기기입식으로 응답하는 방식이므로 오프라인 조사에 비해 주관식 문항의 무응답이 상대적으로 많이 나오며, 응답을 하더라도 짧게 응답(또는 입력, Typing)을 하는 경향이 높다. 따라서 응답 가능한 보기를 충분히 제시하고 응답자가 선택하게 하는 객관식 질문 방식이 좋다. 가끔 온라인 조사의 주관식 문항에 과도하게 자세한 응답 내용을 입력하는 사람들이 있는데, 이러한 응답자들의 경우 객관식 문항의 응답을 보면 극단적 응답(outlier)을 하는 경향이 높다. 온라인 조사의 이러한 특성 때문에 특이한 경우를 제외하고는 온라인 상으로 심층 면접 등의 조사를 진행하지 않는다.

최근 온라인 좌담회를 진행하는 시도들이 일부 있기는 하지만, 이러한 응답상의 문제와 기술상의 문제 등으로 인해 아직 흔하게 사용되지는 않는다.

(2) 한 페이지에 제시되는 설문 문항의 제한

온라인 조사의 경우 응답자가 질문 항목을 읽고 해당되는 보기에 클릭을 하는 방식으로 진행한다. 이때 컴퓨터의 한 화면에 너무 많은 설문 항목과 보기를 제시하면 질문 항목과 보기를 다 읽어 보지도 않고 무작위로 클릭을 반복할 가능성이 있다. 따라서 한 화면 페이지에 한 개씩의 설문 항목을 제시하고, 응답을 완료하면 다음 페이지로 넘어가는 방식으로 진행하는 것이 좋다.

(3) 반복적인 척도형 문항의 제시 방법

설문 조사, 특히 고객 만족도 조사, 브랜드 이미지 조사, 디자인 속성별 평가 조사 등과 같이 5점 척도나 7점 척도 문항 등의 동일한 척도 문항이 반복적으로 제시되는 경우가 많다. 이 경우 응답자들이 무작위로 클릭할 가능성이 높고, 그렇다고 계속 반복되는 척도 문항을 각각 별도의 페이지 화면으로 구성하여 제시한다면 응답자 입장에서 너무 번거롭다. 이럴 경우 동일 화면에 여러 개의 문항과 보기를 제시하기도 하지만, 원칙적으로는 화면상에 제시된 한 개의 문항에 응답을 완료하면 다음 문항을 제시하는 식으로, 화면에 질문 항목을 각각 하나씩 보여 주도록 구성하여야 한다.

(4) 응답 보기의 간결한 문구 구성

면접 조사나 전화 조사의 경우 철저하게 대화체(구어체)로 설문지를 작성하고 조사원이 있는 그대로 읽음으로써 조사원의 말투나 임의적인 워딩에 의한 비표본오차를 최소화하여야 한다고 앞에서 설명하였다.

그러나 온라인 조사는 자기기입식으로 조사를 진행하기 때문에 모든 응답자가 동일한 컴퓨터 화면에 제시된 설문 문항을 읽고 응답하므로 굳이 대화체로 워딩을 하여 질문을 길게 작성할 필요는 없다.

또한 질문의 응답 보기가 너무 길거나 응답 보기를 선택하기가 다소 어렵게 구성되어 있으면 응답자가 '기타'에 클릭을 하거나 대충 아무 보기에나 클릭을 하는 경향이 있다. 물론 '기타'에 클릭을 할 경우 구체적 이유를 기록하게 재질문을 하지만, 이 역시 단답식으로 무성의한 응답을 하는 경향이 있어서 사후분석 시 유용한 정보를 얻지 못하는 경우가 많다.

따라서 설문 항목을 바로 바로 쉽게 읽고 응답 보기를 선택할 수 있도록 최대한 간결하고 명확한 워딩으로 문항과 보기를 제시하는 것이 좋다.

(5) 응답 시간 확인

온라인 조사의 설문지가 길어지거나 응답자가 설문 조사에 대한 성의가 없을 시 설문 항목을 자세히 읽지 않고 대충 임의적으로 아무 응답 보기에나 클릭하고 넘어갈 가능성이 많다. 가장 바람직한 방법은 응답자가 싫증을 내지 않도록 최대한 설문지를 짧게 작성하여야 하고, 앞에서 설명한 것처럼 불성실한 패널이 설문에 참여하지 못하도록 패널 리쿠르팅, 패널 관리와 응답 대상자 선정에 항상 최선을 다해야 한다.

그럼에도 불구하고 응답자들의 불성실한 설문 참여에 의한 비표본오차를 최소화하기 위하여 응답하는 시간을 통제하여야 한다. 먼저 척도형 문항이 반복될 시 한 개의 질문 항목을 제시하고, 이를 읽을 최소한의 시간이 경과한 후에 응답 보기 선택이 가능하게 하고, 다음 문항을 제시한다. 또한 특정 문항의 경우 상품에 대한 설명이나 보기들이 길게 제시되는 문항들이 있다(특히 상품 콘셉트에 대한 만족도나 수용성 평가 등). 이때는 보기를 충분히 읽을 시간이 지나야만 다음 페이지로 넘어갈 수 있도록 하고, 만약 정해진 시간 경과 전에 next를 클릭하면 "충분한 시간을 가지고 자세하게 읽어 보신 후 응답하여 주십시오"라는 메시지를 제시한다.

이러한 방식으로 각 문항의 응답 소요시간, 문항과 문항 간의 소요시간뿐만 아니라 최종적으로 모든 설문 항목 응답에 소요된 총 시간을 체크하여 일정 정도 미만의 시간이 소요되었다면 데이터의 신뢰성을 의심해 보고, 데이터 클리닝, 주관식 문항의 응답 내용을 중점적으로 확인하는 것이 필요하다.

3장

설문지 작성 및 자료수집

설문 조사는 모집단의 특성치를 파악하기 위하여 조사 대상자에게 의견이나 생각을 질문하여 모집단 구성원의 특성을 파악하는 것이다. 그러나 설문 조사는 객관적이거나 체계적이지 못한 설문지로 인하여 왜곡된 결과를 얻을 가능성이 아주 많은 위험성을 내포하고 있다. 즉 **객관적이지 못한 설문지로 인하여 객관적인 여론을 수집하지 못하고 잘못된 여론을 만들어서 결국 모집단의 특성이 왜곡된 조사 결과를 얻을 가능성이 매우 높다.**

앞 장에서 설명한 비표본오차 중 설문지에 의해서 야기되는 오차도 연구 조사에서 매우 중요하며, 이 장에서는 이러한 설문지에 의한 비표본오차를 최소화하기 위해 유의해야 할 사항들에 대해서 중요한 점들을 몇 가지 소개한다.

아울러 조사 방법별 설문지 예를 몇 가지 부록으로 제시하였으니 참고하기 바란다. 단 부록에 제시된 설문지는 질문 방법 예를 설명하기 위하여 축약한 것이며, 실제 사용되는 설문지는 연구 목적, 조사 방법과 분석 방법 등에 따라 설문지의 길이 및 내용이 다양하므로 참고용으로 사용하기 바란다.

3.1 설문지 작성 순서

설문지는 단순히 조사하고자 하는 내용을 병렬식으로 나열하여 작성하는 것이 아니라 조사목적, 파악하고자 하는 내용, 응답 대상자의 특성, 조사방법, 데이터 수집 후 사용할 통계적 분석방법과, 분석하여 얻으려 하는 최종 결과물 형태에 따라 질문하는 워딩의 방식이나 질문의 순서가 각각 다르게 작성되어야 한다. 왜냐하면 질문의 순서나 물어보는 방식과 워딩에 따라 응답에 편의가 개입되고, 이로 인해 비표본오차가 크게 야기되기 때문이다.

이러한 다양한 사항들을 총체적으로 고려하여 설문지를 작성하다 보면 초보자의 경우 무엇을 물어보아야 할지, 어떻게 질문하여야 할지, 무엇부터 물어보아야 할지 등 혼란스럽고 엄두가 나지 않는 경우가 많다.

설문지 작성에 익숙한 전문가들은 각자의 경험과 노하우에 따라 작성하면 되지만 무엇부터 시작해야 할지 난감한 초보자들은 표 3-1과 같은 방식에 따라 작성하는 것을 추천한다.

(1) 조사하고자 하는 질문 항목의 나열

설문지 작성 시는 방금 언급한 대로 다양한 사항들을 염두에 두어야 하는데, 처음부터 이러한 사항들을 모두 고려하여 완성된 설문지를 작성하려고 하면 초보자에겐 상당히 부담이 될 수 있으며, 오히려 왜곡된 결과를 얻는 설문지를 작

표 3-1 설문지 작성 순서

조사항목의 배열(list up)
▽
설문항목의 위치 / 질문순서 결정
▽
설문지 초안 작성
▽
워딩 수정
▽
Format 조정
▽
연구 관계자 회람
▽
사전조사(Pre-test)
▽
최종 수정 및 확정

성할 가능성이 많다. 따라서 처음에는 이러한 사항들을 고려하지 말고 단순하게 질문하여야 할 사항들을 임의적으로 배열한다. 즉 질문 방법이나 워딩, 순서 등을 고려하지 말고 단순히 조사 항목을 생각나는 대로 배열하는 것이다. 단, 이때 각각의 조사 항목 하나 하나에 실질적인 질문 목적을 생각하고 진행하고자 하는 연구의 주제에 반드시 필요한 항목인가를 검토하면서 신중하게 문항을 추가하여야 한다. 뚜렷한 목적 없이 단순히 생각나는 대로 설문 항목을 추가하다 보면 나중에 데이터가 얻어진 다음에 해당 질문을 추가한 이유와 사용 용도를 본인조차 모르는 상황이 종종 발생하기 때문이다. 설문지의 길이가 길면 길수록 응답자의 몰입도는 반비례하여 이에 따른 데이터의 신뢰성이 급격하게 떨어짐을 유의하여야 한다.

(2) 설문 항목의 순서 결정

질문하여야 할 항목이 결정되면 설문지에 제시될 설문 항목의 순서를 결정하여야 하는데, 이는 앞의 질문 항목이 뒤의 질문 항목 응답에 영향을 주는 경우가 종종 있기 때문에 이러한 경우 설문 항목의 흐름상에 다소 맞지 않는 경향이 있어도 질문 순서를 조정하여야 한다. 설문 항목의 순서에 대해서는 '3.2 설문지 구성상의 유의 사항'에서 자세히 설명하도록 한다.

(3) 설문지 초안 작성

설문 항목과 제시 순서가 결정되면 일단 설문지 초안을 작성하게 되는데, 데이터를 수집하는 조사방법과 향후 분석방법, 조사 대상자의 특성 등을 염두에 두고 작성하여야 한다.

먼저 ① 조사 대상자의 특성을 고려하여야 하는데, 이는 설문 조사의 목적과 그에 따른 응답의 난이도의 폭이 매우 넓기 때문이다. 즉 질문하고자 하는 조사 항목의 내용을 고려하여 응답자의 입장을 반영한 설문지를 작성하기 위해서, 응답자 입장에서 설문지를 이해하고 대답할 수 있도록 가능한 가장 쉽게 작성하는 것이 좋다. 설문 조사에 응답하는 사람들은 일반적으로 관여도가 매우 낮은 상태에서 응답을 한다는 점을 유의해야 한다.

② 조사방법도 고려하여야 하는데, 예를 들어 특정 브랜드를 이용해 본 경험이 있는 사람에게 해당 브랜드의 디자인이나 품질에 대한 의견을 묻는 조사를 한다고 가정하자. 온라인 조사의 경우는 먼저 특정 브랜드의 사용 경험 여부를 질문한 다음에 유경험자에게만 디자인이나 품질 관련 질문 문항을 제시하는 등의 설문 작성 여부를 프로그램으로 모두 통제할 수 있다. 그러나 오프라인 조사에서는 이러한 설문 작성 방법을 조사원에게 맡겨야 하는데, 조사원과 응답자가 조사를 진행하는 과정에서 이러한 설문 작성의 원칙들을 정확하게 지키지 않는 경우가 많다. 실제 전문 조사 기관에서 활동하는 전문 조사원들도 이러한 설문 작성 방법에 대한 에러를 많이 범하는 경향이 있다. 따라서 온라인 조사에서는 응답자가 자기기입식으로 설문지를 최대한 쉽게 이해하고 응답할 수 있도록 하여야 하며, 오프라인 조사에서는 친절한 지시문 등 최대한 조사원의 입장에서 효율적으로 진행할 수 있도록 배려하여 작성하여야 한다.

(4) 설문지 표현 방법(Wording) 수정

앞에서도 이야기하였듯이 우리말에 "'아' 다르고 '어' 다르다."라는 말이 있다. 아마도 영어 등의 외국어도 마찬가지일 것으로 생각된다. 즉 동일한 내용의 질문도 어떻게 질문하느냐에 따라 듣는 사람의 입장과 전달되는 느낌이 다를 수 있으며, 이는 바로 응답 결과에 영향을 미친다. 따라서 연구자의 의견이나 생각, 또는 설문지 작성자의 문체 등에 의하여 응답자가 영향을 받을 수 있으며, 이러한 사항들을 최대한 고려하여 객관적인 조사 결과를 얻을 수 있도록 설문 항목의 표현방법을 수정하는 작업을 거쳐야 한다. 자세한 사항은 '3.3 설문지 워딩(wording) 유의사항'에서 자세히 설명하도록 한다.

(5) 설문지 구성(Format) 검토

서점에 가서 책을 고르다 보면 같은 내용의 책도 편집이나 활자의 크기, 구성 디자인 등에 따라 읽기 편한 책이 있고, 집중이 안되고 눈이 피곤해서 읽기 싫은 책이 있다. 대부분의 독자들도 책을 사거나 읽는 과정에서 비슷한 느낌을 받은 경험이 있을 것이다. 설문지도 마찬가지이다. 응답자가 최대한 읽기 편하고 응답하기 용이하도록 설문지의 포맷에 신경을 써야 하며, 이는 특히 조사원 없이 응답자들이 자기기입식으로 설문지를 작성하는 경우 더욱 신경을 써야 한다. 설문지의 양식에 따라 응답자의 신뢰성은 물론 응답 결과에도 영향을 미칠 수 있으며, 이는 특히 고객 만족도 조사 등과 같은 경우에 심하게 편의가 개입될 수 있다. 또한 주관식 문항의 경우 제시되는 답란의 크기나 개수 등에 따라 응답의 질과 양이 달라질 수 있으므로 문항의 특성에 적합한 답란을 제시하는 것도 중요하다.

(6) 연구 관계자 회람

수십 년 동안 대학 및 조사 연구 기관에서 학문적 연구와 조사 실무를 경험해 온 전문가들도 설문지를 작성한 후 잘못된 부분이 없는가를 여러 번 확인하였음에도 불구하고 나중에 미처 확인하지 못한 잘못된 부분을 발견하는 경우가 많다. 이는 아무리 이론적 지식과 실무 경험이 많다고 해도 한 사람의 눈으로 설문지의 모든 부분을 확인하기에는 한계가 있다는 것이다. 따라서 동료 또는 선후배 등의 연구에 대한 이해가 있는 다른 사람의 시각으로 설문지를 검토하고 부족한 부분이 있는지를 재차 확인해 보는 단계를 반드시 거치는 것이 좋다. 일반적으로 해당 연구에 대해서 이해하고 있는 3~5인 정도가 살펴보는 것이 좋다.

(7) 사전조사

설문지를 작성하여 여러 사람들이 반복해서 확인을 하였음에도 불구하고 실제로 조사를 진행하다 보면 미처 발견하지 못했던 점들이 발견되는 경우가 많다. 조사나 접속사가 잘못 사용되어 질문 문구가 어색하거나, 지시문이 잘못되어 조사원과 응답자가 혼란스러운 경우, 치명적인 오타로 인해 설문 문항이 왜곡되어 전달되는 등의 오류가 조사 진행 과정에서 종종 발생한다. 따라서 응답자와 조사원이 실제로 조사를 진행하는 상황을 사전에 시연하면서 설문지의 잘못된 부분을 최종적으로 확인하는 작업이 반드시 필요하다.

3.2 설문지 구성 상의 유의 사항

앞서 잠시 언급하였지만 설문 항목의 제시 순서나 질문 방법 등에 의하여 매우 심각한 비표본오차가 발생할 수 있다.

(1) 사적인 내용에 대한 질문

설문지를 작성하다 보면 조사 대상자의 연령, 직업, 가구 소득, 학력 등의 인구 통계 관련 내용, 사용 중인 은행, 신용 카드, 통신 서비스 회사, 보유 중인 승용차 배기량이나 브랜드 등 지극히 개인적인 질문이 포함되는 경우가 많다. 이러한 사적인 내용은 성별, 연령별 또는 직업별로 분석하기 위한 분류 변수로 사용하기 위한 질문 항목들이다.

이렇게 응답자가 응답하기 꺼릴 수 있는 내용은 주관식보다는 가능한 객관식으로 보기를 주어서 응답자가 해당하는 번호로 응답하게 하고, 또한 너무 구체적으로 질문하여 응답자에게 거부감을 주지 말고 연구자가 분석하고자 하는 단위 정도(예로, 연령 10대/20대/30대 등)로 보기를 주어서 해당 번호를 응답할 수 있도록 질문하며, 가능한 설문지의 맨 뒷부분에 위치시켜서 처음부터 사적인 질문을 하여 응답자에게 거부감을 주지 않도록 한다.

또한 분석 목적으로만 사용될 뿐 개인적 정보는 관련법에 의하여 절대로 비밀이 보장됨을 전달하여 응답자의 경계심을 완화하도록 한다.

한편 연구자가 정의한 조사 대상자의 특성을 확인하기 위하여 설문지의 맨 앞부분에 이러한 개인적 신상 정보를 질문하는 경우도 있는데, 이를 응답자 선정 질문이라고 한다.

(2) 워밍업(warming up) 질문

질문하고자 하는 주제에 대해 응답자의 생각과 관심을 환기시키기 위하여 설문지 앞부분에 워밍업 질문을 주는 것이 좋다. 예를 들어 워밍업 질문은 소비자들이 선호하는 커피숍 인테리어 디자인에 대한 설문 조사에서, 연구에 반드시 필요한 질문 항목이 아니라고 해도 평소 커피숍 이용 빈도, 목적, 시간, 브랜드 등의 커피숍 이용 행태에 대한 질문을 앞부분에 제시하여 응답자의 생각이나 주의를 커피숍에 환기시키는 목적으로 사용할 수 있다. 응답자가 아무런 관심과 생각이 없는 상태에서 갑자기 연구 주제에 대한 본격적인 질문을 하면 응답자가 미처 생각하지 못하여 정확한 자신의 생각을 응답하지 못할 가능성이 있기 때문이다.

(3) 신뢰성 있는 응답의 가능성 검토

주어진 설문 항목에 응답자가 솔직하게 응답할 가능성이 있는 질문 항목인가를 고려해야 한다. 연구 주제에 반드시 필요한 질문이더라도 응답자가 솔직히 응답할 가능성이 낮으면 우회적으로 질문하는 방법을 고려하는 것도 좋다. 예를 들어 최고급 아파트의 인테리어 콘셉트에 대한 선호도를 조사하기 위하여 100억 원 이상의 자산가들을 대상으로 조사를 진행해야 할 경우, 응답자에게 보유 자산을 질문하면 조사에 거부감을 가질 수 있음은 물론 솔직한 대답을 하지 않을 가능성이 높으며, 응답 내용에 대한 확인도 할 수 없을 것이다. 이러한 경우에는 차라리 현재 거주 주택의 유형, 평수, 거주 동네, 거주 형태, 직업 등을 질문하여 이를 토대로 조사 대상자 적합성 여부를 추정하는 방법을 사용하는 것도 대안으로 사용할 수 있는 하나의 방법인 것이다.

(4) 주관식 문항의 답란 제시

주관식 질문을 할 경우에는 이에 적합한 답란을 제시하여야 한다. 예를 들어 특정 제품군의 좋아하는 브랜드를 모두 대답해 달라는 질문을 하고 응답할 수 있는 답란을 1~2개만 제시한다면, 응답자는 충분히 많은 브랜드를 대답할 수 있음에도 불구하고 1~2개의 브랜드만 응답을 하는 경향이 있다. 이는 특히 자기기입식으로 조사를 진행하는 갱서베이나 온라인 조사 등의 설문지에서 유의해야 한다.

조사원과 응답자가 대화식으로 진행하는 조사의 경우에도 응답이 나올 유형과 가능성을 생각하고 답란을 제시하여야 한다. 예를 들어 특정 커피숍의 인테리어에 대한 불만족 또는 만족 이유를 "○○ 브랜드의 커피숍 인테리어가 마음에 들지 않으시는 이유가 무엇입니까? 구체적으로 응답하여 주십시오."와 같이 질문을 하면서 답란을 아주 좁게 만들어 놓으면 응답자가 단답식으로 응답하거나, 아니면 응답 내용을 조사원이 간략하게 요약하여 기입하게 되어 이 과정에서 응답 내용이 왜곡될 가능성이 존재한다. 이렇게 설문지 답란 공간의 크기 등과 같은 세심한 부분까지 고려해야 하는 것이 바로 설문 조사이다.

(5) 폐쇄형 질문의 응답 보기 제시

폐쇄형 질문(객관식 설문)의 항목에 응답될 수 있는 가능한 보기가 최대한 모두 제시되어야 하고, 별도로 '기타'란을 추가하여 보기에 없는 응답을 받을 수 있어야 한다. 예를 들어 특정 아파트의 실내 인테리어 디자인이 마음에 들지 않는 이유를 질문한다고 할 때, 응답될 수 있는 보기를 최대한 모두 도출하여 제시하고, 보기에 없는 기타 불만 사유가 있는 사람들은 보기에서 선택하는 것이 아니라 주관식(개방형)으로 응답을 할 수 있도록 별도의 '기타' 답란을 제시한다.

그러나 응답자들은 특별한 경우가 아니면 '기타' 답란에 응답을 하기보다는 기본적으로 제시된 보기에서 선택을 하는 경향이 강하므로 응답 가능한 모든 보기를 도출하여 제시하는 것이 중요하다.

설문 문항에 응답 가능한 보기를 최대한 제시하기 어려운 경우는 설문 문항과 그에 해당하는 응답 보기를 개발하기 위한 FGI 등의 정성 조사를 진행하는 경우도 있다.

표 3-2 폐쇄형 질문의 응답보기 사례

문) 다음 중에서 ○○ 아파트의 실내 인테리어가 마음에 들지 않는 이유가 무엇입니까? 귀하의 생각에 해당되는 것을 모두 선택하여 주십시오.

1) 내부 면적의 공간 활용 2) 수납 공간의 부족 3) 중략 20) 기타: (구체적으로 응답하여 주십시오: ______________________)

(6) 높은 관여도가 요구되는 질문

설문 조사에 응하는 응답자는 일반적으로 저관여 상태에서 조사원이 읽어 주거나 본인이 직접 읽으면서 응답을 한다. 따라서 상대적으로 깊은 생각이 요구되지 않거나 질문을 받자 마자 바로 응답할 수 있도록 설문지를 작성하여야 한다. 그럼에도 불구하고 어쩔 수 없이 응답자의 생각이나 조금은 높은 관여도가 요구되는 설문 문항의 경우에는 내용 구성의 흐름에 맞지 않더라도 가능한 뒷부분에 위치시키도록 하는 것이 좋다. 응답이 부담스러운 이러한 문항이 앞부분에 있으면 처음부터 응답을 거절하거나 응답자를 피곤하게 하여, 이후 문항의 응답 몰입도와 성실성을 낮추고 이로 인해 비표본오차가 커질 수 있기 때문이다.

가능한 응답하기가 상대적으로 용이한 질문부터 시작하여 생각과 관여도가 요구되는 문항의 순으로 배열하는 것이 좋다. 물론 전반적인 설문 내용상의 흐름과 순서에 의한 편의도 함께 고려해야 한다. 즉 설문 내용의 흐름, 응답의 용이성, 질문 순서에 의한 편의 등을 총체적으로 고려해서 종합적인 문항 순서를 구성해야 한다.

(7) 주관식(개방형) 질문 다음에 객관식(폐쇄형) 질문의 순서로 질문

동일한 내용을 주관식 질문과 객관식 질문으로 모두 하여야 하는 경우에는 주관식 질문을 먼저 하고 객관식 질문을 뒤에 하는 것이 일반적이다. 객관식 질문을 먼저 하면 주어진 보기의 내용들이 뒤에 하는 주관식 질문의 응답에 영향을 미칠 가능성이 많기 때문에 아무런 팁(Tip)도 없는 상황에서 주관식 질문을 하고, 구체적 응답 보기를 제시한 객관식 질문을 뒤에 하는 것이 좋다.

(8) 브랜드별 속성별 평가 항목의 로테이션

설문지를 작성하다 보면 여러 가지 브랜드 또는 대상에 대해 반복해서 복수의 속성이나 이미지 등을 질문하게 되는 경우가 있다. 예를 들어 브랜드 이미지나 제품의 디자인 속성별로 평가를 할 때 표 3-3과 같은 형태의 설문지가 있다고 가정하자. 이러한 유형의 질문에 대한 응답은 질문 순서에 따라 편의가 개입될 수 있다. 즉 어느 브랜드를 먼저 질문하느냐에 따라 브랜드별로 응답의 편의가 개입될 수 있는 것이다. 따라서 제시되는 질문의 순서를 로테이션시켜야 한다. 오프라인의 경우에는 설문지 윗부분에 'Rotation'이라고 표현한 부분에 어느 브랜드를 먼저 질문한 것인가를 표시하고 해당 브랜드부터 순차적으로 질문하여야 한다. 물론 온라인 조사의 경우에는 프로그램에 의하여 무작위 순서에 따라 브랜드를 제시할 수 있다.

한편 이렇게 여러 개의 항목별로 다수의 브랜드 또는 대상을 반복하여 질문하는 문항은 응답자의 피곤을 유발시켜 불성실한 응답으로 인한 응답자 에러를 일으킬 수 있으므로 가능한 지양하는 것이 좋다.

표 3-3 다속성 반복 질문지 형태

문) 귀하께서는 A, B, C 3개의 브랜드에 대한 다음의 항목들에 대해서 어떻게 생각하십니까? 각각의 문항별로 보기의 척도에 의해서 얼마나 동의하시는지를 응답해 주십시오.

①	②	③	④	⑤
전혀 그렇지 않다	그렇지 않은 편이다	보통이다	약간 그렇다	매우 그렇다

Rotation →			
	A 브랜드	B 브랜드	C 브랜드
1) 세련된 이미지의 브랜드이다			
2) 여성적 이미지의 브랜드이다			
3) 귀족적이다			
4) 섹시한 이미지이다			
등등			

(9) 전화 조사의 경우 응답 보기의 수 제한

전화 조사를 진행할 시 너무 여러 개의 보기를 주고 선택하는 질문의 형태를 지양해야 한다. 예를 들어 표 3-4와 같은 질문 항목은 뒷부분의 보기를 읽어 줄 때 응답자는 앞부분의 보기를 이미 잊어 버리게 된다. 따라서 뒷부분의 보기를 응답하거나 보기의 문장이 길어서 기억에 오래 남는 문항을 선택하게 될 가능성이 있다. 전화 조사의 선택 보기는 가능한 5개 이하로 제시하는 것이 좋다.

만약 반드시 주어진 응답 보기들의 중요성을 모두 질문하여야 한다면 표 3-5와 같이 각각의 응답 보기들을 질문 항목으로 하나씩 제시하면서 구매 시의 중요도를 질문하는 방법을 사용할 수 있다. 그러나 이러한 방법은 전화 조사로 진행하기에 질문의 양이 길어질 수 있으므로 조사방법을 면접 조사나 온라인 조사 등으로 바꾸어서 진행하는 것이 좋다. 이와 같이 질문하고자 하는 내용과 얻고자 하는 정보의 유형에 따라서도 조사방법이 조정될 수 있다.

표 3-4 전화 조사의 잘못된 보기 제시(예)

문) 귀하께서는 신사복을 구매하실 때 어느 것을 중요하게 고려하십니까? 지금부터 제가 읽어 드리는 보기 중에서 중요한 순서대로 3가지만 선택하여 주십시오.

1순위: __________, 2순위: __________, 3순위: __________

1) 색상	2) 가격	3) 브랜드
4) 바느질	5) 유행 / 트렌드	6) 주변 평판
7) 판매원 추천	8) 옷감의 재질	9) 세일 기간
10) 광고	11) AS 용이성	12) 기타: ______

표 3-5 구매 시 다속성의 중요도에 대한 전화 조사 질문 방법

문) 귀하께서는 신사복을 구매할 시 다음의 항목들을 얼마나 중요하게 고려하십니까? 보기의 척도에 의해서 각각의 항목별로 응답해 주십시오.

①	②	③	④	⑤
전혀 중요하게 고려하지 않는다	중요하게 고려하지 않는 편이다	보통이다	약간 중요하게 고려하는 편이다	매우 중요하게 고려한다

항목	전혀 중요하지 않다	중요하지 않은 편이다	보통이다	약간 중요하다	매우 중요하다
1) 색상	①	②	③	④	⑤
2) 가격	①	②	③	④	⑤
3) 브랜드	①	②	③	④	⑤
4) 바느질	①	②	③	④	⑤
5) 유행 / 트렌드	①	②	③	④	⑤
6) 주변 평판	①	②	③	④	⑤
7) 판매원 추천	①	②	③	④	⑤
8) 옷감의 재질	①	②	③	④	⑤
9) 세일 기간	①	②	③	④	⑤
10) 광고	①	②	③	④	⑤
11) AS 용이성	①	②	③	④	⑤
12) 기타: __________	①	②	③	④	⑤

(10) 설문 문항의 연관 관계 사전 체크

설문지의 질문 항목들이 서로 연관 관계를 가지고 있는 문항들이 있다. 예를 들어 '주 사용 브랜드와 브랜드 인지도'(A 브랜드를 모른다고 응답하고, 주로 사용하는 브랜드를 A 브랜드로 응답하는 경우), '성별과 직업'(남자이면서 직업이 전업 주부라고 응답하는 경우), '연령과 연소득'(미성년자이면서 연소득이 10억 원 이상이라고 응답하는 경우) 등과 같이 문항과 문항 간의 논리적 연관 관계에 부적합하게 응답할 수 있는 문항들이 있다.

또한 이렇게 쉽게 논리적으로 조화되지 않는 응답을 발견하는 경우도 있지만, 특정 제품군의 가장 선호하는 브랜드가 저가 브랜드로 응답된 반면, 일반적인 소비행태 및 라이프 스타일을 질문하는 문항에서 "평상시 가격보다는 브랜드의 명품 여부를 가장 중요하게 생각한다."라고 상반된 응답을 하는 것과 같이 꼼꼼히 살펴보아야 상호 논리적으로 부적합한 부분을 발견할 수 있는 문항들도 있다.

이렇게 설문 문항 간 논리적 연관 관계가 맞지 않는 부분이 있는가를 확인하는 단계를 설문지 에디팅이라고 하는데, 설문지를 작성할 시 문항과 문항 간의 연관 관계에 대한 몰입도가 가장 높은 것이 일반적이므로, 나중에 조사된 설문지가 회수된 후 어떤 문항과 어떤 문항 간의 논리적 연관 관계를 확인할 것인가에 대해 설문지 작성 단계에서 사전에 메모를 해 두는 것이 좋다.

이러한 설문지 에디팅 단계에서 구체적으로 어떤 문항들 간의 논리적 관계를 확인할 것인가를 작성하는 것을 에디팅 가이드라고 하는데, 설문지가 회수된 다음에 에디팅 가이드를 작성하려면 이미 설문지에 대한 몰입도가 저하된 상태이기 때문에 설문지 작성 단계에서 사전에 에디팅 가이드를 메모해 가면서 설문지를 작성하는 것이 좋다

3.3 설문지 워딩(Wording) 유의 사항

설문 조사는 질문의 표현에 따라 응답 내용이 영향을 받음은 물론 응답 결과가 달라질 수 있으므로 최대한 연구자의 편견이나 느낌이 고의적/ 비고의적으로 개입되지 않고 객관적인 조사 결과를 얻을 수 있도록 주의하여야 한다.

(1) 질문 표현의 균형성 유지

설문지를 작성하다 보면 무의식적으로 긍정적 표현이나 부정적 표현을 사용하는 경우가 종종 있다. 예를 들어 "○○ 브랜드 휴대폰 신제품 모델의 디자인이 얼마나 마음에 드십니까?"와 같은 방식으로 이는 이미 긍정적 응답을 유도하는 편의가 개입되어 있다. "○○ 브랜드 휴대폰 신제품 모델의 디자인에 대해서 얼마나 만족 또는 불만족하십니까?"하고 긍정적 방향과 부정적 방향을 균등하게 같이 제시하는 방식으로 질문을 하여야 한다.

또는 "교사들이 학생을 교육적 차원에서 체벌하는 것에 대해서 어떻게 생각하십니까?"라고 질문하는 것과 "학생들을 대상으로 한 교사들의 폭력적 행위에 대해서 곤란하다고 생각하십니까?"하고 질문하는 것은 다른 응답이 도출될 가능성이 매우 높다. 설사 고의적으로 의도된 응답을 얻기 위한 것이 아니라고 해도 결과적

으로는 한 방향의 부정적 또는 긍정적 응답을 강요하는 질문의 형태인 것이다.

이와 같은 유형의 응답 방향을 유도하는 설문지는 수도 없이 많은데, 일부 고의적인 작성도 있지만 대부분의 경우 작성자의 부주의에 의한 오류여서 설문지를 작성하는 과정에서 워딩에 의한 편의가 개입될 가능성이 없는지를 항상 꼼꼼히 검토하여야 한다. 설문 조사는 응답자 집단의 의견을 수렴하는 것이지 의견을 만드는 과정이 아님을 항상 명심하고 설문지를 작성하여야 한다.

(2) 연구자의 편견 배제

설문지 작성자가 의식하지 못하는 사이에 연구자의 편견이 개입되는 경우가 많다. 예를 들어 "스타벅스의 실내 인테리어 디자인에 대해서 어떻게 생각하십니까?"하고 질문하는 것과 "세계적인 커피숍 브랜드인 스타벅스의 실내 인테리어 디자인에 대해서 얼마나 만족 또는 불만족하십니까?"하고 질문하는 것은 다른 것이다.

'세계적인'이라는 단어에서 응답자의 응답에 편의가 개입될 수 있기 때문이다. 또는 "우리 주변에서 흔히 볼 수 있는 스타벅스의 실내 인테리어……" 같은 질문도 연구자의 편견이 개입된 표현이다. '우리 주변에서 흔히 볼 수 있는'이라는 문구에도 편의가 개입될 수 있기 때문이다.

이와 같이 연구자의 고의적 의도가 아니라도 평상시 연구자의 생각이나 가치가 자신도 모르게 설문지에 스며들어 응답에 영향을 미칠 수 있어, 최대한 객관적인 응답을 얻을 수 있도록 유의해서 설문지를 작성해야 한다.

(3) 두 개의 내용을 질문하는 하나의 문항

하나의 문항에서는 한 개의 질문만 하여야 하는데, 두 개 이상의 내용을 질문하는 문항들로 구성된 설문지를 종종 발견할 수 있다. 예를 들어 "다음 아파트 브랜드 중에서 편안하고 쾌적한 이미지의 아파트는 어느 브랜드입니까?"라는 질문에서 '편안한'과 '쾌적한'은 비슷한 것 같지만 분명 다른 이미지이다. 또는 "○○전자 AS 서비스의 신속하고 친절한 정도에 대해서 평가해 주십시오"라는 항목에서도 '신속'과 '친절'은 분명 다른 속성임에도 불구하고 하나의 단일 문항으로 질문하는 경우가 있다. 이와 같이 비슷한 것 같으면서도 분명 그 의미가 다른 이미지나 내용의 질문을 하나의 문항으로 작성하지 않도록 유의하여야 한다.

(4) 구체적이지 않은 이중적 개념의 표현방법 금지

하나의 질문에서 여러 가지 개념을 질문하는 표현을 조심하여야 한다. 예를 들어 "귀하께서 이번에 새로 구매하신 ○○ 브랜드의 휴대폰 단말기를 어떻게 구매하셨습니까?"라는 질문을 생각해 보자. 이 질문에는 "ⓐ 휴대폰 단말기를 바꾸신 이유가 무엇입니까?", "ⓑ 어느 유통 경로를 통하여 구매하셨습니까?", "ⓒ 얼마에 구매하셨습니까?", "ⓓ 일시불 또는 몇 개월 할부로 구매하셨습니까?", ⓔ "○○ 브랜드를 구매하신 이유가 무엇입니까?" 등 다양한 의미의 질문이 모두 포함될 수 있는 것이다.

또는 "ㅁㅁ 보험사와 거래하시는 이유는 무엇입니까?"라는 질문에는 "처음에 거래하게 되신 이유는 무엇입니까?"라는 질문과 "현재 그 보험사를 거래하고 계신 이유는 무엇입니까?"라는 질문이 모두 포함되어 있다. 이와 같이 두 개 이상 복수의 의미를 포함하는 애매한 표현의 질문을 하지 않도록 유의하여야 한다.

(5) 오프라인 조사의 대화체 표현

조사원과 응답자가 대화하는 방식으로 조사를 진행하는 오프라인 조사의 개별 면접 조사, 전화 조사, CLT 등과 같은 조사자와 응답자가 대화식으로 진행하는 조사방법 설문지는 문어체가 아니라 평상시 대화하는 그대로의 구어체로 설문지를 작성하여야 한다. 이는 문어체로 작성할 경우 조사원이 임의대로 대화체로 바꾸어 질문하는 과정에서 조사원의 말투에 의한 편의가 개입될 수 있기 때문이다. 따라서 설문지는 철저하게 대화체로 작성하고 조사원은 설문지를 있는 그대로 읽어 주면서 조사를 진행하여 조사원의 말투에 의한 편의를 배제하여야 한다.

이 외에도 설문지에 의해서 모집단의 실제 현상을 왜곡하는 조사 결과가 나타날 가능성이 매우 높으며, 이렇게 설문지를 작성할 때는 조사 결과에 영향을 미칠 수 있는 수많은 요소들이 있으므로 고의적(또는 비고의적) 편의가 발생되지 않도록 유의해야 한다. 설문지를 작성할 때는 항상 응답자 입장에서 생각하고, 실제 응답을 해 보면서 작업하는 습관이 매우 중요하다.

4장
추정 및 검정

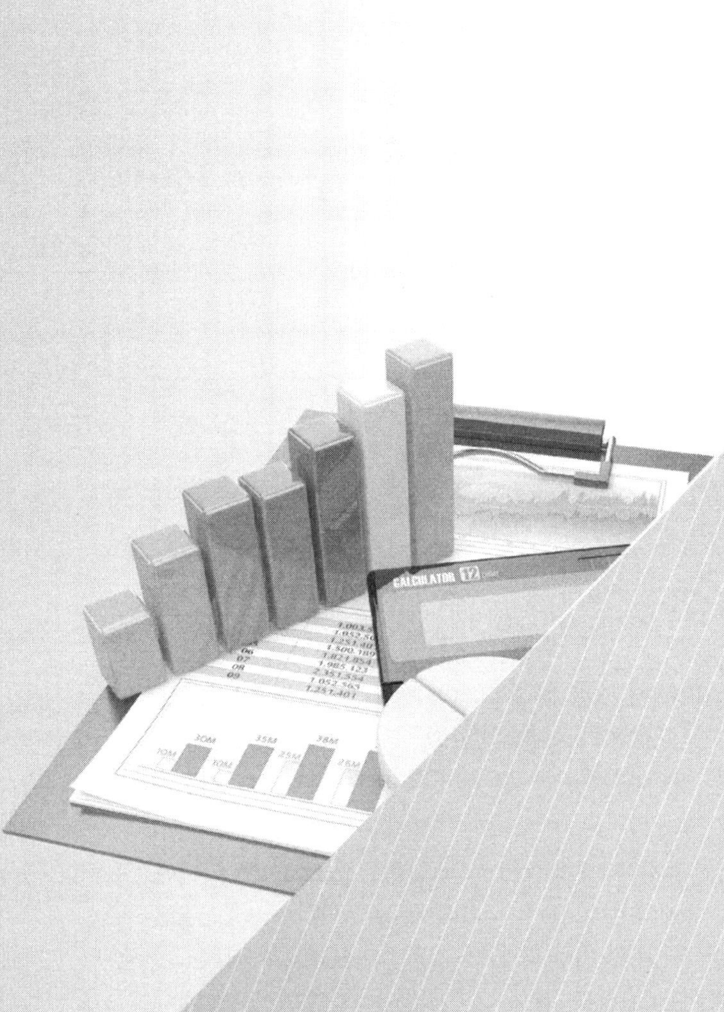

정량적 연구조사 설계를 거쳐 설문지를 작성하고, 설문지에 의해 데이터가 수집되면 통계적 분석을 통해 보고서 또는 연구 논문을 작성하게 된다. 특히 보고서 작성을 위해서는 수집한 데이터로부터 통계적 분석에 의하여 연구 과제로 설정한 가설을 검정하는 절차를 거친다. 이 장에서는 이러한 통계적 가설 검정에서 알아야 할 기본적인 개념들과 방법에 대해서 설명하도록 한다. 이후에 설명되는 모든 통계적 검정 방법들을 이해하기 위하여 반드시 숙지하고 있어야 하는 사항이다.

4.1 추정과 검정

4.1.1 추정의 개념과 유형

모집단의 특성인 모수의 추정을 위해 표본 조사로부터 얻은 표본의 특성치인 통계량으로 모집단의 특성을 파악한다고 앞에서 설명하였다. 이러한 추정에는 모집단의 평균과 분산을 추정하는 점 추정과 모집단의 비율을 추정하는 비율 추정, 그리고 특정값이 아니라 모수의 구간을 추정하는 구간 추정이 있다.

① 점 추정(**point estimation**): 점 추정은 모집단의 특정값에 대한 추정이다. 예를 들어 새로운 디자인의 주방 가구에 대한 잠재 고객들의 선호도 점수를 알고 싶다면, 잠재 고객 중 일부인 표본으로부터 얻은 선호도의 평균 점수로 전체 모집단의 선호도 점수를 추정하는 것이다. 이러한 점 추정은 주로 모집단의 평균과 분산에 대해 이루어진다.

한편 모집단의 대푯값을 추정하는 방법은 표본의 산술평균(mean)뿐 아니라, 표본의 측정값들을 순서대로 나열하고 가운데 순서에 있는 중위수(median)를 사용하는 방법이나, 표본의 점수 중 가장 빈도가 높은 최빈수(mode)를 사용하는 방법 등도 있으며 연구의 목적에 따라 적합한 추정치를 사용한다.

일반적으로는 표본의 산술평균(arithmetic mean)을 모집단 평균의 추정치로 흔히 사용하는데, 이는 표본 평균치의 평균이 모집단의 평균이 된다는 점 추정치의 불편성(unbiasedness) 성질을 만족하기 때문이다. 이 외에도 충분성(sufficiency), 일치성(consistency), 유효성(efficiency) 등 점 추정치의 특징들이 있으나 이 책에서는 자세한 설명을 생략한다. 관심 있는 독자는 수리 통계학 교재를 참고하기를 바란다.

② 구간 추정(**interval estimation**): 점 추정치는 모집단의 특성인 모수를 정확히 추정하였다고 확신할 수 없다. 즉 표본 조사에 의해서 야기되는 오차 때문에 실제 모수와 추정치 간에 오차가 발생하는데, 이 오차의 정도에 대해서 정확하게 알 수 없기 때문이다. 점 추정치의 이러한 문제 때문에 모수가 포함될 구간을 추정하는데, 이를 구간추정이라고 한다.

예를 들어 새로운 디자인의 주방 가구에 대한 전체 잠재 고객(모집단)의 선호도 점수 평균(모수)을 μ라고 하면, 모수 μ가 포함될 구간을 일정 정도의 확률적 신뢰수준 하에서 추정하는 것이다.

즉 **95%** 신뢰수준 하에서 모수가 존재할 신뢰 구간이 (**A, B**)라면 이는 모수가 (**A, B**) 구간에 포함되어 있을 확률이 **95%**라고 추정하며, **A**를 신뢰 구간의 하한(**lower confidence limit**), **B**를 신뢰 구간의 상한(**upper confidence limit**)이라고 한다.

이는 100번의 표본 조사를 통하여 100번의 신뢰 구간을 구하였다면 그 중 95번의 신뢰 구간은 모평균 μ를 포함한다는 의미이다.

즉 모집단으로부터 n개의 표본을 임의 추출하여 신뢰 구간 (A_1, B_1)을 구하였다면 이 구간 안에는 모평균 μ가 포함되어 있을 수도 있고 아닐 수도 있다. 동일한 방법으로 n개의 또 다른 표본을 임의 추출하여 신뢰 구간 (A_2, B_2)를 구하면 이 구간 역시 모평균 μ를 포함할 수도 포함하지 않을 수도 있다.

이와 동일하게 동일 모집단으로부터 n개의 표본을 100번 임의 추출하여 반복 수행하면 100개의 서로 다른(경우에 따라 동일한 구간값을 갖는 경우도 발생할 수 있으나, 현실적으로 이는 발생 가능성이 매우 낮을 것임) 신뢰 구간 (A_1, B_1), (A_2, B_2), …, (A_{100}, B_{100})이 생성되는데, 각기 다른 100개의 신뢰 구간은 모평균 μ 를 포함하는 구간도 있을 것이고 포함하지 않는 구간도 있을 것이다.

이들 100개의 상이한 신뢰 구간 중 모평균 μ를 포함하고 있는 구간이 95개 이상이 존재하고, 이 구간을 95% 신뢰 구간이라고 한다. 좀 더 정확히 표현하면 신뢰수준 95% 하에서의 신뢰 구간이라고 표현하며, 이를 공식으로 나타내면 다음과 같다.

이때 $1.96 * \sigma/\sqrt{n}$을 **95%** 신뢰수준 하에서의 오차 한계(**limit of error**)라고 한다.

$$\bar{x} - 1.96\frac{\sigma}{\sqrt{n}} \le \mu \le \bar{x} + 1.96\frac{\sigma}{\sqrt{n}}$$

참고

σ는 모집단의 표준 편차로서 모집단 분산의 제곱근을 의미하는데, 일반적으로 미지(unknown)의 상수이기 때문에 표본의 표준 편차 S로 대체하여 사용한다. 또한 이 경우에 표본의 평균은 t-분포에 따르므로 95% 신뢰수준 하에서 정규분포의 기각치인 1.96이 아니라 t-분포의 기각치를 사용하여야 하지만, 표본의 크기가 30 이상인 경우에는 정규 분포에 근사하므로 정규분포 기각치 1.96을 사용하여도 문제가 없어 흔히 정규분포의 기각치를 사용하기도 한다.

그 밖에 모평균뿐만 아니라 모비율, 모분산 등의 모수에 대한 신뢰 구간 추정도 있다.

모분산 σ^2의 (1-α)% 신뢰 구간은 다음과 같으며, **S^2은 표본의 분산으로서 엑셀에서 @var**(데이터 범위)와 같이 구할 수 있으며(그림 4-1참고), $\chi^2_{\alpha/2}$와 $\chi^2_{1-\alpha/2}$ 은 χ^2 분포의 기각치로서 엑셀상에서 **@chiinv(α/2, n-1), @chiinv(1-α/2, n-1)**와 같이 구할 수 있다(그림 4-2 참고).

$$\frac{(n-1)s^2}{\chi^2_{\alpha/2}} \le \sigma^2 \le \frac{(n-1)s^2}{\chi^2_{1-\alpha/2}}$$

또한 모비율(P)에 대한 95% 신뢰수준 하에서의 신뢰 구간은 다음과 같다.

$$\hat{P} - 1.96\sqrt{\frac{\hat{P}(1-\hat{P})}{n}} \le P \le \hat{P} + 1.96\sqrt{\frac{\hat{P}(1-\hat{P})}{n}} ,$$

여기서 $\hat{P}$은 표본비율이다.

	A	B	C	D	E	F
1						
2						
3		표본의 점수				
4		5				
5		6				
6		4				
7		5		표본 분산 = @var(b4..b18) =	0.742857	
8		5				
9		6				
10		7				
11		5				
12		7				
13		6				
14		6				
15		6				
16		6				
17		7				
18		6				
19						

그림 4-1 표본분산의 엑셀 함수(예)

(유의 수준 $\alpha = 0.05$, 표본 크기 $n = 30$일 때)

@chiinv(0.05/2, 30-1) =	45.7222858
@chiinv(1-0.05/2, 30-1) =	16.04707179

그림 4-2 χ^2 분포의 기각치 엑셀 함수

4.1.2 가설 검정

앞의 예에서 새로운 디자인의 주방 가구에 대한 고객들의 선호도를 추정하기 위해서 표본 조사를 수행한 결과, 선호도의 평균 점수가 70점이 나왔다고 가정하자. 그럼 표본의 점수인 70이 모평균의 점수일 것으로 추정을 하게 되는데, 이때 과연 정말로 모집단의 평균 선호도 점수가 70점인지에 대한 가설을 설정하고, 그러한 가설을 일정 정도 허용 오차 내에서 검정하는 것이 통계적 가설 검정이다. 즉 모집단의 특성인 모수에 대해 가설을 검정하는 것이다. 이때 모집단의 평균 점수 '$\mu = 70$'점이라는 가설과 '$\mu \neq 70$'이라는 상반된 가설이 제기될 수 있다.

이처럼 **연구와 관심의 대상이 되는 가설을 대립가설(alternative hypothesis)**이라고 하고, **대립가설과 상반되는 가설을 귀무가설(null hypothesis)**이라고 한다.

귀무가설 H_0: $\mu = 70$
(새로운 주방 가구의 디자인 선호도에 대한 점수는 70점이다)
대립가설 H_1: $\mu \neq 70$
(새로운 주방 가구의 디자인 선호도에 대한 점수는 70점이 아니다)

한편 디자인에 대한 선호도 점수를 취업주부와 전업주부, 또는 강북 거주 주부와 강남 거주 주부, 30대 이하의 주부와 30대 이상의 주부, 아파트 거주자와 단독주택 거주자, 도시 지역 거주자와 농촌 지역 거주자 등으로 구분하여 선호도의 평균 점수 간에 차이가 있는지를 검정한다고 가정하면 귀무가설과 대립가설은 다음과 같이 제기된다.

귀무가설 H_0: μ_1(취업주부의 선호도 점수) = μ_2(전업주부의 선호도 점수)
대립가설 H_1: μ_1(취업주부의 선호도 점수) $\neq$ μ_2(전업주부의 선호도 점수)

귀무가설 H_0: μ_1(도시 거주자의 선호도 점수) = μ_2(농촌 거주자의 선호도 점수)
대립가설 H_1: μ_1(도시 거주자의 선호도 점수) $\neq$ μ_2(농촌 거주자의 선호도 점수)

이와 같이 **'효과가 있다', '차이가 있다', '서로 다르다' 등과 같이 연구자가 입증하여 주장하고자 하는 가설을 대립가설(alternative hypothesis)**이라고 하며, **'효과가 없다', '차이가 없다', '서로 다르지 않다' 등과 같이 대립가설을 입증할 수 없을 때 받아들이는 가설을 귀무가설(null hypothesis)**이라고 한다.

위 귀무가설과 대립가설은 다음과 같이 표현할 수도 있다.

귀무가설 H_0 : $\mu_1 = \mu_2$ 또는 $\mu_1 - \mu_2 = 0$
대립가설 H_1 : $\mu_1 \neq \mu_2$ 또는 $\mu_1 - \mu_2 \neq 0$

이러한 가설을 통계적으로 검정하기 위해서, 즉 **귀무가설과 대립가설 중 하나를 선택하기 위하여 사용하는 통계량을 검정 통계량(test statistic)**이라고 하며, **귀무가설을 기각하고 대립가설을 채택하는 기준이 되는 검정 통계량의 기준 영역을 기각역(critical region 또는 rejection region)**이라고 한다.

한편 앞에서 언급한 것과 같이 대립가설 'H_1 : $\mu_1 \neq \mu_2$' 또는 'H_1 : $\mu_1 - \mu_2 \neq 0$'의 경우는 귀무가설이 기각될 시 '$\mu_1 - \mu_2 > 0$'이거나 '$\mu_1 - \mu_2 < 0$'일 것이다.

이와 같이 **양측 방향의 대립가설을 모두 고려할 때 양측 검정(two-sided test)**이라고 하는 반면, '$\mu_1 - \mu_2 > 0$' 또는 '$\mu_1 - \mu_2 < 0$'와 같이 **한쪽 방향으로만 대립가설이 주어지는 경우는 단측 검정(one-sided test)**이라고 한다. 단측 검정 중에서 전자를 우 측 검정(right-sided test), 후자를 좌측 검정(left-sided test)이라고 한다.

귀무가설 $H_0 : \mu_1 = \mu_2$ 또는 $H_0 : \mu_1 - \mu_2 = 0$
대립가설 $H_1 : \mu_1 \neq \mu_2$ 또는 $H_1 : \mu_1 - \mu_2 \neq 0$ (양측 검정)
대립가설 $H_1 : \mu_1 > \mu_2$ 또는 $H_1 : \mu_1 - \mu_2 > 0$ (우측 검정)
대립가설 $H_1 : \mu_1 < \mu_2$ 또는 $H_1 : \mu_1 - \mu_2 < 0$ (좌측 검정)

양측 검정의 경우 귀무가설을 기각할 수 있는 기각역이 '검정통계량의 절댓값 > 기각치'와 같은 형태로 주어지고, 우측 검정은 '검정통계량 > 기각치', 좌측 검정은 '검정통계량 < -기각치'와 같은 형태로 기각역이 주어진다.

4.2 단일 모집단의 평균값 검정

한 집단(잠재 고객인 전국의 주부)의 모수(평균)에 대한 가설 검정 시 표 4-1과 같이 대립가설과 기각역이 주어지고, 전업주부 대 취업주부, 강북 거주자 대 강남 거주자 등과 같이 두 모집단의 모수(평균) 차이에 대한 검정 시 기각역은 표 4-2와 같이 주어진다.

예를 들어 단일 모집단의 평균값 검정 시 '귀무가설 $H_0 : \mu = \mu_0$ vs 대립가설 $H_1 : \mu > \mu_0$'라면 검정 통계량 > 기각치일 때 귀무가설을 기각하는 것이다.

그런데 통계적 가설 검정은 모집단의 일부인 표본의 특성치인 통계량을 사용하는 과정에서 오류가 발생할 수밖에 없다. 즉 귀무가설이 참인데도 불구하고 귀무가설을 기각하는 오류와, 귀무가설이 거짓임에도 불구하고 귀무가설을 채택하는 오류 등이 발생한다. 전자의 오류를 '제1종 오류(type Ⅰ error)', 후자를 '제2종 오류(type Ⅱ error)'라고 한다.

표 4-1 단일 모집단 검정 시 대립가설과 기각역 형태

	양측 검정	단측검정	
		좌측 검정	우측 검정
귀무가설	$\mu = \mu_0$	$\mu \geq \mu_0$	$\mu \leq \mu_0$
대립가설	$\mu \neq \mu_0$	$\mu < \mu_0$	$\mu > \mu_0$
기각역	| 검정통계량 | > 기각치	검정통계량 < -기각치	검정통계량 > 기각치

표 4-2 두 모집단 검정 시 대립가설과 기각역 형태

	양측 검정	단측검정	
		좌측 검정	우측 검정
귀무가설	$\mu_1 = \mu_2$	$\mu_1 \geq \mu_2$	$\mu_1 \leq \mu_2$
대립가설	$\mu_1 \neq \mu_2$	$\mu_1 < \mu_2$	$\mu_1 > \mu_2$
기각역	| 검정통계량 | > 기각치	검정통계량 < -기각치	검정통계량 > 기각치

표 4-3 가설 검정의 오류 형태

	귀무가설(H_0) 참일 때	귀무가설(H_0) 거짓일 때
귀무가설 기각	제1종 오류(α)	옳은 의사결정
귀무가설 채택	옳은 의사결정	제2종 오류(β)

한편 **제1종 오류가 발생될 최대 확률을 유의수준(significance level)**이라고 하며, **귀무가설을 기각할 때 제1종 오류를 일으킬 확률을 유의확률(significance probability)** (흔히 **'*p*-value'** 로 표현한다)이라고 한다. '**유의확률(*p*-value) < 유의수준(0.05)**'이면 **95%** 신뢰수준 하에서 귀무가설을 기각할 수 있다.

기억하기 쉽게 표현하면 귀무가설을 기각할 때 발생하는 오류인 제1종 오류(*p*-value, 유의확률)가 작다는 것은 귀무가설을 기각할 수 있는 근거가 되는 것이며, 그 기준이 0.05(5%)보다 작으면 95% 신뢰수준 하에서 귀무가설을 기각하는 것이다.

표 4-4 유의수준과 유의확률

- 유의수준(significance level, α) : 제1종 오류를 발생할 최대 확률
- 유의확률(significance probability, *p*-value) : 귀무가설을 기각할 때 제1종 오류를 일으킬 확률로, 주어진 관측값에 대해 귀무가설을 기각하게 되는 최소한의 유의수준
- 유의확률(*p*-값) < 유의수준(α) → $(1-\alpha)\times100\%$ 신뢰수준 하에서 귀무가설 기각

즉 표 4-1에서와 같이 **검정 통계량이 기각역에 포함되거나 유의확률이 유의수준보다 작으면 귀무가설을 기각할 수 있다.** 검정 통계량이 기각역에 포함되면 유의확률이 유의수준보다 작게 나타나고, 반대로 검정 통계량이 기각역에 포함되지 않으면 유의확률이 유의수준보다 크게 나타나기 때문이다.

앞의 예에서, 새로운 주방 가구의 디자인 선호도 점수를 파악하기 위하여 전국의 가정 주부 200명에게 표 4-5와 같이 5점 척도로 질문하고 응답치를 100점으로 환산하여 예제 데이터 4-1[주)]을 얻었다. 5점 척도의 100점 환산 방법은 {(5점 척도의 응답치-1)/4}×100의 식을 이용하거나 아니면 엑셀의 바꾸기 기능을 이용하면 된다.

신제품의 디자인 선호도 점수가 60점이 넘어야 출시를 한다고 할 때 이 제품은 출시를 해도 되는가를 분석하려고 한다.

주) 예제 데이터는 출판사 홈페이지(www.freeaca.com)에서 다운로드할 수 있음.

표 4-5 5점 척도 질문의 100점 환산

①	②	③	④	⑤
전혀 마음에 들지 않는다	마음에 들지 않는 편이다	보통이다	약간 마음에 드는 편이다	매우 마음에 든다
↓	↓	↓	↓	↓
0	25	50	75	100

이때 모집단의 선호도 모평균 점수를 μ라고 한다면, 귀무가설과 대립가설을 다음과 같이 설정하고 귀무가설을 기각할 시 신제품을 출시하면 될 것이다.

$$\text{귀무가설 } H_0: \mu = 60 \text{ vs 대립가설 } H_1: \mu > 60$$

한편 이러한 단일 모집단 평균의 검정 통계량은 다음과 같다.

$$t_0 = \frac{\bar{X} - \mu}{s/\sqrt{n}} \sim t(\text{d.f.} = n - 1)$$

여기서 n: 표본수

s: 표본의 표준 편차(표본 분산의 제곱근)

표본수가 200이고 유의수준 $\alpha = 0.05$일 때, 기각역과 p-값을 구하는 엑셀 함수식은 표 4-6과 같다.

표 4-6 단일 모집단 검정시 대립가설과 기각역 엑셀 함수

좌측 검정	기각역	검정통계량 < -@tinv(2×유의수준, 표본수 -1)
	p-value	@tdist(검정통계량, 표본수 -1, 1)
우측 검정	기각역	검정통계량 > @tinv(2×유의수준, 표본수 -1)
	p-value	@tdist(검정통계량, 표본수 -1, 1)
양측 검정	기각역	|검정통계량| > @tinv(유의수준, 표본수 -1)
	p-value	@tdist(검정통계량, 표본수 -1, 2)

위 가설에 대한 검정 결과는 그림 4-3과 같은데, 표 4-6을 같이 참고하여 설명하겠다.

먼저 평균과 표준 편차를 구하는 엑셀 함수식은 다음과 같고, 이에 따라 계산하면 그림 4-3의 'E2'과 'E3' 위치에 그 값이 출력된다.

평균: @average(데이터 범위) = 64

표준편차: @stdev(데이터 범위) = 21.0732

다음은 위 검정 통계량 t_0의 공식대로 엑셀식을 그대로 'E7' 위치에 기입하면 계산값이 출력된다. 그림 4-3에서 계산된 순서를 실제 데이터(예제 4-1 데이터)로 따라 해보면 이해가 훨씬 쉬울 것이다.

검정통계량 $t_0 = 2.6844$

위에서 설정한 가설은 우측 검정이고, 표 4-6을 참고하여 우측 검정 기각치를 구하는 함수식을 그림 4-3의 'E10' 위치에 입력하면 계산값이 출력된다.

@tinv(2 × 유의수준, 표본수 -1) = @tinv(2*0.05, 200-1) = 1.6525

이제 검정통계량=2.6844 > 기각치=1.6526이므로 귀무가설을 기각할 수 있음을 알 수 있다.

한편 *p*-value(유의확률)에 대한 엑셀 함수식을 그림 4-3의 'E13' 위치에 기입하면 계산값 0.003939가 출력되며, 이는 유의수준 0.05보다 작으므로 역시 귀무가설을 기각할 수 있음을 알 수 있다.

@tdist(검정통계량, 표본수 -1, 1) = @tdist(E7, 200-1, 1) = 0.003939

참고로 양측 검정에 대한 결과도 그림 4-3에 같이 제시하였으니 반드시 직접 엑셀 분석 기능들을 수행해 보면서 확인해 보기를 권한다. 향후 각자 실제 연구를 수행하면서 수집한 데이터를 이용하여 그림 4-3과 동일한 방법으로 표본 평균, 표준 편차, 검정 통계량, 기각역, *p*-값 등을 산출하면 될 것이다. 다만, 독자들의 개별 연구에 따라 표본수와 유의수준 등이 변하면 해당 수치만 수정하고, 나머지 엑셀식은 그대로 그림 4-3을 따라 하면서 분석하기를 바란다.

양측 검정의 기각역을 구할 때는 **@tinv(유의수준×2, 자유도)**가 아니라 **@tinv(유의수준, 자유도)**인 점과 ***p*-값 = @tdist(검정통계량, 자유도, 1)**이 아니라 **@tdist(검정통계량, 자유도, 2)**인 점 등의 옵션을 유의해야 한다.

한편 표 4-2와 같이 두 집단의 평균값 차이를 검정하는 방법도 동일하게 엑셀을 이용하여 분석할 수 있다. 이는 '5장 평균값 차이 검정'에서 설명하기로 하겠다.

	A	B	C	D	E
1	디자인 선호도				
2	100		표본평균	@average(a2..a201) =	64
3	75		표준편차	@stdev(a2..a201) =	21.0732
4	100		표본평균 - 귀무가설 평균 = 64-60 =		4
5	75		표준편차 / (표본수)$^{1/2}$ = +e3 / (@sqrt(200)) =		1.4901
6	75				
7	75		검정통계량 = +e4 / e5 =		2.684383
8	75				
9	75		기각치	@tinv(2x유의수준, 표본수-1) =	
10	50			@tinv(2x0.05, 200-1) =	1.652547
11	75				
12	75		유의확률	@tdist(검정통계량, 자유도, 1) =	
13	75			@tdist(e7, 200-1, 1) =	0.003939
14	75				
15	75				
16	75		양측검정일때		
17	75				
18	75		기각치	@tinv(유의수준, 표본수-1) =	
19	50			@tinv(0.05, 200-1) =	1.971956
20	75				
21	100			@tdist(검정통계량, 자유도, 2) =	
22	75			@tdist(e7, 200-1, 2) =	0.007879
23	75				
24	75				
25	100				

그림 4-3 단일 모집단의 평균값 검정

참고

단일 모집단 평균값 검정에서 모집단에서 분산을 알 경우에는 t-분포가 아니라 정규분포에 따르는 Z-통계량을 사용하여도 되지만, 일반적으로 모집단의 분산을 모르는 경우가 대부분이므로 표본의 분산으로 모집단 분산을 대체하여 사용하고, 이에 따라 t-분포에 의한 검정 통계량을 사용한다.

4.3 검정절차 요약

일반적으로 모평균에 대한 검정 시 1) 정규 모집단 $N(\mu, \sigma^2)$이면서 모분산 σ^2을 알고 있는 경우(대표본/소표본), 2) 모집단의 분포가 무엇이든 상관없이 대표본인 경우(단, 정규 모집단이면서 모분산 σ^2를 모르는 경우 포함), 3) 정규 모집단에 따르나 모분산 σ^2를 모르고 소표본인 경우 등으로 구분하여 검정 통계량과 검정 통계량의 분포를 정의할 수 있다.

먼저 정규 모집단이면서 모분산 σ²을 알고 있는 경우에는 표본수가 크든 작든 검정통계량 $Z_0 = \frac{\bar{X}-\mu_0}{\sigma/\sqrt{n}} \sim N(0,1)$에 따르므로, 여기에서는 '① 대표본에서의 모평균 μ에 대한 검정 절차'에서 설명하는 검정 절차와 동일한 절차에 따라 가설을 검정하면 되므로, 이에 대한 검정 절차는 생략하였다. 다만 표본 표준 편차 S 대신 σ를 사용한다.

그러나 일반적으로 모집단의 모분산을 알기 어려우므로, 모분산을 모르는 경우의 대표본인 경우와 소표본인 경우에 대한 모평균 검정 절차를 요약하겠다. 모분산을 모르고 대표본인 경우, 모분산 σ² 대신 표본분산 s²으로 대체시키면 중심극한정리에 의해 표본평균의 표준화변수 $Z_0 = \frac{\bar{X}-\mu_0}{s/\sqrt{n}} \sim N(0,1)$에 따른다. 모분산을 모르고 소표본인 경우, 표본평균의 표준화변수 $t_0 = \frac{\bar{X}-\mu_0}{s/\sqrt{n}} \sim t(\mathrm{d.f.} = \mathrm{n}-1)$에 따른다.

또한 정규 모집단 $N(\mu, \sigma^2)$에서 모분산 σ²의 크기에 대한 검정 절차도 요약하였다.

① 대표본에서의 모평균 μ에 대한 검정 절차

모집단의 모평균이 μ이고 모분산이 σ²일 때, 모집단으로부터 임의 추출된 표본의 크기 n이 일반적으로 30 이상인 경우 중심극한정리(CLT, central limit theorem)에 의해 표본의 표본 평균 $\bar{X}$는 근사적으로 $N\left(\mu, \sigma^2/n\right)$에 따른다는 통계적 이론을 이용하여 다음의 검정 절차에 따라 검정을 수행할 수 있다.

(단계 1) 귀무가설 H_0와 대립가설 H_1의 설정

$H_0: \mu = \mu_0$ vs $H_1: \mu \neq \mu_0$ (양측 검정) 또는
$H_0: \mu = \mu_0$ vs $H_1: \mu < \mu_0$ (좌측 검정) 또는
$H_0: \mu = \mu_0$ vs $H_1: \mu > \mu_0$ (우측 검정)

(단계 2) 유의수준(α)의 결정

α = 0.01(또는 0.05 또는 0.10): 연구자의 연구목적에 따라 결정

(단계 3) 귀무가설 H_0하에서의 검정통계량과 검정통계량 분포의 정의

$$Z_0 = \frac{\bar{X}-\mu_0}{s/\sqrt{n}} \sim N(0,1)$$

(단계 4) 기각역(의사결정기준)의 정의

$H_1: \mu \neq \mu_0$일 때 기각역: $|Z_0| \geq Z_{\alpha/2}$ (양측 검정)
$H_1: \mu < \mu_0$일 때 기각역: $Z_0 \leq -Z_\alpha$ (좌측 검정)

H_1: $\mu > \mu_0$일 때 기각역: $Z_0 \geq Z_\alpha$ (우측 검정)

(단계 5) 검정통계량의 계산

추출된 n개 표본의 측정자료를 이용하여 (단계 3)에서 정의한 검정통계량 값 Z_0를 계산

(단계 6) 의사결정

(단계 5)에서 산출된 검정통계량 값 Z_0를 이용하여 (단계 4)에 따라 귀무가설 H_0의 기각 여부에 대한 의사결정을 수행

② 소표본에서의 모평균 μ에 대한 검정 절차

모집단의 분포가 정규 모집단 $N(\mu, \sigma^2)$이면서 모분산 σ^2을 모를 때, 모집단으로부터 임의 추출된 표본의 크기 n이 작은 경우(일반적으로 $n<30$) 모분산 σ^2 대신 표본분산 S^2을 사용하면 표본 평균 $\bar{X}$와 표본 표준 편차 S로 표준화된 확률변수, $t = \frac{(\bar{X}-\mu)}{S/\sqrt{n}}$는 자유도가 ($n$-1)인 t-분포에 따른다. 따라서 t-분포를 이용하여 모평균에 대한 가설검정을 수행할 수 있다.

(단계 1) 귀무가설 H_0와 대립가설 H_1의 설정

H_0: $\mu = \mu_0$ vs H_1: $\mu \neq \mu_0$ (양측 검정) 또는

H_0: $\mu = \mu_0$ vs H_1: $\mu < \mu_0$ (좌측 검정) 또는

H_0: $\mu = \mu_0$ vs H_1: $\mu > \mu_0$ (우측 검정)

(단계 2) 유의수준(α)의 결정

$\alpha = 0.01$(또는 0.05 또는 0.10)

(단계 3) 귀무가설 H_0하에서의 검정통계량과 검정통계량 분포의 정의

$$t_0 = \frac{\bar{X} - \mu_0}{s/\sqrt{n}} \sim t(\mathrm{d.f.} = n-1)$$

(단계 4) 기각역(의사결정기준)의 정의

H_1: $\mu \neq \mu_0$일 때 기각역: $|t_0| \geq t_{\alpha/2}(\mathrm{d.f.} = n-1)$ (양측 검정)

H_1: $\mu < \mu_0$일 때 기각역: $t_0 \leq -t_\alpha(\mathrm{d.f.} = n-1)$ (좌측 검정)

H_1: $\mu > \mu_0$일 때 기각역: $t_0 \geq t_\alpha(\mathrm{d.f.} = n-1)$ (우측 검정)

(단계 5) 검정통계량의 계산

추출된 n개 표본의 측정자료를 이용하여 (단계 3)에서 정의한 검정통계량 값 t_0를 계산

(단계 6) 의사결정

(단계 5)에서 산출된 검정통계량 값 t_0를 이용하여 (단계 4)에 따라 귀무가설 H_0의 기각여부에 대한 의사결정을 수행

③ 모분산 σ^2에 대한 검정 절차

정규 모집단 $N(\mu, \sigma^2)$로부터 임의로 n개의 표본$(X_1, X_2, \ldots, X_n)$을 추출하였을 때, $\chi^2 = \frac{(n-1)S^2}{\sigma^2} = \frac{\sum_{i=1}^{n}(X_i - \bar{X})^2}{\sigma^2} \sim \chi^2(\mathrm{d.f.} = n-1)$, $S^2 = \frac{\sum_{i=1}^{n}(X_i - \bar{X})^2}{n-1}$ 을 이용하여 모분산 σ^2에 대한 가설 검정을 수행할 수 있다.

(단계 1) 귀무가설 H_0와 대립가설 H_1의 설정

H_0: $\sigma^2 = \sigma_0^2$ vs H_1: $\sigma^2 \neq \sigma_0^2$ (양측 검정) 또는

H_0: $\sigma^2 = \sigma_0^2$ vs H_1: $\sigma^2 < \sigma_0^2$ (좌측 검정) 또는

H_0: $\sigma^2 = \sigma_0^2$ vs H_1: $\sigma^2 > \sigma_0^2$ (우측 검정)

(단계 2) 유의수준(α)의 결정

$\alpha = 0.01$(또는 0.05 또는 0.10)

(단계 3) 귀무가설 H_0하에서의 검정통계량과 검정통계량 분포의 정의

$$\chi_0^2 = \frac{(n-1)S^2}{\sigma_0^2} = \sim \chi^2(\mathrm{d.f.} = n-1), S^2 = \frac{\sum_{i=1}^{n}(X_i - \bar{X})^2}{n-1}$$

(단계 4) 기각역(의사결정기준)의 정의

H_1: $\sigma^2 \neq \sigma_0^2$일 때 기각역: $\chi_0^2 \geq \chi_{\alpha/2}^2(\mathrm{d.f.} = n-1)$

또는 $\chi_0^2 \leq \chi_{1-\alpha/2}^2(\mathrm{d.f.} = n-1)$ (양측 검정)

H_1: $\sigma^2 < \sigma_0^2$일 때 기각역: $\chi_0^2 \leq \chi_{1-\alpha}^2(\mathrm{d.f.} = n-1)$ (좌측 검정)

H_1: $\sigma^2 > \sigma_0^2$일 때 기각역: $\chi_0^2 \geq \chi_{\alpha}^2(\mathrm{d.f.} = n-1)$ (우측 검정)

(단계 5) 검정통계량의 계산

추출된 n개 표본의 측정자료를 이용하여 (단계 3)에서 정의한 검정통계량 값 χ_0^2을 계산

(단계 6) 의사결정

(단계 5)에서 산출된 검정통계량 값 χ_0^2을 이용하여 (단계 4)에 따라 귀무가설 H_0의 기각 여부에 대한 의사결정을 수행

5장 평균값 차이 검정

5.1 두 집단의 평균값 차이 검정
5.2 세 집단 이상의 평균값 차이 검정: 분산분석
5.3 검정절차 요약

5.1 두 집단의 평균값 차이 검정

5.1.1 독립 표본의 평균값 비교

휴대전화 단말기 제조 회사에서 신제품을 출시하기 위하여 2개의 디자인 시안을 개발하였다고 하자. 이때 두 개의 디자인 시안 중에서 시장에 출시되었을 때 소비자들에게 상대적으로 더 선호되는 디자인을 찾기 위하여 사전 선호도 조사를 한다고 가정하자.

먼저 전체 잠재 고객 중에서 1,000명의 표본을 선정하여 A와 B, 두 개의 디자인 시안에 대해서 각각 500명씩 다음과 같은 5점 척도의 설문 조사를 통해 표본조사를 진행하였다고 가정하자.

표 5-1 5점 척도의 설문 조사 응답 보기

①	②	③	④	⑤
디자인이 전혀 마음에 들지 않는다	디자인이 마음에 들지 않는 편이다	보통이다	디자인이 약간 마음에 드는 편이다	디자인이 매우 마음에 든다

표본조사 결과, A 디자인에 대해서 500명의 응답자가 평가한 점수의 평균이 4.0점, B 디자인에 대해서 평가한 500명의 평균 점수는 3.5점이라고 가정하자. 이 평가 점수만 고려하면 A 디자인이 B 디자인보다 소비자 선호도 점수가 높으므로 A 디자인을 출시하는 것이 타당할 것이다.

그러나 또 다른 500명을 표본으로 추출하여 똑같은 소비자 조사를 진행하였더니 이번에는 A 디자인의 평균이 3.0점, B 디자인의 평균이 4.2점으로 나타났다고 가정하자. 첫 번째와 두 번째 표본조사의 결과가 정반대로 나타난 것이다. 다시 동일한 디자인 선호도 조사를 3번째 진행하였더니 이번에는 A 디자인과 B 디자인의 선호도 점수가 거의 동일하게 나타났다고 가정하자. 이렇게 표본조사를 할 때마다 조사 결과가 다르게 나타나는 이유는 앞서 설명한 표본오차와 비표본오차의 영향력 때문이다.

이런 상황에서 제품 출시를 담당하는 제품 담당자(PM: product manager)나 브랜드 담당자(BM: brand manager)는 어떤 제품을 출시해야 할지 대단히 혼란스러울 것이다.

그렇다면 전체 잠재 고객들(모집단)의 2개의 디자인 시안에 대한 평균 평가 점수(모수)의 차이가 실제로 있는 것인지, 아니면 표본조사 결과 평가 점수(통계량)의 차이는 다소 있지만 실제 전체 고객들의 평가 점수의 차이는 아닌 것인지 확인이 필요할 것이다.

이와 같이 **두 집단 간 표본의 평균점수 차이가 실제 모집단의 차이인지, 아니면 표본오차 내에 있는 차이이므로 통계적 유의성이 없는 것인지를 검정할 때 사용하는 방법이 '*t*-test'**이다.

이 사례에서 앞에서 설명한 귀무가설(null hypothesis)과 대립가설(alternative hypothesis)을 다음과 같이 설정할 수 있다.

> 귀무가설 H_0: A, B 두 개의 디자인 선호도 점수는 동일하다($\mu_A = \mu_B$)
> 대립가설 H_1: A, B 두 개의 디자인 선호도 점수는 같지 않다($\mu_A \neq \mu_B$) 또는
>
> 귀무가설 H_0: A, B 두 개의 디자인 선호도 점수는 동일하다($\mu_A = \mu_B$)
> 대립가설 H_1: A 디자인의 선호도가 B 디자인의 선호도보다 높다($\mu_A > \mu_B$) 또는
>
> 귀무가설 H_0: A, B 두 개의 디자인 선호도 점수는 동일하다($\mu_A = \mu_B$)
> 대립가설 H_1: A 디자인의 선호도가 B 디자인의 선호도보다 낮다($\mu_A < \mu_B$)

대립가설을 어떻게 설정하느냐에 따라 첫 번째 대립가설을 검정하는 방법을 양측 검정, 두 번째 가설 검정 방법을 단측 검정 – 우측 검정, 세 번째 가설 검정 방법을 단측 검정 – 좌측 검정이라고 한다.

이렇게 설정한 가설의 검정 방법은 표 5-2와 같다. 우선 '유의확률(*p*-value)'을 확인하여 '*p*-value'가 '유의수준(0.05)'보다 작으면 95% 신뢰수준 하에서 귀무가설을 기각하고 대립가설을 채택할 수 있다. 만약 'p-value'가 '$0.05 < p\text{-value} < 0.1$' 범위에 있다면 95% 신뢰수준 하에서는 귀무가설을 기각하지 못하지만 90% 신뢰수준 하에서는 귀무가설을 기각한다고 할 수 있다. 반면 *p*-value가 0.05보다 크면 귀무가설을 채택할 수 있다. 정확한 표현은 귀무가설 채택(H_0 is accepted)이 아니라 '귀무가설을 기각하지 못한다(H_0 is can' t rejected)'가 맞는 표현이다.

또는 *t*-통계량(statistic)과 기각역(critical region)을 비교하여 귀무가설의 기각 또는 채택 여부를 결정할 수 있는데, 좌측 검정의 경우 *t*-통계량이 (-기각치)보다 작으면 귀무가설을 기각하고, 우측 검정의 경우 *t*-통계량이 기각치보다 크면 귀무가설을 기각할 수 있다. 또한 양측 검정의 경우는 *t*-통계량의 절댓값이 기각치보다 크면 귀무가설을 기각할 수 있다.

표 5-2 독립표본의 t-test

	좌측 검정	우측 검정	양측 검정
귀무가설 H_0	$\mu_A = \mu_B$	$\mu_A = \mu_B$	$\mu_A = \mu_B$
대립가설 H_1	$\mu_A < \mu_B$	$\mu_A > \mu_B$	$\mu_A \neq \mu_B$
기각역	t-통계량 < - 기각치	t-통계량 > 기각치	| t-통계량 | > 기각치
p-value	if) p-value < 0.05 → then, 95% 신뢰수준 하에서 귀무가설 기각 if) p-value > 0.05 → then, 95% 신뢰수준 하에서 귀무가설 채택		

이러한 두 독립표본의 t-test 검정 방법은 엑셀에서 메뉴식으로 선택하여 수행할 수 있도록 기능을 제공하고 있다.

참고

실제 엑셀에서는 다양한 통계적 검정 방법을 제공하고 있는데, 이 책에서는 엑셀이 제공하는 통계적 검정 방법의 경우에는 그 기능을 이용하는 방법을, 엑셀이 제공하지 않는 통계적 검정 방법은 간단한 엑셀 명령어로 통계적 검정을 수행하는 방법을 설명하고 있다.

데이터의 예를 들어 설명하기 이전에 우선 엑셀의 데이터 분석 기능을 사용하는 방법부터 설명하겠다. 처음 엑셀을 컴퓨터에 세팅하고 홈 화면의 '데이터' 메뉴를 클릭하면 '데이터 분석' 아이콘이 보이지 않는다. 엑셀 메인 화면의 좌측 상단의 '마이크로소프트' 아이콘을 클릭 → '엑셀 옵션'을 클릭하면 그림 5-1과 같은 화면이 제시된다. 그림 5-1에서 다시 '추가 기능'을 클릭하면 그림 5-2와 같은 화면이 나타나고, 하단에 있는 '엑셀 추가 기능' 옆의 '이동'을 클릭하면 그림 5-3이 나타난다. 이제 그림 5-3에서 '분석 도구'와 '분석 도구-VBA'을 선택한 후 '확인' 버튼을 클릭하면 엑셀의 통계분석 모듈이 풀리면서 세팅된다.

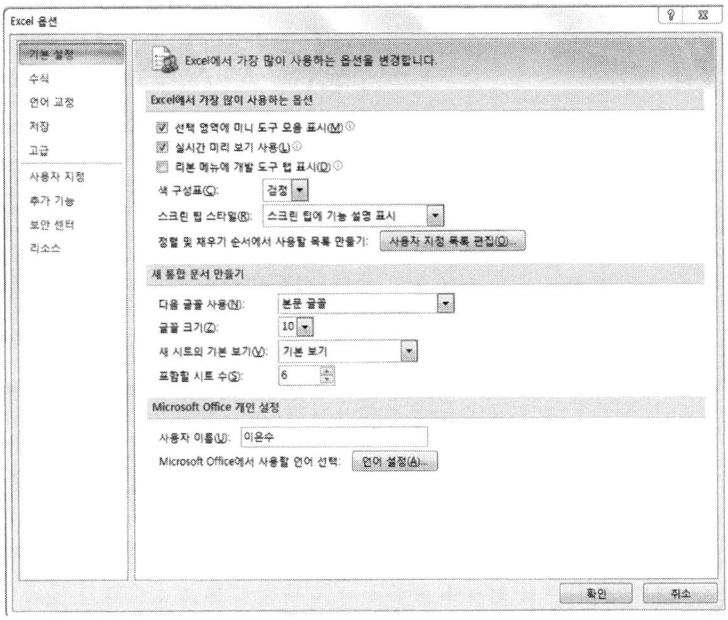

그림 5-1 엑셀 옵션 화면

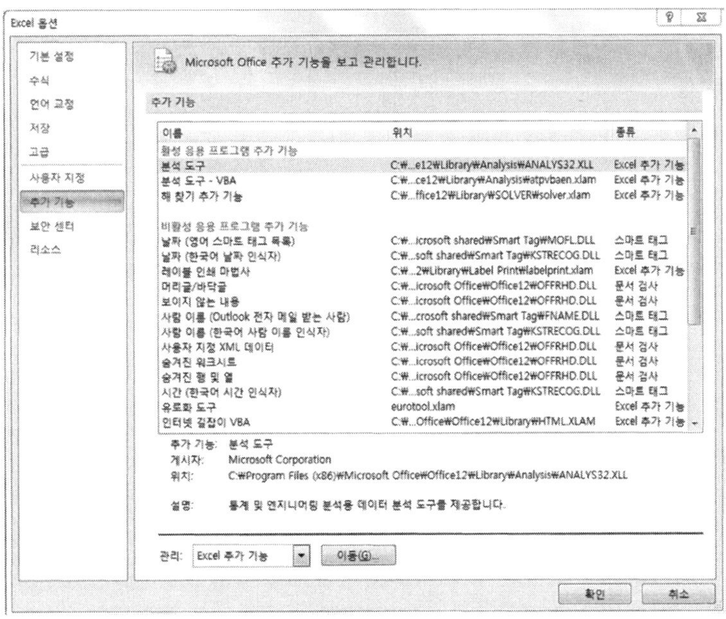

그림 5-2 엑셀 추가 기능 선택 화면

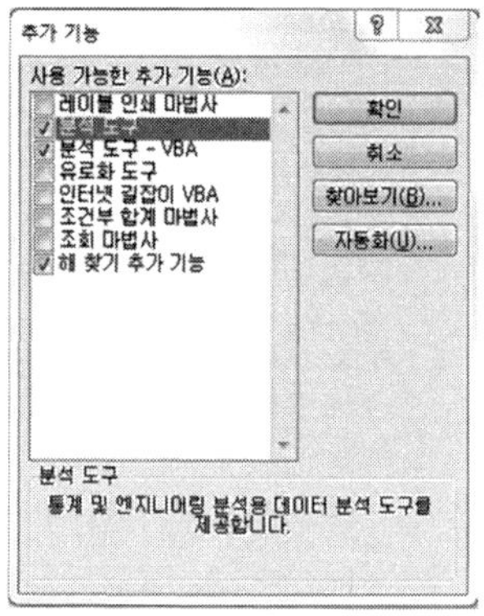

그림 5-3 엑셀의 데이터 분석 기능 선택 화면

이제 다시 메인 화면으로 돌아가서 데이터 메뉴를 클릭하면 오른쪽 끝에 '데이터 분석'이라는 아이콘이 나타난다. '데이터 분석' 아이콘을 클릭하면 그림 5-4와 같은 통계 데이터 분석 메뉴가 나타나고 원하는 통계분석 메뉴를 선택하여 사용하면 된다.

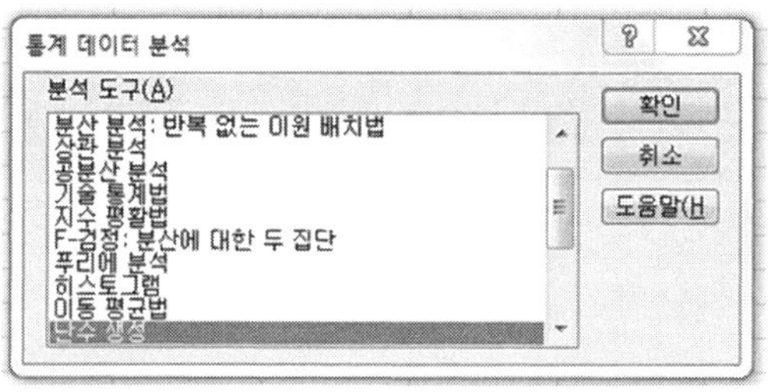

그림 5-4 엑셀의 통계분석 모듈 선택 화면

이제 예제 데이터 5-1을 이용하여 검정 절차를 설명해 보자. 데이터 5-1은 2개의 화장품 용기 디자인 시안에 대한 소비자 선호도 조사를 진행한 데이터이다. A 디자인과 B 디자인의 선호도를 각각 5점 척도로 질문하여 잠재고객 100명에게 평가를 받은 데이터이다.

먼저 엑셀의 메인 화면에서 '데이터' 메뉴를 클릭한 후 → '데이터 분석' 아이콘을 클릭하고 '*t*-test: 등분산 가정 두 집단'을 클릭하면 그림 5-5와 같은 데이터 지정 대화 상자가 열린다. '변수 1 입력 범위'에 'A 디자인 선호도 점수', '변수 2 입력 범위'에 'B 디자인 선호도 점수'가 있는 엑셀 데이터의 범위를 지정해 주고, '출력 범위'에는 *t*-test 결과를 나타내 주기 바라는 엑셀상의 위치를 지정한 후 '확인' 버튼을 클릭하면 그림 5-6과 같은 분석결과가 나타난다.

출력옵션의 기본값은 '새로운 워크시트'로 되어 있어서 그대로 실행하면 새로운 시트를 하나 만들어서 결과를 출력해 준다. 여기서는 그림 5-5와 같이 출력 범위를 선택하고 'D4'를 입력하였으므로 그림 5-6에서 'D4' 위치부터 분석결과를 출력해 주었다.

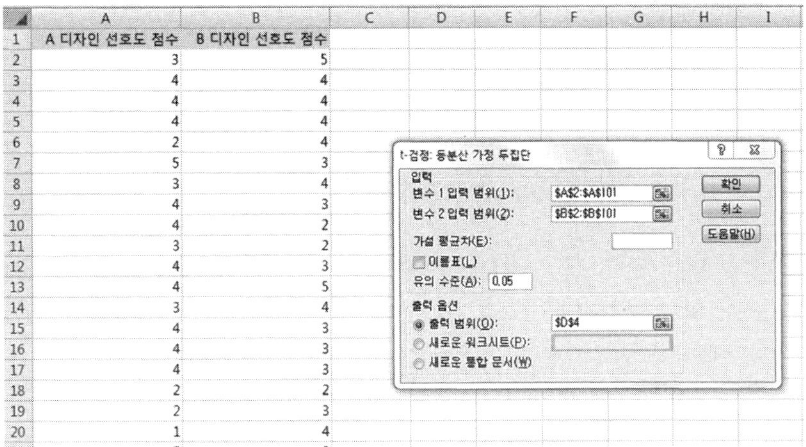

	A	B
1	A 디자인 선호도 점수	B 디자인 선호도 점수
2	3	5
3	4	4
4	4	4
5	4	4
6	2	4
7	5	3
8	3	4
9	4	3
10	4	2
11	3	2
12	4	3
13	4	5
14	3	4
15	4	3
16	4	3
17	4	3
18	2	2
19	2	3
20	1	4

그림 5-5 *t*-test 분석 선택 화면

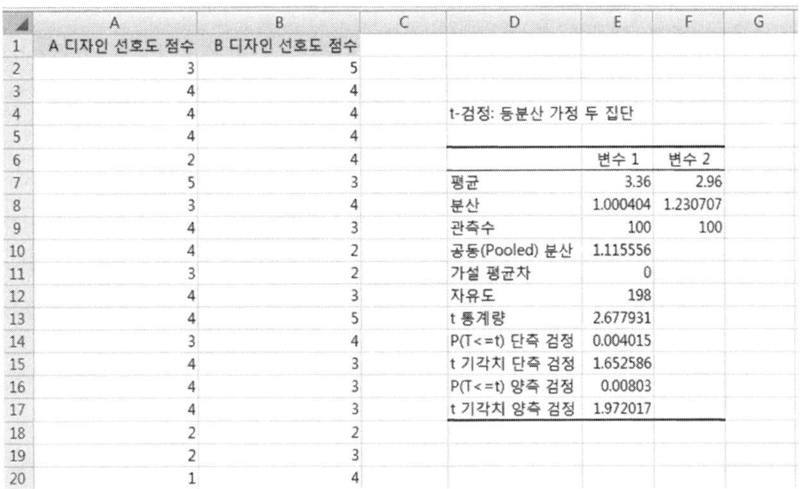

	A	B	C	D	E	F
1	A 디자인 선호도 점수	B 디자인 선호도 점수				
2	3	5				
3	4	4				
4	4	4		t-검정: 등분산 가정 두 집단		
5	4	4				
6	2	4			변수 1	변수 2
7	5	3		평균	3.36	2.96
8	3	4		분산	1.000404	1.230707
9	4	3		관측수	100	100
10	4	2		공동(Pooled) 분산	1.115556	
11	3	2		가설 평균차	0	
12	4	3		자유도	198	
13	4	5		t 통계량	2.677931	
14	3	4		P(T<=t) 단측 검정	0.004015	
15	4	3		t 기각치 단측 검정	1.652586	
16	4	3		P(T<=t) 양측 검정	0.00803	
17	4	3		t 기각치 양측 검정	1.972017	
18	2	2				
19	2	3				
20	1	4				

그림 5-6 *t*-test 분석결과 화면

이제 표 5-2와 그림 5-6을 같이 보면서 분석결과를 설명하겠다. 먼저 분석결과를 보면, 변수 1(=A 디자인 선호도 점수)과 변수 2(=B 디자인 선호도 점수)의 평균 점수가 각각 3.36과 2.96으로써 A 디자인 선호도 점수가 B 디자인 선호도 점수보다 다소 높게 나타났다. 즉 각각 100명의 표본이 평가한 디자인 선호도 점수의 평균이 A 디자인이 B 디자인보다 다소 높게 나타난 것이다. 그렇다면 실제 전체 모집단의 평가 점수도 A 디자인이 B 디자인보다 높은지를 검정하기 위하여 다음과 같은 가설을 설정할 수 있다.

귀무가설 H_0: 2개의 디자인 선호도는 동일하다($\mu_A = \mu_B$)
대립가설 H_1: 2개의 디자인 선호도는 동일하지 않다($\mu_A \neq \mu_B$)

와 같은 양측 검정 가설이나,

귀무가설 H_0: 2개의 디자인 선호도는 동일하다($\mu_A = \mu_B$)
대립가설 H_1: A 디자인의 선호도가 B 디자인의 선호도보다 높다($\mu_A > \mu_B$)

와 같은 단측 검정 - 우측 검정의 가설을 설정할 수 있다.

먼저 단측 검정 결과를 살펴보자. 그림 5-6을 보면 *t*-통계량=2.678이고 단측 검정의 기각치=1.653으로 나타났다. 즉 '*t*-통계량 > 기각치' 임을 알 수 있고, '표 5-2'에 따라 귀무가설을 기각할 수 있음을 알 수 있다.

또한 *p*-value(유의확률) = 0.004로 0.05(유의수준)보다 작으므로 귀무가설을 기각한다. 즉 표본조사 결과 나타난 선호도의 차이는 통계적으로 유의한 차이로써, 95% 신뢰수준 하에서 '실제 모집단의 선호도 점수는 동일하다'는 귀무가설을 기각하고 'A 디자인이 B 디자인보다 선호도가 높다'고 결론을 내릴 수 있는 것이다.

한편 양측 검정 결과를 살펴보면 t-통계량 > 기각치=1.972이고, 역시 *p*-value <0.05이므로 귀무가설을 기각하고 '2개 디자인의 선호도 점수는 서로 다르다'고 결론을 내릴 수 있다.

예제 데이터 5-1에서는 2개의 디자인 시안에 대해 각각 100명의 조사대상자가 평가를 한 경우인데, 이번에는 하나의 시안에 대해서 2 집단이 평가한 경우를 생각해 보자. 즉 A 디자인에 대해서 남자 100명, 여자 100명이 각각 선호도를 평가했다고 하자. 이 경우에도 예제 데이터 5-1과 동일한 형태의 데이터가 생성될 것이고, 같은 방식으로 *t*-test를 진행하면 된다.

5.1.2 등분산 가정 *t*-test와 이분산 가정 *t*-test

앞서 *t*-통계량이 기각치보다 크면 귀무가설을 기각할 수 있다고 했다. 이때 t-통계량을 구하는 방법이 2가지가 있다. 첫 번째는 두 집단의 분산이 같은 경우이고, 두 번째는 두 집단의 분산이 다른 경우이다.

앞의 예제에서 A 디자인의 선호도 점수를 X_1이라고 하고 B 디자인의 선호도 점수를 X_2 라고 하면, 두 개의 선호도 평균 점수 차이에 대한 *t*-test 시 사용되는 *t*-통계량 값은 다음과 같이 구한다.

두 집단의 분산이 같을 경우

$$t = \frac{\bar{X}_1 - \bar{X}_2}{S_p\sqrt{1/n_1 + 1/n_2}},\quad S_p^2 = \frac{(n_1-1)S_1^2 + (n_2-1)S_2^2}{n_1+n_2-2}$$

두 집단의 분산이 다를 경우

$$t = \frac{\bar{X}_1 - \bar{X}_2}{\sqrt{s_1^2/n_1 + s_2^2/n_2}},\quad s_1^2 = \frac{\Sigma(X_{1j}-\bar{X}_1)^2}{n_1-1}\quad s_2^2 = \frac{\Sigma(X_{2j}-\bar{X}_2)^2}{n_2-1}$$

여기서 S_1^2: X_1의 표본분산(A 디자인 선호도 점수의 분산)
S_2^2: X_2의 표본분산(B 디자인 선호도 점수의 분산)
S_p^2 : X_1과 X_2의 공통표본분산

즉 두 집단의 분산이 같을 시에는 공통 분산이 사용되고, 두 집단의 분산이 다를 시는 각각의 분산을 사용하여 ***t*-통계량**을 구하는 것이다. 따라서 두 집단의 분산이 같은지 다른지를 먼저 확인하여 어떤 ***t*-통계량**을 이용하여 ***t*-test**를 할 것인지에 대한 결정을 해야 한다.

두 집단의 분산이 같은지 아니면 두 집단의 분산이 다른지를 확인하기 위하여 다음과 같은 가설을 설정하며, 이러한 두 집단의 등분산성을 검정하기 위해서는 *F*-test를 사용한다. *F*-test의 이론적 설명은 생략하고 여기서는 엑셀을 이용하여 *F*-test를 수행하는 방법만 설명한다.

귀무가설 H_0: 2개 집단의 분산이 동일하다($\sigma_1^2 = \sigma_2^2$) 대립가설 H_1: 2개 집단의 분산이 서로 다르다($\sigma_1^2 > \sigma_2^2$ 또는 $\sigma_1^2 < \sigma_2^2$)

위 가설을 검정하기 위한 방법은 *t*-test와 유사하게 다음과 같은 원칙대로 진행한다.

표 5-3 독립표본의 등분산성에 대한 *F*-test

기각역(양측)	*F*-통계량 > 기각치($F_{\alpha/2}$) 또는 F-통계량 < 기각치($1-F_{\alpha/2}$)
p-value	if) *p*-value < 0.05 → then, 95% 신뢰수준 하에서 귀무가설 기각 if) *p*-value > 0.05 → then, 95% 신뢰수준 하에서 귀무가설 채택

또 다른 예제를 들어 보자. T 은행이 2개의 신문 광고 시안 중 최종적으로 광고를 집행할 시안을 선택하기 위하여, 어느 것이 더 광고 효과가 좋을지를 사전에 파악하고자 사전 조사를 진행하였다. 즉 A와 B 각각의 광고 시안을 읽은 후에 해당 은행과의 거래 욕구 유발 정도를 다음과 같은 평가 척도로 각각 300명에게 질문하여 예제 데이터 5-2와 같은 결과를 얻었다고 가정하자.

표 5-4 5점 척도의 설문조사 예

①	②	③	④	⑤
T 은행과 거래할 생각이 전혀 생기지 않는다	T 은행과 거래할 생각이 생기지 않는 편이다	보통이다	T 은행과 거래할 생각이 약간 생긴다	T 은행과 거래할 생각이 매우 많이 생긴다

먼저 A 광고 시안에 대한 거래 욕구 유발 점수와 B 광고 시안의 거래 욕구 유발 점수의 분산이 같은지(등분산성) 여부를 검증하기 위하여, '데이터 → 데이터 분석' 순으로 클릭한 다음에 그림 5-7과 같은 통계분석 대화 상자에서 '*F*-test : 분산에 대한 두 집단'을 선택한 후 확인을 클릭하면 그림 5-8과 같은 대화 상자가 나타난다. 이제 A 광고 시안과 B 광고 시안의 평가 점수 데이터가 있는 엑셀상의 범위를 입력하고, 출력 범위를 선정한 다음 확인을 클릭하면 그림 5-9와 같이 분석결과가 나타난다.

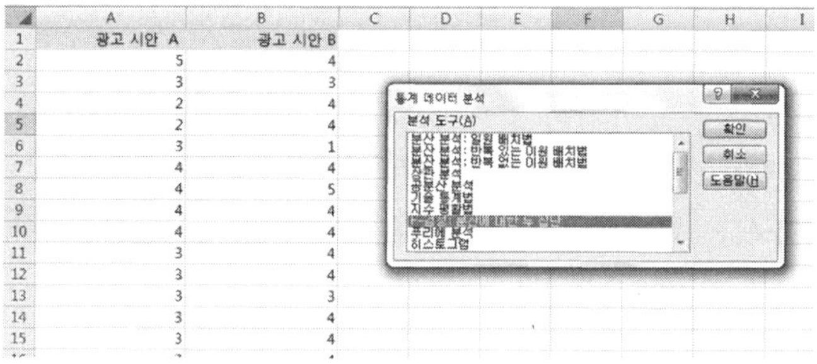

그림 5-7 등분산 검정을 위한 *F*-test 선택 화면

분석 결과를 보면 *F*-통계량(엑셀에서는 'F비'로 표현된다.)이 2.26으로 기각치인 1.21보다 크므로 두 집단의 분산이 동일하다는 귀무가설을 기각할 수 있다. 또한 *p*-value가 거의 '0'에 가까우므로 귀무가설을 기각할 수 있다. 즉 "두 집단의 분산이 동일하다"는 귀무가설을 기각하고 두 집단의 분산이 다르다는 결론을 얻을 수 있는 것이다.

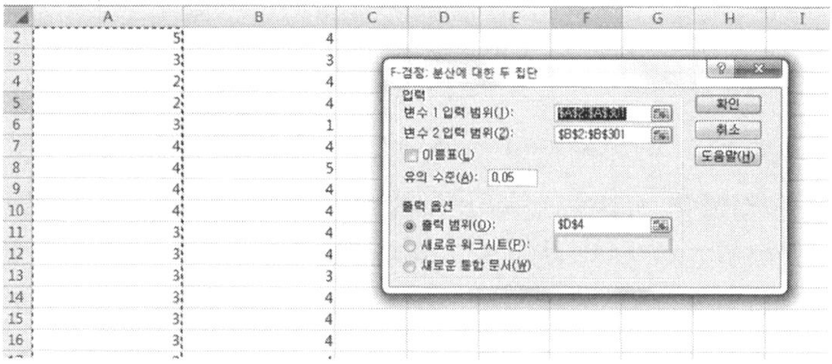

그림 5-8 *F*-test 데이터 범위 입력 화면

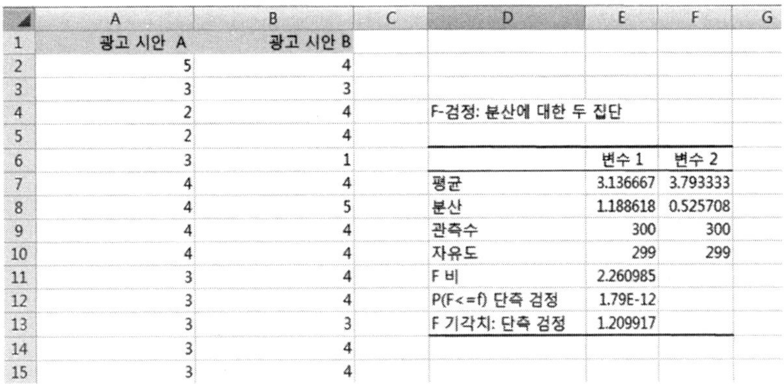

	A	B	C	D	E	F	G
1	광고 시안 A	광고 시안 B					
2	5	4					
3	3	3					
4	2	4		F-검정: 분산에 대한 두 집단			
5	2	4					
6	3	1			변수 1	변수 2	
7	4	4		평균	3.136667	3.793333	
8	4	5		분산	1.188618	0.525708	
9	4	4		관측수	300	300	
10	4	4		자유도	299	299	
11	3	4		F 비	2.260985		
12	3	4		P(F<=f) 단측 검정	1.79E-12		
13	3	3		F 기각치: 단측 검정	1.209917		
14	3	4					
15	3	4					

그림 5-9 등분산 검정(F-test) 결과 화면

두 집단의 분산이 다르다는 결론을 얻었으므로 이제 다시 그림 5-10과 같이 't-test: 이분산 가정 두 집단'을 선택한 후 통계분석 대화 상자가 열리면 데이터 범위를 입력하고 확인을 클릭하면 그림 5-11과 같은 t-test 결과를 얻을 수 있다.

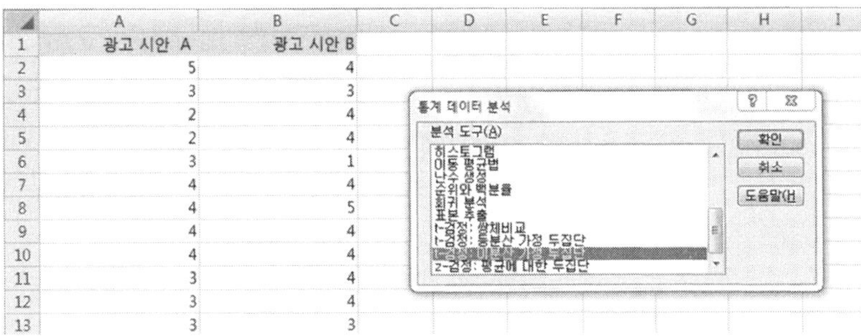

그림 5-10 이분산 두 집단 t-test 선택 화면

이제 t-test 결과를 보면 A 광고시안에 대한 평가 점수의 평균은 3.14, B 광고의 평가 점수의 평균은 3.79이며, 다음과 같은 가설을 검정할 수 있다.

귀무가설 H_0: 2개 광고의 거래 욕구 유발력은 동일하다($\mu_A = \mu_B$)
대립가설 H_1: 2개 광고의 거래 욕구 유발력은 다르다($\mu_A \neq \mu_B$) 또는

귀무가설 H_0: 2개 광고의 거래 욕구 유발력은 동일하다($\mu_A = \mu_B$)
대립가설 H_1: A 광고의 거래 욕구 유발력이 B 광고보다 작다($\mu_A < \mu_B$)

t-검정: 이분산 가정 두 집단

	변수 1	변수 2
평균	3.136666667	3.793333333
분산	1.188617614	0.525707915
관측수	300	300
가설 평균차	0	
자유도	520	
t 통계량	-8.686782594	
P(T<=t) 단측 검정	2.42588E-17	
t 기각치 단측 검정	1.647789212	
P(T<=t) 양측 검정	4.85176E-17	
t 기각치 양측 검정	1.964536416	

그림 5-11 이분산 가정 *t*-test 결과 화면

표 5-2를 참고하여 분석 결과를 살펴보면, 먼저 *t*-통계량 = -8.69 < - 단측 검정의 기각치 = −1.65이고, 단측 검정의 *p*-value가 2.43E-17 < 0.05이므로 귀무가설을 기각할 수 있다.

또한 양측 검정은 *t*-통계량의 절댓값인 | *t*-통계량 | = 8.69 > 양측 검정의 기각치 = 1.96이고 양측 검정의 *p*-value = 4.85E-17 < 0.05이므로 95% 신뢰수준 하에서 귀무가설을 기각할 수 있다. 엑셀에서 '4.85E-17'은 '4.85×10^{-17}'을 의미한다.

즉 A 광고 시안보다는 B 광고 시안이 잠재 고객들의 거래 욕구 유발 효과가 더 강하므로 B 광고 시안을 최종적으로 선택하여 광고를 집행하는 근거가 될 수 있는 것이다.

SPSS나 SAS 등과 같은 전문 통계 프로그램은 *t*-test를 선택하여 분석하면 두 집단의 등분산성을 검정하는 *F*-test와, 평균값 차이에 대한 통계적 유의성을 검정하는 *t*-test 결과가 모두 한꺼번에 제시된다. 그러나 엑셀에서는 이와 같이 등분산성을 검정하기 위한 *F*-test를 먼저 수행하고 나서 이에 따른 *t*-test을 선택하여 평균값 차이를 검정하기 위한 *t*-test을 각각 따로 진행해야 하는 불편함이 있다. 그러나 엑셀이 접근하기 쉽고, 사용하기 편리하다는 장점이 있으므로 전문 통계프로그램에 익숙하지 않은 독자들은 엑셀을 이용하여 유용하게 통계분석을 할 수 있을 것이다.

5.1.3 대응표본의 *t*-test

앞의 예제 데이터 5-1과 예제 데이터 5-2에서 분석한 데이터는 두 집단이 서로 독립인 경우였다. 즉 예제 데이터 5-1에서 A 디자인에 대한 선호도가 B 디자인의

선호도에 아무런 영향을 미치지 않으며, 또한 예제 데이터 5-2에서 A 광고 시안에 대한 평가가 B 광고 시안의 평가에 전혀 영향을 미치지 않는다. 이렇게 **두 집단의 평가가 서로 아무런 상관이 없는 경우의 평균값 차이에 대한 비교를 독립 표본의 *t*-test**라고 한다.

그러나 두 개의 데이터 세트가 서로 독립적이지 않은 경우가 있다. 예를 들어 휴대전화 단말기 신제품의 디자인 시안이 두 가지가 있다고 가정하자. 두 가지 디자인 시안 중에서 어떤 제품을 출시할 것인가를 결정하기 위하여 사전에 소비자 조사를 진행하였다고 하자. 그런데 A와 B 각각에 대해서 다른 사람들에게 각각 디자인 선호도에 대한 평가를 받은 것이 아니라, 300명의 표본을 선정하여 A 디자인에 대한 선호도와 B 디자인에 대한 선호도 평가를 모두 받았다고 하자. 이때는 A 시안에 대해 평가를 한 사람이 B 시안에 대한 평가도 하였기 때문에 응답자(평가자)의 개인적 성향에 대한 특성이 동일하게 개입될 것이고, 따라서 A 디자인에 대한 평가와 B 디자인에 대한 평가가 서로 독립적이지 못할 것이다. 이와 같이 **서로 연관이 있는 두 집단의 평균값 차이 검정을 대응 표본의 쌍체 비교(paired *t*-test)**라고 한다. 예제 데이터 5-3을 통하여 분석방법을 살펴보도록 하자.

> 2개 이상의 제품을 동일한 집단이 평가할 때는 제품의 평가 순서에 따라 편의(bias)가 개입될 가능성이 있다. 따라서 위의 예에서 300명 중의 150명은 시안 A → B의 순서로 평가를 하고, 나머지 150명은 B → A의 순서로 평가를 하여 테스트 순서에 따른 편의를 방지할 수 있도록 조사 설계를 해야 한다.

어느 미대 학생 500명에게 1학기에 교수들의 강의와 강의 시설 등에 대한 만족도 조사를 실시한 후, 그 조사 결과에 나타난 학생들의 요구를 반영하여 강의 시설 개선 및 교수법을 개선한 후 2학기 말에 다시 만족도 조사를 진행하여, 예제 데이터 5-3과 같은 결과를 얻었다고 가정하자. 1학기 학생들의 만족도 점수보다 2학기 학생들의 만족도 점수가 증가하였는지를 확인하기 위하며 다음과 같은 가설을 설정하였다.

귀무가설 H_0: $\mu_0 = 0$ (1학기와 2학기 학생들의 만족도 점수는 동일하다)
대립가설 H_1: $\mu_0 < 0$ (1학기보다 2학기 학생들의 만족도 점수가 증가하였다)

이때 1학기에 응답한 데이터와 2학기에 응답한 데이터가 동일한 집단의 응답이므로 개인의 성향에 의한 요인이 응답에 영향을 미칠 것이다. 따라서 서로 독립적이지 않은 대응 표본의 쌍체 비교를 실시해야 한다.

표 5-5 대응 표본의 5점 척도의 설문 조사 예

질문) 이번 학기 중 교수님들의 강의나 강의 환경 및 시설에 대하여 얼마나 만족 또는 불만족하십니까?

①	②	③	④	⑤
매우 불만족한다	약간 불만족한다	보통이다	약간 만족한다	매우 만족한다

먼저 5점 척도의 응답치를 편의상 100점으로 환산하며, 이때 5점 척도를 100점으로 환산하는 방법은 다음과 같다

(응답자의 응답치(5점 척도) − 1) / ((척도 − 1) = 4) × 100

즉 그림 5-12에서 첫 번째 응답자의 1학기 강의 만족도 점수는 엑셀 화면상의 $\{(A2-1)/(5-1)\} \times 100 = 75$점으로 환산된다.

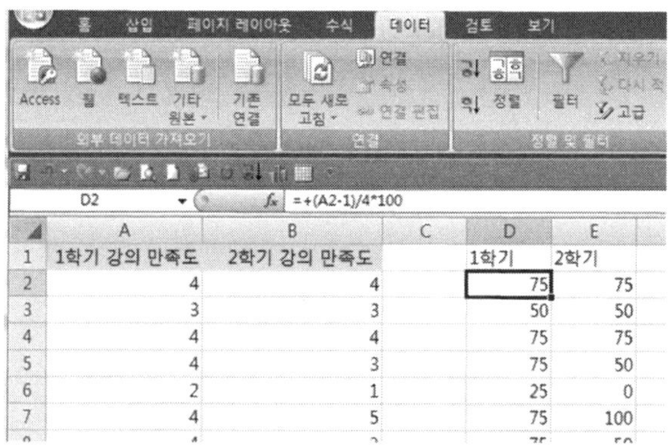

그림 5-12 대응 집단의 데이터(예) 화면

이제 '데이터 → 데이터 분석'을 클릭한 후 통계분석 대화 상자가 나타나고 '*t*-test: 쌍체 비교'를 선택하면 그림 5-13과 같은 결과가 나타난다. 1학기의 강의 만족도 점수는 평균 70점이며, 2학기의 강의 만족도 점수는 평균 74.1점이다. '귀무가설: 1학기의 강의 만족도 점수와 2학기의 강의 만족도 점수는 동일하다'를 검정하면 t-통계량 = −3.01 < - 단측 검정의 기각치 = −1.65이고 p-value가 0.001 < 0.05이므로 귀무가설을 기각한다. 따라서 "1학기의 강의 만족도 점수보다 2학기의 강의 만족도 점수가 증가하였다"라고 의사결정을 내릴 수 있다. 또한 양측 검정을 수행한다면, ∣ t-통계량 ∣ = 3.01 > 양측 검정의 기각치=1.97이고, 유의수준(p-value) = 0.003 < 유의확률(0.05)이므로 "1학기와 2학기의 강의 만족도 점수는 동일하지 않다"라는 대립가설을 채택할 수 있다.

D	E	F	G	H	I
1학기	2학기				
75	75				
50	50		t-검정: 쌍체 비교		
75	75				
75	50			변수 1	변수 2
25	0		평균	70	74.08333
75	100		분산	443.1438	360.779
75	50		관측수	300	300
75	100		피어슨 상관 계수	0.31262	
75	50		가설 평균차	0	
75	50		자유도	299	
75	75		t 통계량	-3.00504	
75	50		P(T<=t) 단측 검정	0.00144	
50	75		t 기각치 단측 검정	1.649966	
100	75		P(T<=t) 양측 검정	0.00288	
75	75		t 기각치 양측 검정	1.96793	
75	75				

그림 5-13 대응 집단의 쌍체 비교 *t*-test 결과 화면

참고

대응 표본의 t-test 통계량은 자유도가 (표본수−1)인 *t*-분포에 따른다.

$$t = \frac{\bar{D}}{S_D/\sqrt{n}} \sim t(\mathrm{d.f.} = n-1) \Leftarrow D_i = X_{1i} - X_{2i}$$

여기서 X_{1i} : i번째 응답자의 1학기 강의 만족도 점수

X_{2i} : i번째 응답자의 2학기 강의 만족도 점수

S_D : D_i값들의 표준편차

n : 표본수

참고

대응 표본의 쌍체 비교 *t*-test 시에는 두 집단의 등분산성 검정을 할 필요가 없는데, 이는 *t* 통계량 계산 과정에서 (첫 번째 응답치 - 두 번째 응답치)의 차이(D_i)로 검정통계량을 계산을 하기 때문에, 2개의 데이터 세트가 아니고 1개의 데이터 세트를 기준으로 계산되기 때문이다.

5.2 세 집단 이상의 평균값 차이 검정: 분산분석

지금까지 두 개의 집단 또는 두 개의 데이터 세트에 대한 평균값 차이의 유의성 검정 방법을 살펴보았다. 그렇다면 이번에는 3개 이상의 집단에 대한 평균값 차이 분석방법을 살펴보도록 하자. 예를 들어 스타벅스, 커피빈, 탐앤탐스와 카페베네 등 4개의 커피숍 인테리어에 고객이 편안함을 느끼는 정도에 대한 설문 조사를 진행하였다고 하자.

이때 다음과 같은 검정 가설을 설정할 수 있을 것이다.

귀무가설 H_0: 4개 커피숍 매장의 인테리어가 편안함을 주는 정도는 모두 동일하다($\mu_1 = \mu_2 = \mu_3 = \mu_4$)
대립가설 H_1: 4개 커피숍 매장 인테리어에 대한 고객이 느끼는 편안함 정도는 동일하지 않다(또는 적어도 하나는 다르다) (not H_0)

또는 KT, LGT와 SKT 등 세 개의 통신 회사에 대한 서비스 만족도 평가, 세탁기나 냉장고 등 가전 제품의 흰색, 검은색과 청색 등의 색상 선호도 평가, 최근 변경된 서울시 브랜드 로고에 대한 시민 선호도 평가 등 3개 이상의 대상에 대한 평가 결과의 평균값 차이에 대한 유의성 검정을 할 수 있다.

이러한 **3개 이상의 평균값 차이에 대한 유의성 검정 방법을 분산분석(ANOVA: ANalysis Of VAriance)**이라고 하며, 귀무가설을 검정하기 위하여 *F*-통계량이 사용된다. *t*-test와 마찬가지로 엑셀에서 제공하는 *F*-통계량과 *p*-value를 기준으로 하여 귀무가설 기각 여부를 결정할 수 있다.

표 5-6 분산분석의 *F*-test 기각역

귀무가설 H_0	$\mu_1 = \mu_2 = \mu_3 = \mu_4 = \cdots\cdots\cdots\cdots \mu_k$
대립가설 H_1	not H_0
기각역	*F*-통계량 > 기각치
p-value	if) *p*-value < 0.05 → then, 95% 신뢰수준 하에서 귀무가설 기각 if) *p*-value > 0.05 → then, 95% 신뢰수준 하에서 귀무가설 채택

모 기업이 신제품 출시를 위해 새로운 브랜드를 만드는 작업을 하는 과정에서, 3가지 시안 중 잠재 고객들이 가장 선호하는 시안이 어떤 것인가를 파악하기 위하여, 각각 100명씩에게 사전 조사를 진행하고 다음과 같은 가설을 검정하고자 한다(예제 데이터 5-4).

귀무가설 H_0: $\mu_1 = \mu_2 = \mu_3$
대립가설 H_1: not H_0

엑셀의 메인 화면에서 '데이터 → 데이터 분석' 메뉴를 차례로 클릭한 후에 그림 5-14와 같이 대화 상자에서 '분산분석: 일원 배치법'을 선택하고 데이터 범위를 입력한다. 단, *t*-test에서는 두 데이터 세트의 범위를 각각 지정하였지만 분산분석에서는 그림 5-15와 같이 전체 데이터 세트의 범위를 한꺼번에 지정한다.

그림 5-16의 분석 결과를 보면, 먼저 시안1, 시안2, 시안3에 대해서 Column 1~3으로 표현되어 있다. 시안1~시안3 평가 점수의 평균은 각각 56점, 58.2점, 59.8점이며, *F*-통계량(엑셀에서는 *F*-비로 표현된다) = 0.48<기각치=3.06이고 *p*-value = 0.62

>0.05이므로 "3개 브랜드 시안의 소비자 선호도가 모두 같다"라는 귀무가설을 기각할 수 없다. 즉 3개 브랜드 시안에 대한 소비자 선호도 점수가 약간의 차이는 나지만 실제 모집단의 차이라고 할 수는 없다고 결론을 내릴 수 있다.

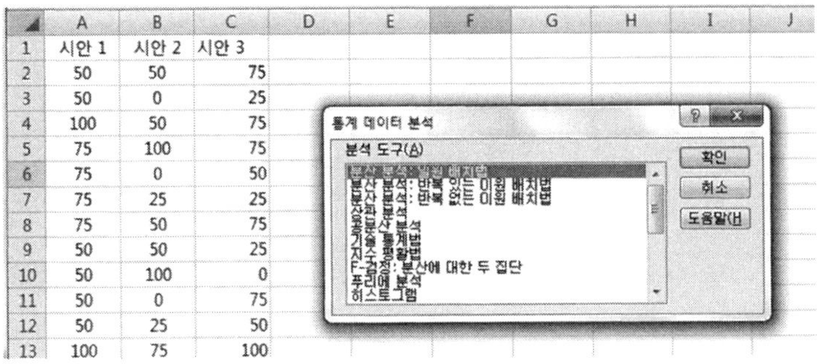

그림 5-14 일원배치분산분석 선택 화면

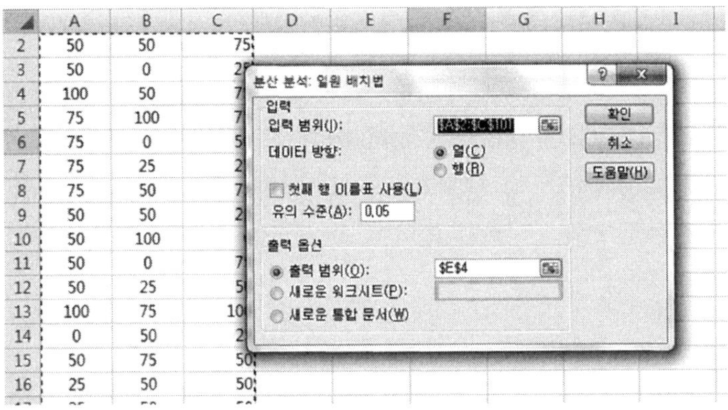

그림 5-15 일원배치분산분석 데이터 범위 입력 화면

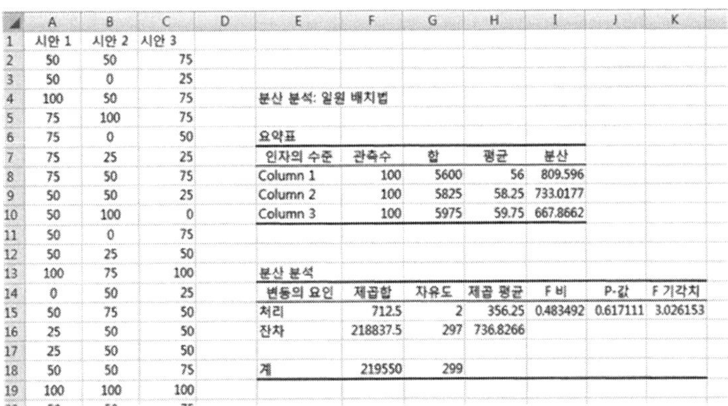

그림 5-16 일원배치분산분석 결과 화면

또 다른 예를 살펴보도록 하겠다. 3개의 커피숍 인테리어 타입이 고객들에게 주는 편안함 정도를 다음과 같은 5점 척도로 평가를 받은 결과, 예제 데이터 5-5와 같이 나타났고, '데이터 → 데이터 분석 → 일원배치분산분석법'을 선택하여 그림 5-17과 같은 결과를 얻었다.

표 5-7 커피숍 인테리어 편안함에 대한 질문(5점 척도)

①	②	③	④	⑤
인테리어가 매우 불편하다	인테리어가 불편한 편이다	보통이다	인테리어가 편안한 편이다	인테리어가 매우 편안하다

F-통계량 = 34.55 > *F*-기각치 = 3.01이고 *p*-value= 6.32E-15 < 0.05이므로 귀무가설을 기각할 수 있다. 이때 "3개 커피숍 인테리어의 편안함에 대한 평균값이 모두 동일하다"라는 귀무가설은 기각을 하지만 그렇다면 어떤 커피숍 간에 차이가 있는지를 알 수 없다.

이와 같이 3개 이상의 모집단 평균값 차이에 대한 분산분석에서 귀무가설이 기각될 시 통계적으로 유의한 차이가 나는 처리(본 예에서는 커피숍)를 파악하기 위하여 다중 비교(**multiple comparison**)법이라는 추가 분석을 하여야 하는데, 아쉽게도 엑셀에서는 이 분석기능을 제공하지 않는다. 이는 SAS나 SPSS 같은 전문 통계 프로그램의 도움을 받아야 한다.

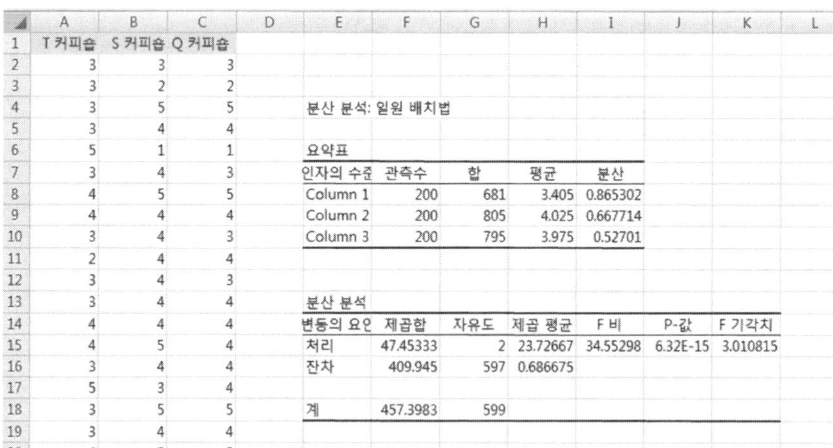

	A	B	C	D	E	F	G	H	I	J	K	L
1	T 커피숍	S 커피숍	Q 커피숍									
2	3	3	3									
3	3	2	2									
4	3	5	5		분산 분석: 일원 배치법							
5	3	4	4									
6	5	1	1		요약표							
7	3	4	3		인자의 수준	관측수	합	평균	분산			
8	4	5	5		Column 1	200	681	3.405	0.865302			
9	4	4	4		Column 2	200	805	4.025	0.667714			
10	3	4	3		Column 3	200	795	3.975	0.52701			
11	2	4	4									
12	3	4	3									
13	3	4	4		분산 분석							
14	4	4	4		변동의 요인	제곱합	자유도	제곱 평균	F 비	P-값	F 기각치	
15	4	5	4		처리	47.45333	2	23.72667	34.55298	6.32E-15	3.010815	
16	3	4	4		잔차	409.945	597	0.686675				
17	5	3	4									
18	3	5	5		계	457.3983	599					
19	3	4	4									

그림 5-17 커피숍 인테리어 평가치의 분산분석 결과 화면

그러나 본 예에서와 같이 비교 대상의 수(본 예에서는 커피숍의 수)가 많지 않을 때는 각각의 조합별로 *t*-test를 진행하여 확인하는 것도 방법이다. 즉 예제 데이터 5-5와 같이 귀무가설이 기각되었으면 커피숍 (T,S), (T,Q), (S,Q)의 조합별로 각각 *t*-test를 3번 진행하여 실제로 어떤 커피숍 간 인테리어의 편안함 점수에 차

이가 있는지를 확인할 수 있다.

본 예의 데이터로 각각 *t*-test를 3회 진행하여 다음과 같은 결과를 얻었다. 먼저 두 집단 간 등분산성에 대해 *F*-test를 수행한 결과, T 커피숍과 Q 커피숍은 강한 이분산성이 보이며, T 커피숍 / S 커피숍과 S 커피숍 / Q 커피숍은 *p*-value가 각각 0.03과 0.04로 다소 약한 이분산성이 나타났다. 따라서 3가지 조합 모두 이분산을 가정한 *t*-test를 실시하였고, 그 결과 S 커피숍과 Q 커피숍 모두 T 커피숍보다는 인테리어의 편안함에 대한 점수가 높은 반면, S 커피숍과 Q 커피숍은 *p*-value가 0.26으로 통계적으로 유의한 차이가 없다고 결론을 지을 수 있다. 즉 (S 커피숍 = Q 커피숍>T 커피숍)의 관계가 성립함을 알 수 있다.

표 5-8 3개 집단에 대한 2개 집단간 F-test와 T-test 결과

귀무가설	등분산성 *F*-test	평균 점수	평균값 차이 검증 *t*-test
T 커피숍 = S 커피숍	*p* 값 = 0.03	T 커피숍: 3.41 S 커피숍: 4.03	*p* 값 = 0.00
T 커피숍 = Q 커피숍	*p* 값 = 0.00	T 커피숍: 3.41 Q 커피숍: 3.98	*p* 값 = 0.00
S 커피숍 = Q 커피숍	*p* 값 = 0.04	S 커피숍: 4.03 Q 커피숍: 3.98	*p* 값 = 0.26

독자들도 예제 데이터를 직접 실습하면서 동일한 결과가 나오는지를 확인해 보기 바란다.

참고

그림 5-7의 분석 도구에서 '분산분석: 반복 없는 이원배치법'과 '분산분석: 반복 있는 이원배치법'이란 메뉴는 분류 기준이 한 개가 아니라 두 개인 경우에 각 분류 기준에 따른 평균값의 차이와 분류 기준 간 상호 작용의 존재 여부에 대한 검정 방법이다. 여기에서는 더 자세한 언급을 보류하겠다. 이 책의 수준을 넘는 경향이 있으며, 전문 통계 프로그램에 비해 엑셀에서 제공하는 분석방법의 편리성이나 제공 정보의 미흡함이 상대적으로 많이 부족하기 때문이다. 관심 있는 독자는 전문 통계 프로그램을 이용하기를 바란다.

5.3 검정절차 요약

5.3.1 두 집단의 평균값 차이 검정 절차

두 개의 모집단으로부터 각각 임의 추출된 표본의 크기 n_1과 n_2가 모두 큰 경우(일반적으로 30 이상) 중심극한정리에 의해 두 표본 평균의 차($\bar{X} - \bar{Y}$)는 정규분포에 근사하므로 정규분포를 이용하여 평균값 차이에 대한 검정을 수행할 수 있다. 그러나 표본수가 커지면 *t*-분포는 정규분포로 근사하므로, 두 집단의 평균값 차이에 대한 검정 시 대표본의 경우 정규분포를 이용한 *Z*-test가 아닌 *t*-test를 수행하여도 유사한 검정 결과를 얻을 수 있다. 따라서 이 절에서는 먼저 두 정규모집단의 모분산 σ_1^2와 σ_2^2가 동일한지에 대한 검정 절차를 요약하고, 모분산 동일성 검정 결과에 따라 모분산 σ_1^2와 σ_2^2가 동일한 경우와 동일하지 않은 경우에 대한 *t*-test 절차를 요약하였다.

또한 개별 개체나 개별 실험 단위별로 어떤 요소에 의한 전·후의 효과를 비교할 때 이에 대응되는 관측값을 대응 표본이라고 한다. 이들 대응 표본은 상호 밀접한 연관성이 있거나 전·후의 측정이 한 쌍(pair)을 이루는 경우이므로, 서로 연관성이 있는 두 집단 간 평균값 차이 검정인 쌍체 비교 검정(paired t-test) 절차에 대해 요약하였다.

모집단이 3개 이상인 경우의 모집단 간 평균을 비교하는 방법으로 분산분석(ANOVA)이란 통계분석기법을 사용한다. 분산분석기법은 3개 이상의 모집단 평균을 동시에 비교하고자 할 때 사용하는 방법이다. 그 중 독립 변수가 하나인 k(≥3)개의 인자 수준(처리)을 분석 대상으로 하는 일원배치분산분석(one-way ANOVA)에 의한 모집단 간 평균 차이 검정에 대해 검정 절차를 요약하였다.

① 두 모집단의 분산 동일성에 대한 검정절차

두 확률 변수 $X \sim N(\mu_1, \sigma_1^2)$이고 $Y \sim N(\mu_2, \sigma_2^2)$ 일 때, 이들 두 정규 모집단에서 각각 n_1과 n_2의 표본을 독립적으로 임의 추출하면 $F = \frac{S_1^2/\sigma_1^2}{S_2^2/\sigma_2^2} \sim F(\text{분자 d.f.} = n_1 - 1, \text{분모 d.f.} = n_2 - 1)$인 F 분포에 따르므로, 이를 이용하여 두 모집단의 분산 동일성(등분산성)에 대한 F 검정을 수행할 수 있다.

(단계 1) 귀무가설 H_0와 대립가설 H_1의 설정

$H_0: \sigma_1^2 = \sigma_2^2$ vs $H_1: \sigma_1^2 \neq \sigma_2^2$ (양측 검정) 또는

$H_0: \sigma_1^2 = \sigma_2^2$ vs $H_1: \sigma_1^2 < \sigma_2^2$ (좌측 검정) 또는

$H_0: \sigma_1^2 = \sigma_2^2$ vs $H_1: \sigma_1^2 > \sigma_2^2$ (우측 검정)

(단계 2) 유의수준(α)의 결정

$\alpha = 0.01$(또는 0.05 또는 0.10)

(단계 3) 귀무가설 H_0하에서의 검정통계량과 검정통계량 분포의 정의

$$F_0 = \frac{S_1^2}{S_2^2} \sim F(\text{분자 d.f.} = n_1 - 1, \text{분모 d.f.} = n_2 - 1)$$

(단계 4) 기각역(의사결정 기준)의 정의

$H_1: \sigma_1^2 \neq \sigma_2^2$일 때

기각역: $F_0 \geq F_{\alpha/2}(\text{분자 d.f.} = n_1 - 1, \text{분모 d.f.} = n_2 - 1)$ 또는

$F_0 \leq F_{1-\alpha/2}(\text{분자 d.f.} = n_1 - 1, \text{분모 d.f.} = n_2 - 1)$ (양측 검정)

$H_1: \sigma_1^2 < \sigma_2^2$일 때

기각역: $F_0 \leq F_{1-\alpha}(\text{분자 d.f.} = n_1 - 1, \text{분모 d.f.} = n_2 - 1)$(좌측 검정)

$H_1: \sigma_1^2 > \sigma_2^2$일 때

기각역: $F_0 \geq F_{\alpha}(\text{분자 d.f.} = n_1 - 1, \text{분모 d.f.} = n_2 - 1)$ (우측 검정)

(단계 5) 검정통계량의 계산

추출된 n_1과 n_2개 표본의 측정 자료를 이용하여 (단계 3)에서 정의한 검정통계량 값 F_0를 계산

(단계 6) 의사결정

(단계 5)에서 산출된 검정통계량 값 F_0를 이용하여 (단계 4)에 따라 귀무가설 H_0의 기각 여부에 대한 의사결정을 수행

② 두 집단의 모분산이 동일(등분산성)한 경우의 모평균값 차이에 대한 검정 절차

두 모집단 $X \sim N(\mu_1, \sigma_1^2)$과 $Y \sim N(\mu_2, \sigma_2^2)$에 대한 모분산의 동일성 검정 결과 두 모집단의 분산이 서로 동일하다면, *t*-분포를 이용하여 두 모집단의 평균 차이에 대해 다음의 검정 절차에 따라 검정을 할 수 있다.

(단계 1) 귀무가설 H_0와 대립가설 H_1의 설정

$H_0: \mu_1 = \mu_2$ vs $H_1: \mu_1 \neq \mu_2$ (양측 검정) 또는

$H_0: \mu_1 = \mu_2$ vs $H_1: \mu_1 < \mu_2$ (좌측 검정) 또는

$H_0: \mu_1 = \mu_2$ vs $H_1: \mu_1 > \mu_2$ (우측 검정)

(단계 2) 유의수준(α)의 결정

$\alpha = 0.01$(또는 0.05 또는 0.10)

(단계 3) 귀무가설 H_0하에서의 검정통계량과 검정통계량 분포의 정의

$$t_0 = \frac{(\bar{X} - \bar{Y}) - (\mu_1 - \mu_2)}{S_p\sqrt{\frac{1}{n_1} + \frac{1}{n_2}}} \sim t(\text{d.f.} = n_1 + n_2 - 2)$$

$$S_p = \sqrt{\frac{\sum_{i=1}^{n_1}(X_i - \bar{X})^2 + \sum_{i=1}^{n_2}(Y_i - \bar{Y})^2}{n_1 + n_2 - 2}} = \sqrt{\frac{(n_1 - 1)S_1^2 + (n_2 - 1)S_2^2}{n_1 + n_2 - 2}}$$

(단계 4) 기각역(의사결정 기준)의 정의

$H_1: \mu_1 \neq \mu_2$일 때 기각역: $|t_0| \geq t_{\alpha/2}(\text{d.f.} = n_1 + n_2 - 2)$ (양측 검정)

$H_1: \mu_1 < \mu_2$일 때 기각역: $t_0 \leq -t_{\alpha}(\text{d.f.} = n_1 + n_2 - 2)$ (좌측 검정)

$H_1: \mu_1 > \mu_2$일 때, 기각역: $t_0 \geq t_{\alpha}(\text{d.f.} = n_1 + n_2 - 2)$ (우측 검정)

(단계 5) 검정통계량의 계산

각각의 모집단으로부터 추출된 n_1과 n_2개 표본의 측정 자료를 이용하여 (단계 3)에서 정의한 검정통계량 값 t_0를 계산

(단계 6) 의사결정

(단계 5)에서 산출된 검정통계량 값 t_0를 이용하여 (단계 4)에 따라 귀무가설 H_0의 기각 여부에 대한 의사결정을 수행

③ 두 집단의 모분산이 다른(이분산성) 경우의 모평균값 차이에 대한 검정 절차

두 모집단 $X \sim N(\mu_1, \sigma_1^2)$과 $Y \sim N(\mu_2, \sigma_2^2)$에 대한 모분산의 동일성 검정 결과 두 모집단의 분산이 동일하지 않은 경우 검정통계량에 대한 여러 복잡한 방법들이 알려져 있으나, 많이 사용되는 방법 중 하나인 Welch의 근사적 *t*-분포 검정방법을 소개하고자 한다.

(단계 1) 귀무가설 H_0와 대립가설 H_1의 설정

$H_0: \mu_1 = \mu_2$ vs $H_1: \mu_1 \neq \mu_2$ (양측 검정) 또는

$H_0: \mu_1 = \mu_2$ vs $H_1: \mu_1 < \mu_2$ (좌측 검정) 또는

$H_0: \mu_1 = \mu_2$ vs $H_1: \mu_1 > \mu_2$ (우측 검정)

(단계 2) 유의수준(α)의 결정

$\alpha = 0.01$(또는 0.05 또는 0.10)

(단계 3) 귀무가설 H_0 하에서의 검정통계량과 검정통계량 분포의 정의

$$t_0^* = \frac{(\bar{X}-\bar{Y})-(\mu_1-\mu_2)}{\sqrt{\frac{S_1^2}{n_1}+\frac{S_2^2}{n_2}}} \sim t(\mathrm{d.f.})$$

$$\mathrm{d.f.} = \left[\frac{\left(S_1^2/n_1 + S_2^2/n_2\right)^2}{\frac{\left(S_1^2/n_1\right)^2}{n_1-1}+\frac{\left(S_2^2/n_2\right)^2}{n_2-1}}\right] \text{: 가장 가까운 정수(integer)로 절사}$$

(단계 4) 기각역(의사결정 기준)의 정의

$H_1: \mu_1 \neq \mu_2$일 때 기각역: $|t_0| \geq t_{\alpha/2}$ (d.f. : (단계 3) 참조) (양측 검정)

$H_1: \mu_1 < \mu_2$일 때 기각역: $t_0 \leq -t_\alpha$ (d.f. : (단계 3) 참조) (좌측 검정)

$H_1: \mu_1 > \mu_2$일 때 기각역: $t_0 \geq t_\alpha$ (d.f. : (단계 3) 참조) (우측 검정)

(단계 5) 검정통계량의 계산

각각의 모집단으로부터 추출된 n_1과 n_2개 표본의 측정 자료를 이용하여 (단계 3)에서 정의한 검정통계량 값 t_0를 계산

(단계 6) 의사결정

(단계 5)에서 산출된 검정통계량 값 t_0를 이용하여 (단계 4)에 따라 귀무가설 H_0의 기각 여부에 대한 의사결정을 수행

④ 대응 표본에 대한 *t*-test 절차

대응 표본에서 각 쌍 (X_i, Y_i) 간에는 상호 독립이나 각 쌍 내에서 X_i와 Y_i 간은 서로 독립이 아니다. 따라서 X와 Y의 두 반응 값의 차이 $D_1, D_2, \ldots, D_n$ 을 $N(0, \sigma_D^2)$으로부터 임의 추출한 표본이라고 할 때, 다음의 *t*-분포를 이용하여 두 반응값 차이의 평균에 대한 검정을 수행할 수 있다.

(단계 1) 귀무가설 H_0와 대립가설 H_1의 설정

$H_0: \mu_D = 0$ vs $H_1: \mu_D \neq 0$ (양측 검정) 또는

$H_0: \mu_D = 0$ vs $H_1: \mu_D < 0$ (좌측 검정) 또는

$H_0: \mu_D = 0$ vs $H_1: \mu_D > 0$ (우측 검정)

(단계 2) 유의수준(α)의 결정

$\alpha = 0.01$(또는 0.05 또는 0.10)

(단계 3) 귀무가설 H_0 하에서의 검정통계량과 검정통계량 분포의 정의

$$t_0 = \frac{\bar{D} - \mu_D}{S_D / \sqrt{n}} \sim t(\text{d.f.} = n-1)$$

(단계 4) 기각역(의사결정 기준)의 정의

H_1: $\mu_D \neq 0$일 때 기각역: $|t_0| \geq t_{\alpha/2}(\text{d.f.} = n-1)$ (양측 검정)

H_1: $\mu_D < 0$일 때 기각역: $t_0 \leq -t_\alpha(\text{d.f.} = n-1)$ (좌측 검정)

H_1: $\mu_D > 0$일 때 기각역: $t_0 \geq t_\alpha(\text{d.f.} = n-1)$ (우측 검정)

(단계 5) 검정통계량의 계산

n개의 표본의 측정 자료를 이용하여 (단계 3)에서 정의한 검정통계량 값 t_0를 계산

(단계 6) 의사결정

(단계 5)에서 산출된 검정통계량 값 t_0를 이용하여 (단계 4)에 따라 귀무가설 H_0의 기각 여부에 대한 의사결정을 수행

5.3.2 세 집단 이상의 평균차이 검정 절차

일원 배치 분산분석에서 각각의 평균이 $\mu_1, \mu_2, \ldots, \mu_k$인 k개의 독립 모집단으로부터 각각 $n_1, n_2, \ldots, n_k\left(n = \sum_{i=1}^{k} n_i\right)$의 표본을 추출하였을 때, k개의 인자 수준(처리)에 따른 관측치들을 y_{ij}, $i = i$번째 처리, $j = i$번째 처리의 j번째 관측치라고 하자.

(단계 1) 귀무가설 H_0와 대립가설 H_1의 설정

$H_0: \mu_1 = \mu_2 = \cdots = \mu_k$ vs $H_1: \mu_1, \mu_2, \ldots, \mu_k$ 중 적어도 하나는 다르다

(단계 2) 유의수준(α)의 결정

$\alpha = 0.01$(또는 0.05 또는 0.10)

(단계 3) 귀무가설 H_0하에서의 검정통계량과 검정통계량 분포의 정의

$$F_0 = \frac{\text{MST}}{\text{MSE}} \sim F\left(\text{분자 d.f.} = k - 1, \text{분모 d.f.} = n - k\right)$$

$$\text{MST} = \sum_{i=1}^{k} n_\text{i}(\overline{y}_i - \overline{y})^2 \Big/ k - 1, \quad \text{MSE} = \sum_{i=1}^{k} \sum_{j=1}^{n_\text{i}} \left(y_\text{ij} - \overline{y_i}\right)^2 \Big/ n - k$$

(단계 4) 기각역(의사결정 기준)의 정의

기각역: $F_0 \geq F_\alpha(\text{분자 d.f.} = k - 1, \text{분모 d.f.} = n - k)$

(단계 5) 검정통계량의 계산

n개의 표본의 측정 자료를 이용하여 (단계 3)에서 정의한 검정통계량 값 F_0를 계산

(단계 6) 의사결정

(단계 5)에서 산출된 검정통계량 값 F_0를 이용하여 (단계 4)에 따라 귀무가설 H_0의 기각 여부에 대한 의사결정을 수행

6장
비율값 검정

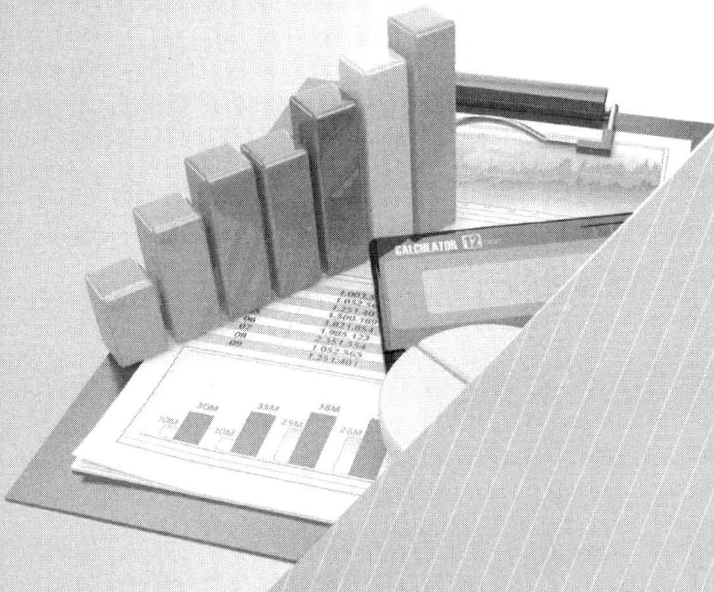

정량적 연구를 하다 보면 평균값뿐 아니라 모집단의 비율값을 추정하거나 검정하는 경우도 많다. 예를 들어 신제품에 대한 구매 의향을 5점 척도나 7점 척도 등과 같은 순서형 척도로 질문하는 경우나, 기타 연속형 변수로 질문하지 않고 "구매 의향이 있다" 혹은 "구매 의향이 없다" 등과 같이 2가지 중 한 가지로 응답하는 질문 등의 경우가 이에 속한다.

이러한 경우 전체 잠재 고객(모집단) 중에서 신제품을 구매할 사람들의 비율이 모집단의 특성인 모수, 즉 모비율이 될 것이며, 표본조사의 전체 응답자 중에서 "신제품을 구매하겠다"라고 응답한 사람들의 비율이 모비율의 추정치가 될 것이다.

이 장에서는 이러한 모비율 추정치의 유의성 검정과 두 집단의 비율값 차이에 대한 검정 방법에 대해서 살펴본다.

6.1 단일 모집단 모비율 검정

신제품에 대한 구매 의향을 '구매' 혹은 '비구매'로 응답을 받을 수도 있으며, 구매 의향 정도를 5점 척도로 응답을 받아서 구매 의향과 비구매 의향으로 분류하여 분석할 수도 있다. 예를 들어 다음과 같이 신제품에 대한 구매 의향을 5점 척도로 100명에게 질문하여 예제 데이터 6-1을 얻었다고 가정하자. 제품의 원가 구조와 마케팅 비용을 고려하여 전체 잠재 고객 중에서 40% 이상이 신제품을 구매해야 출시가 가능하다고 가정할 때, 이 신제품은 출시를 결정해도 되는가를 분석하고자 한다.

표 6-1 구매 의향 질문(5점 척도)

①	②	③	④	⑤
구매할 의향이 전혀 없다	구매할 의향이 없는 편이다	보통이다	구매할 의향이 약간 있는 편이다	구매할 의향이 매우 많다

먼저 귀무가설과 대립가설을 다음과 같이 설정한다.

$$\text{귀무가설 } H_0: \text{구매 의향률 } P \leq 0.4\text{(모비율)}$$
$$\text{대립가설 } H_1: \text{구매 의향률 } P > 0.4\text{(모비율)}$$

이제 그림 6-1을 참고하여 설명하면, 먼저 구매 의향에 '4' 또는 '5'로 응답한 사람을 구매 의향이 있는 사람으로 정의하고, 전체 응답자 중에서 '4' 또는 '5'로 응답한 사람들의 수를 다음과 같이 엑셀 함수를 이용하여 계산하면 전체 응답자 중에 44명이 신제품에 대한 구매 의향을 나타냈다. 따라서 구매 의향률은 0.44

(44.0%)로 추정이 된다.

@countif(데이터 범위, " > 3") = @countif(A2..A101, " > 3") = 44

구매 의향률 추정치 P_0= 구매 의향자의 수/표본수 = 44 /100 = 0.44

한편 위 귀무가설과 대립가설을 검정하기 위한 기각역은 표 6-2와 같으며, '검정통계량 Z_0'는 다음과 같이 정의된다. 단, 그림 6-1에서 @sqrt(a) = (a)$^{1/2}$을 계산하는 제곱근 함수이다.

$$Z_0 = \frac{p_0 - p}{\sqrt{\frac{p(1-p)}{n}}}$$

여기서 Z_0 : 검정통계량

P_0 : 구매 의향률 추정치 = 구매 의향자 수 / 표본수

P : 구매 의향에 대한 모비율

n : 표본수

위의 검정통계량 Z_0을 그림 6-1에 따라 구하면 'D11' 위치에 있는 결과값(0.8165)을 볼 수 있다. 표 6-3의 엑셀 함수에 따라 우측 검정의 귀무가설을 기각할 수 있는 기각치를 구하면 다음과 같다. 단, 유의수준 α = 0.05로 가정한다.

@normsinv(1-α)= @normsinv(1-0.05)= 1.645

표 6-2에 따라 '검정통계량 Z_0 > 기각치'일 때 귀무가설을 기각할 수 있으나, 그 반대의 결과가 나타났으므로 귀무가설을 기각할 수 없다(검정통계량= 0.8165< 기각치= 1.645).

한편 표 6-3에 따라 유의확률을 다음과 같이 구하면 p-value= 0.21 > 0.05(유의수준)으로 역시 귀무가설을 기각할 수 없음을 알 수 있다.

+1-(@normsdist(검정통계량)) = 1-(@normsdist(D11))= 0.207108

즉 100명의 응답자에게 구매 의향을 조사한 결과, '44.0%'가 긍정적으로 응답하였지만 'H_0 : $P \le 0.4$'라는 귀무가설을 기각할 수 없으므로, 전체 잠재 고객 중에서 구매 의향률(모비율)이 40.0%가 넘는다는 결론을 얻을 수 없다. 따라서 본 신제품을 출시한다는 의사결정을 할 수 없다.

표 6-2 단일 모집단 모비율 검정의 기각역

	양측 검정	단측검정	
		좌측 검정	우측 검정
귀무가설	$p=0.4$	$p \geq 0.4$	$p \leq 0.4$
대립가설	$p \neq 0.4$	$p < 0.4$	$p > 0.4$
기각역	| 검정통계량 | > 기각치	검정통계량 < -기각치	검정통계량 > 기각치

표 6-3 단일 모집단 모비율 검정에 대한 기각역/유의확률의 엑셀 함수

좌측 검정	기각치	-@normsinv(1-α)
	p-value	@normsdist(검정통계량)
우측 검정	기각치	@normsinv(1-α)
	p-value	+1- (@normsdist(검정통계량))
양측 검정	기각치	@normsinv(1-α/2)
	p-value	+2×(1- (@normsdist(검정통계량 절댓값)))

	A	B	C	D	E
1	구매 의향				
2	5		@countif(a2..a101, ">3") =	44	
3	3		P_0 = +44/100 =	0.44	
4	3		P =	0.4	
5	4		P x (1-P) = +d4*(1-d4) =	0.24	
6	1		P x (1-P) / n = +d5 / 100 =	0.0024	
7	4		(P x (1-P) / n)$^{1/2}$ = @sqrt(d6) =	0.04899	
8	5				
9	3		P_0 - P = D= +d3 - d4 =	0.04	
10	5				
11	3	검정통계량	Z_0 = +d9 / d7 =	0.8165	
12	3				
13	3	기각역	@normsinv(1-0.05) =	1.64485	
14	4				
15	4		검정 통계량 < 기각치		
16	4				
17	4	유의확률	P값 = +1 - @normsdist(d11) =	0.20711	
18	4				
19	4		유의확률 > 유의 수준 = 0.05		
20	4				
21	2	양측검정 기각역	@normsinv(1-0.05/2) =	1.95996	
22	5				
23	4		|검정 통계량| < 기각치		
24	4				
25	4		P값 = +2 x (1 - @normsdist(d11)) =	0.41422	
26	4				
27	4		유의확률 > 유의 수준 = 0.05		
28	4				

그림 6-1 단일 모집단의 모비율 검정

참고

검정통계량 Z_0의 정의와 기각역, 유의확률은 표본의 크기 n이 충분히 크면 표본 비율 P_0는 평균이 P(모비율)이고 표준편차가 $((P\times(1-P))/n)^{1/2}$인 정규분포를 따르며, 검정통계량 Z_0은 평균이 0이고 분산이 1인 표준정규분포를 따른다는 통계적 이론에 의해서 유도된다.

이번에는 대립가설이 'H_1: $P\neq0.4$'와 같이 양측 검정으로 주어졌을 때를 분석해 보자. 표 6-2에 의해 |검정통계량| > 기각치일 때 귀무가설을 기각할 수 있다. 표 6-3에 따라 계산한 결과 화면인 그림 6-1을 보면 기각치가 1.96으로 나타났고, p-값도 0.05보다 크게 나타나서 양측 검정 역시 귀무가설을 기각할 수 없음을 알 수 있다.

기각치: @normsinv(1-α/2)= @normsinv(1-0.05/2) = 1.96
유의확률 p-값 = +2 × (1-@normsdist(검정통계량))= 0.41

참고

양측 검정과 좌측 검정, 우측 검정의 기각역과 p-value를 구하는 엑셀 함수식에 유의해야 한다. 이들의 p-값과 기각역이 다른 이유는 검정통계량 값이 '0'을 중심으로 대칭인 표준정규분포를 하기 때문이다.

6.2 두 집단 간 모비율 차이 검정

강남 지역 거주자와 강북 지역 거주자들의 금융 신상품에 대한 구매 의향 차이를 알고자 다음과 같이 각각 200명에게 질문하여 예제 데이터 6-2를 얻었다. 강북 지역 거주자들의 구매 의향률(%)을 P_1이라고 하고, 강남 거주자들의 구매 의향률(%)을 P_2라고 하면 표 6-5와 같은 '귀무가설 vs 대립가설'과 이에 따른 기각역이 설정된다.

표 6-4 신상품 구매 의향 질문

문) (상품 콘셉트 카드 제시) 다음 상품에 대한 콘셉트 카드를 읽고 구매할 의향이 있으신지를 응답하여 주십시오.

1) 구매할 의향이 있다　　　2) 구매할 의향이 없다

표 6-5 두 모집단 모비율 차이 검정의 기각역

	양측 검정	단측 검정	
		좌측 검정	우측 검정
귀무가설	$P_1 = P_2$	$P_1 \geq P_2$	$P_1 \leq P_2$
대립가설	$P_1 \neq P_2$	$P_1 < P_2$	$P_1 > P_2$
기각역	| 검정통계량 | > 기각치	검정통계량 < - 기각치	검정통계량 > 기각치

표 6-5의 가설을 검정하기 위한 검정통계량 Z_0은 다음과 같으며, 평균이 '0'이고 분산이 '1'인 표준정규분포에 따른다.

$$Z_0 = \frac{P_{10} - P_{20}}{\sqrt{P_0(1 - P_0)}\sqrt{(1/n_1) + (1/n_2)}}$$

여기서 P_{10}: 강북 지역 거주자들의 구매 의향률(P_1)의 추정치$= X_1 / n_1$

X_1: 강북 지역 거주자들의 구매 의향자 수

n_1: 강북 지역 거주자들의 표본수

P_{20}: 강남 지역 거주자들의 구매 의향률(P_2)의 추정치$= X_2 / n_2$

X_2: 강남 지역 거주자들의 구매 의향자 수

n_2: 강남 지역 거주자들의 표본수

P_0: 공통 구매 의향률(P)의 추정치$= (X_1+X_2) / (n_1+n_2)$

이제 그림 6-2를 참고하여 검정통계량을 다음의 절차대로 구해 본다.

(1) 강북 지역 거주자들의 구매 의향률 추정치 P_{10}
= 강북 지역 거주자들의 구매 의향자 수 / 강북 지역 표본수
= @Countif(데이터 범위, 1) / 200
= @Countif(A2..A201, 1) / 200
= 87/200
= 0.435

(2) 강남 지역 거주자들의 구매 의향률 추정치 P_{20}
= 강남 지역 거주자들의 구매 의향자 수 / 강남 지역 표본수
= @Countif(데이터 범위, 1) / 200
= @Countif(B2..B201, 1) / 200
= 114/200
= 0.570

(3) P_{10}-P_{20} = 0.435-0.570 = -0.135

(4) 공통 구매 의향률 추정치 P_0

=(강북 지역 구매 응답자+강남 지역 구매 응답자)/

(강북 지역 표본수+강남 지역 표본수)

$=(X_1+X_2)/(n_1+n_2)$

=(87+114)/400

=0.5025

(5) $P_0(1\text{-}P_0)=0.5025\times(1\text{-}0.5025)=0.249994$

(6) $(P_0(1\text{-}P_0))^{\frac{1}{2}}$ = @sqrt($P_0(1\text{-}P_0)$)= 0.499994

(7) $(1/n_1)+(1/n_2)=0.01$

(8) $((1/n_1)+(1/n_2))^{\frac{1}{2}}$ = @sqrt($(1/n_1)+(1/n_2)$)= 0.1

(9) $Z_0=(P_{10}\text{-}P_{20})/((P_0(1\text{-}P_0))^{\frac{1}{2}}\times((1/n_1)+(1/n_2))^{\frac{1}{2}})$

$=-0.135/(0.49994\times0.1)$

$=-2.70003$

한편 표 6-5의 가설과 이에 대한 기각역, 유의확률(*p*-value)를 구하기 위한 엑셀 함수는 표 6-6과 같다. 표 6-6과 표 6-3의 함수식이 동일한데, 이는 두 집단 모비율의 차이를 검정하는 검정통계량과 단일 모집단 모비율을 검정하는 검정통계량이 모두 동일하게 평균이 '0'이고 분산이 '1'인 표준정규분포에 따르기 때문이다.

먼저 좌측 검정의 기각역은 -@normsinv(1-α) = -@normsinv(1-0.05) = -1.645 (그림 6-2의 'H27' 위치)이고 검정통계량 Z_0= -2.7 < -기각역 = -1.645이므로 귀무가설을 기각할 수 있다(표 6-5참고).

표 6-6 두 모집단 모비율 차이 검정 기각치/유의확률의 엑셀 함수

좌측 검정	기각치	-@normsinv(1-α)
	p-value	@normsdist(검정통계량)
우측 검정	기각치	@normsinv(1-α)
	p-value	+1-(@normsdist(검정통계량))
양측 검정	기각치	@normsinv(1-α/2)
	p-value	+2×(1-(@normsdist(검정통계량 절댓값)))

또한 *p*-value= @normsdist(검정통계량)= @normsdist(Z_0)= @normsdist(h25)= 0.003467 < 유의수준(0.05)이므로 귀무가설을 기각할 수 있다. 즉 귀무가설 '$H_0 : P_1 \geq P_2$'를 기각하고 대립가설 '$H_1 : P_1 < P_2$'를 채택할 수 있다.

이번엔 표 6-5의 양측 검정 결과를 살펴보자. 먼저 기각역은 @normsinv(1-α/2) = @normsinv(1-0.05/2) = 1.96이고 이는 검정통계량의 절댓값 2.70보다 작으므로 귀무가설을 기각할 수 있다.

한편 양측 검정의 *p*-value= 2 × (1-(@normsdist(검정통계량의 절댓값)))
= +2 × (1-(@normsdist(@abs(H25))))
= 0.006933 < 0.05(유의수준)이므로 귀무가설을
기각할 수 있다.

즉 금융 신상품에 대한 구매 의향률은 강북 지역 거주자들에 비해 강남 지역 거주자들이 높다고 결론을 지을 수 있다.

참고

엑셀에서 @abs(a)는 'a'의 절댓값을 출력하라는 명령어이다.

	A	B	C	D	E	F	G	H
1	강북 거주자	강남 거주자						
2	1	1			강북 거주자의 구매 모비율 : P1			
3	1	1			강남 거주자의 구매 모비율 : P2			
4	1	1						
5	2	1			강북 거주자의 구매 의향자 = @countif(a2..a201, 1) =			87
6	2	1			강남 거주자의 구매 의향자 = @countif(b2..b201, 1) =			114
7	2	1						
8	2	1			P1의 추정치 P10 = +87/200 =			0.435
9	2	1			P2의 추정치 P20 = +114 /200 =			0.57
10	2	1						
11	2	1			P10 - P20 = +h8-H9 =			-0.135
12	2	1						
13	2	1			공통비율 P의 추정치 P0 =			
14	1	1				(강북 구매자 + 강남 구매자) / (강북 표본수 + 강남 표본수) =		
15	1	1				+(h5+h6) / (200+200) =		0.5025
16	1	1						
17	1	1			P0(1-p0) = +h15*(1=h15) =			0.249994
18	1	1						
19	1	1			P0(1-p0)$^{1/2}$ = @sqrt(h17) =			0.499994
20	1	1						
21	1	1			(1/n) + (1/n) = (1/200) + (1/200) =			0.01
22	1	1						
23	1	1			((1/n) + (1/n))$^{1/2}$ = @sqrt(h21) =			0.1
24	1	1						
25	1	1		검정 통계량	Z0 = h11 / (h19*h23) =			-2.700034
26	1	1						
27	1	1		좌측검정	기각치 = - @normsinv(1-0.05) =			-1.644854
28	1	1						
29	1	1			Z0 = h25 < 기각치 < -.645			
30	1	1			귀무 가설 기각			
31	1	1						
32	1	1		유의확률	@normsdist(검정통계량) = @normsdist(h25) =			0.003467
33	1	1			귀무 가설 기각			귀무 가설 기각
34	1	1						
35	1	1		양측검정	기각치 = @normsinv(1-0.05/2) =			1.959964
36	1	1						
37	1	1			검정통계량의 절대값 = 2.7 > 기각치			
38	1	1			귀무 가설 기각			
39	1	1						
40	1	1		유의 확률	+2 x (1 - (@검정통계량의 절대값)) =			0.006933
41	1	1			귀무 가설 기각			

그림 6-2 두 모집단의 모비율 차이 검정

6.3 검정절차 요약

확률변수 X가 이항 분포인 $B(n,p)$에 따른다고 하자. 이때 표본크기 n이 클 때 (일반적으로 $np > 5$이고 $n(1-p) > 5$) 모비율 p의 추정량 $p_0 = X/_n$은 중심극한정리에 의해 근사적으로 $N\left(p, {p(1-p)}/_n\right)$에 따르므로, 표준화 변수 $Z = \frac{p_0 - p}{\sqrt{\frac{p(1-p)}{n}}} \sim N(0,1)$이다. 따라서 이를 이용하여 모비율 p에 대한 가설 검정을 수행할 수 있다. 표본크기가 작은 경우에는 이항 분포를 이용하여 검정을 수행하는데, 이는 실무에서 자주 활용되지 않으므로 이에 대해서는 생략한다.

① 단일 모집단 모비율 p에 대한 검정 절차

(단계 1) 귀무가설 H_0와 대립가설 H_1의 설정

H_0: $p = p^*$ vs H_1: $p \neq p^*$ (양측 검정) 또는

H_0: $p = p^*$ vs H_1: $p < p^*$ (좌측 검정) 또는

H_0: $p = p^*$ vs H_1: $p > p^*$ (우측 검정)

(단계 2) 유의수준(α)의 결정

$\alpha = 0.01$(또는 0.05 또는 0.10)

(단계 3) 귀무가설 H_0하에서의 검정통계량과 검정통계량 분포의 정의

$$Z_0 = \frac{p_0 - p^*}{\sqrt{\frac{p^*(1-p^*)}{n}}} \sim N(0,1)$$

(단계 4) 기각역(의사결정 기준)의 정의

H_1: $p \neq p^*$일 때 기각역: $|Z_0| \geq Z_{\alpha/2}$ (양측 검정)

H_1: $p < p^*$일 때 기각역: $Z_0 \leq -Z_\alpha$ (좌측 검정)

H_1: $p > p^*$일 때 기각역: $Z_0 \geq Z_\alpha$ (우측 검정)

(단계 5) 검정통계량의 계산

추출된 n개 표본으로부터 구한 표본 비율 p_0를 이용하여 (단계 3)에서 정의한 검정통계량 값 Z_0를 계산

(단계 6) 의사결정

(단계 5)에서 산출된 검정통계량 값 Z_0를 이용하여 (단계 4)에 따라 귀무가설 H_0의 기각 여부에 대한 의사결정을 수행

② 두 모집단의 모비율 차이 $\boldsymbol{p_1 - p_2}$에 대한 검정 절차

두 모집단으로부터 임의 추출된 표본크기가 각각 n_1과 n_2로 크고 두 확률 변수 X와 Y가 각각 $X \sim B(n_1, p_1)$이고 $Y \sim B(n_2, p_2)$일 때, 중심극한정리로부터 $p_{10} - p_{20} \sim N(\,p_1 - p_2, {}^{p_1(1-p_1)}/_{n_1} + {}^{p_2(1-p_2)}/_{n_2})$에 따른다. 따라서 $Z = \frac{(p_{10}-p_{20})-(p_1-p_2)}{\sqrt{{}^{p_1(1-p_1)}/_{n_1} + {}^{p_2(1-p_2)}/_{n_2}}} \sim N(0,1)$이므로 이를 이용하여 모비율 차이 $p_1 - p_2$에 대한 Z-검정을 수행할 수 있다.

(단계 1) 귀무가설 H_0와 대립가설 H_1의 설정

H_0: $p_1 = p_2$ vs H_1: $p_1 \neq p_2$ (양측 검정) 또는

H_0: $p_1 = p_2$ vs H_1: $p_1 < p_2$ (좌측 검정) 또는

H_0: $p_1 = p_2$ vs H_1: $p_1 > p_2$ (우측 검정)

(단계 2) 유의수준(α)의 결정

$\alpha = 0.01$(또는 0.05 또는 0.10)

(단계 3) 귀무가설 H_0하에서의 검정통계량과 검정통계량 분포의 정의

$$Z_0 = \frac{(p_{10} - p_{20}) - (p_1 - p_2)}{\sqrt{p_0(1-p_0)}\ \sqrt{\frac{1}{n_1} + \frac{1}{n_2}}} \sim N(0,1), p_0 = \frac{X+Y}{n_1 + n_2}$$

여기서 X와 Y는 각각 시행 횟수 n_1과 n_2 중 성공 횟수

(단계 4) 기각역(의사결정 기준)의 정의

H_1: $p_1 \neq p_2$일 때 기각역: $|Z_0| \geq Z_{\alpha/2}$ (양측 검정)

H_1: $p_1 < p_2$일 때 기각역: $Z_0 \leq -Z_\alpha$ (좌측 검정)

H_1: $p_1 > p_2$일 때 기각역: $Z_0 \geq Z_\alpha$ (우측 검정)

(단계 5) 검정통계량의 계산

추출된 n_1과 n_2의 표본으로부터 구한 X와 Y, 그리고 표본 비율 p_{10}, p_{20}와 p_0를 이용하여 (단계 3)에서 정의한 검정통계량 값 Z_0를 계산

(단계 6) 의사결정

(단계 5)에서 산출된 검정통계량 값 Z_0를 이용하여 (단계 4)에 따라 귀무가설 H_0의 기각 여부에 대한 의사결정을 수행

7장

상관계수 및 유의성 검정

7.1 상관계수 측정 방법
7.2 상관계수의 유의성 검정
7.3 검정절차 요약

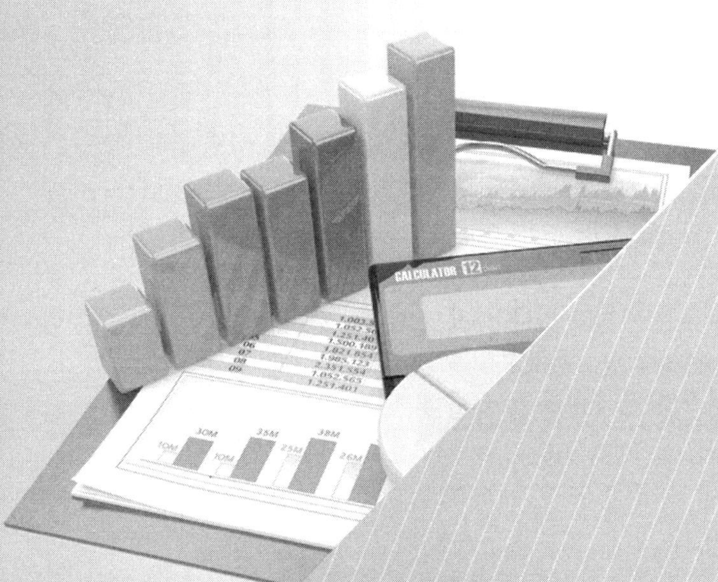

연구를 하다 보면 변수와 변수 간에 상호 연관 관계를 갖는 경우가 많다. 예를 들어 사람의 몸무게와 키, 특정 브랜드의 광고비와 매출액, 흡연 기간과 혈압 정도, 어떤 제품의 디자인 선호도와 구매 의향 등은 일정 정도의 상호 연관 관계가 있을 것이다.

이렇게 두 변수 간 상호 선형적 연관 관계의 정도를 측정하는 계량적 척도를 상관계수(**correlation coefficient**)라고 한다. 단, 상관계수는 두 변수 간 상호 연관 정도를 측정하는 척도이지 회귀계수처럼 방향성을 갖는 인과 관계의 척도는 아님을 주의해야 한다.

이 장에서는 상관계수의 측정 방법과 이러한 상관계수가 통계적 유의성을 갖는지의 여부를 검정하는 방법에 대해서 설명한다.

7.1 상관계수 측정 방법

엑셀에서 상관계수를 구하는 방법은 세 가지가 있다. 먼저 ① 주 화면에서 '데이터→데이터 분석' 메뉴를 선택한 후 데이터 범위를 입력하여 구하는 방법과, ② 상관계수를 구하는 함수식 '@CORREL(데이터 범위)'을 이용하는 방법, 그리고 ③ 상관계수=(X와 Y의 공분산)/(X의 표준편차×Y의 표준편차)의 공식을 엑셀 함수로 프로그램 해서 구하는 방법이 있다.

소비자들이 냉장고를 구매할 때 중요하게 고려하는 요인에 대한 연구를 위해, 내부 디자인, 가격, 색상, 브랜드, 크기와 부가 기능 등 냉장고의 기능이나 속성에 대해서 표 7-1과 같이 5점 척도로 평가를 받고, 마지막으로 구매하고 싶은 정도에 대해서 표 7-2와 같이 질문을 하였다. 표 7-1에서 냉장고의 기능이나 속성에 대한 만족도가 높을수록 표 7-2에서 냉장고에 대한 구매 의향은 상호 연관성에 의해 높게 나타날 것이다. 물론, 표 7-1과 표 7-2처럼 질문하지 않고 냉장고 구매 시 각 속성별로 중요하게 고려하는 정도에 대해서 표 7-3과 같이 직접적으로 질문하여 구매 의향을 파악할 수도 있다. 조사 속성에 따라 마케팅 조사에서 표 7-1과 표 7-2처럼 질문하는 경우도 있고, 직접적으로 표 7-3과 같이 질문하는 경우도 있다.

그러나 여기서는 상관계수의 개념을 이해하기 위하여 표 7-1, 표 7-2와 같이 속성별 평가와 구매 의향을 질문한 데이터를 이용하여 속성별 구매 유발 정도를 분석하는 방법에 대해 살펴본다. 즉 표 7-1의 각 속성별 평가와 표 7-2의 전반적인 구매 의향 간에 상관성을 분석해 봄으로써 냉장고의 어떤 속성이 구매 의향과 연관성이 높은지를 분석해 볼 수 있다.

본 조사의 표본수는 200명이라고 가정하고, 조사결과 얻은 데이터는 예제 데이터 7-1과 같다.

표 7-1 냉장고 속성별 평가 질문

질문1) 귀하께서는 ○○ 브랜드 냉장고의 다음 항목들에 대해서 얼마나 마음에 드시는 편입니까? 각 항목별로 보기의 척도에 의해서 평가해 주십시오.

	① 전혀 마음에 들지 않는다	② 마음에 들지 않는 편이다	③ 보통이다	④ 약간 마음에 드는 편이다	⑤ 매우 마음에 든다
내부 디자인	(1)	(2)	(3)	(4)	(5)
가격	(1)	(2)	(3)	(4)	(5)
색상	(1)	(2)	(3)	(4)	(5)
브랜드	(1)	(2)	(3)	(4)	(5)
전체 크기 / 부피	(1)	(2)	(3)	(4)	(5)
정수 기능	(1)	(2)	(3)	(4)	(5)
기타	(1)	(2)	(3)	(4)	(5)

표 7-2 냉장고의 전반적 구매 의향

질문2) 귀하께서는 ○○ 브랜드의 내부 디자인, 가격, 색상, 브랜드, 부피, 정수 기능, 기타 부가 기능을 생각할 때 구매하고 싶은 생각이 얼마나 드십니까? 보기의 척도에 의해서 평가해 주십시오.

①	②	③	④	⑤
전혀 구매하고 싶지 않다.	구매하고 싶지 않은 편이다	보통이다	약간 구매하고 싶다	매우 구매하고 싶다

표 7-3 냉장고 속성별 중요도 평가

귀하께서는 평소에 냉장고를 구매하실 때 각각의 속성들을 얼마나 중요하게 고려하는 편입니까? 보기의 척도에 의해서 응답하여 주십시오.

	① 전혀 고려하지 않는다	② 고려하지 않는 편이다	③ 보통이다	④ 약간 중요하게 고려하는 편이다	⑤ 매우 중요하게 고려한다
내부 디자인	(1)	(2)	(3)	(4)	(5)
가격	(1)	(2)	(3)	(4)	(5)
색상	(1)	(2)	(3)	(4)	(5)
브랜드	(1)	(2)	(3)	(4)	(5)
전체 크기 / 부피	(1)	(2)	(3)	(4)	(5)
정수기능	(1)	(2)	(3)	(4)	(5)
기타	(1)	(2)	(3)	(4)	(5)

설명의 편의를 위하여 일단 내부 디자인, 색상에 대한 선호도 평가와 전반적 구매 의향에 대한 데이터 만을 제시하였다.

'데이터 → 데이터 분석 → 상관분석' 메뉴를 선택하고 데이터 범위를 입력한다. 데이터 입력 범위는 그림 7-1에서 보는 바와 같이, 첫 번째 변수인 내부 디자인의 첫 번째 응답자 측정값 'B2'에서부터 마지막 변수인 전반적 구매 의향의 마지막 응답자의 측정값 'D201'까지 지정을 해준다(B2..D201).

데이터 범위의 입력을 끝내고 확인을 클릭하면 그림 7-2와 같은 상관계수가 출력된다. 출력 결과에서 Column 번호는 데이터 입력 순서 대로의 변수명을 의미한다. 즉 'Column 1'은 내부 디자인, 'Column 2'는 색상 선호도와 'Column 3'은 전반적 구매 의향을 의미한다. 따라서 'Column 1'과 'Column 2'의 상관계수인 0.101746은 내부 디자인 선호도에 대한 응답 값과 색상 선호도에 대한 응답 값 간의 상관계수를 나타낸다. 같은 방법으로 내부 디자인(Column 1)과 전반적 구매 의향(Column 3) 간의 상관계수는 0.64628, 색상 선호도(Column 2)와 전반적 구매 의향(Column 3) 간의 상관계수는 0.10186이 됨을 알 수 있다.

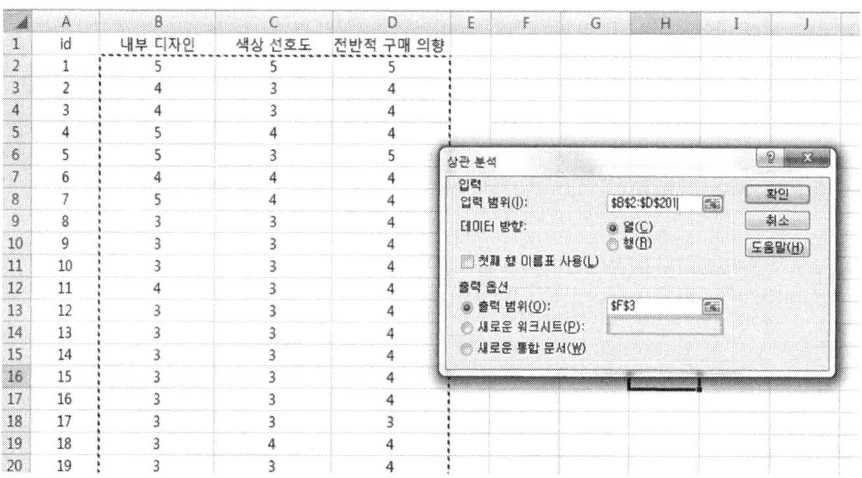

그림 7-1 상관분석 데이터 입력 화면

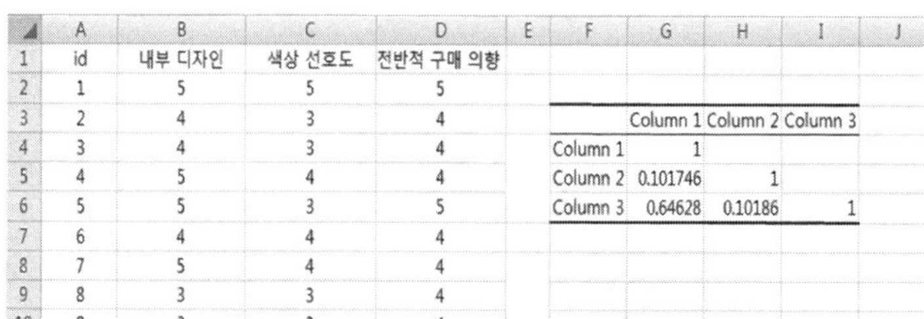

그림 7-2 상관분석결과 화면

표 7-4에서 보는 것처럼 색상에 대한 선호도보다는 내부 디자인에 대한 선호도가 전반적 구매 의향과 더욱 높은 상관 관계를 나타내고 있다.

표 7-4 각 변수 간 상관계수

	내부 디자인	색상 선호도	전반적 구매 의향
내부 디자인	1		
색상 선호도	0.101746	1	
전반적 구매 의향	0.64628	0.10186	1

즉 냉장고의 구매 의향을 높이는 구매 유발력은 색상보다는 내부 디자인의 선호도가 상대적으로 더 중요하다고 판단할 수 있다. 여기서 내부 디자인이나 색상에 대한 선호도와 구매 의향 간의 상관계수인 0.64628과 0.10186이 실제로 통계적으로 유의한지의 여부에 대해 가설 검정을 통해 확인되어야 할 것이다. 내부 디자인에 대한 선호도가 색상에 대한 선호도보다 구매 유발력에 미치는 중요도는 상대적으로 높다고 나타났지만, 실제로 냉장고의 내부 디자인에 대한 선호도가 구매 유발력과 유의한 상관 관계가 있는지에 대한 확인이 필요한 것이다.

7.2 상관계수의 유의성 검정

앞의 예에서 내부 디자인과 전반적 구매 의향 간의 모 상관계수를 ρ_{13}, 색상 선호도와 전반적 구매 의향 간의 모 상관계수를 ρ_{23}이라고 하면, 다음과 같이 가설을 설정할 수 있다.

- 내부 디자인과 구매 의향 간의 상관계수에 대한 가설:
  H_0: $\rho_{13} = 0$ vs H_1: $\rho_{13} \neq 0$
- 색상 선호도와 구매 의향 간의 상관계수에 대한 가설:
  H_0: $\rho_{23} = 0$ vs H_1: $\rho_{23} \neq 0$

이러한 상관계수의 유의성을 검정하기 위한 기각역과 p-value는 다음과 같다.

표 7-5 모 상관계수 유의성 검정에 대한 기각역

기각역	$\mid t$-통계량$\mid$ > 기각치
p-value	if) p-value < 0.05 → then, 95% 신뢰수준 하에서 귀무가설 기각 if) p-value > 0.05 → then, 95% 신뢰수준 하에서 귀무가설 채택

엑셀의 '데이터 → 데이터 분석 → 상관분석'을 선택하면 그림 7-2와 같이 상관계수는 출력되지만 상관계수의 유의성에 대한 검정 결과는 제공하지 않는다. 따라서 그림 7-3과 같이 검정통계량 값과 기각역을 엑셀 함수를 이용하여 구한 후 귀무가설의 기각 여부를 결정하여야 한다.

먼저 상관계수의 유의성을 검정하기 위한 '귀무가설 H_0: $\rho = 0$ vs 대립가설 H_1: $\rho \neq 0$'의 검정통계량은 다음과 같다.

$$\text{검정통계량 } t_0 = r\sqrt{\frac{n-2}{1-r^2}} \sim t(\text{d.f.} = n-2)$$

또한 상관계수의 유의성을 검정하기 위한 양측 검정 기각치는 엑셀의 임의 위치에서 다음과 같이 입력하면 결과를 출력해 준다.

기각치 = @tinv(유의수준, 자유도) = @tinv(0.05, 표본수 −2) = @tinv(유의수준, 198)

한편 상관계수의 유의성을 검정하는 양측 검정의 유의확률 **p-value**는 엑셀에서 다음과 같이 계산한다.

P=value = @tdist(| 검정통계량 | , 표본수 −2, 2)

먼저 내부 디자인에 대한 선호도 평가와 전반적 구매 의향 간 상관계수의 유의성 검정을 살펴보겠다. 복잡해 보이지만 그림 7-3을 참고하여 차근차근 설명을 따라 가면 쉽게 이해할 수 있다. 단 유의수준은 0.05로 가정한다.

① 내부 디자인과 전반적 구매 의향 간의 상관계수를 구하기 위하여 '@correl(내부 디자인의 데이터 범위, 전반적 구매 의향의 데이터 범위)'='@correl(B2..B201, D2..D201)'를 입력하면 'G4' 위치에 상관계수 0.6463이 제시된다.

② 검정통계량의 자유도 = 표본수 −2 = n−2 = 200−2 = 198을 'G5' 위치에 계산하였다.

참고

상관계수의 유의성을 검정하기 위한 검정통계량은 자유도가 n-2인 t-분포를 따른다는 분포 이론에 의하여 검정통계량과 이에 대한 기각역의 기각치가 도출되며, 자세한 이론적 개념은 통계학 교과서를 참고하기 바란다. 또한 검정통계량이 t-분포를 따를 때 양측 검정과 단측 검정의 p-value와 기각치는 엑셀에서 다음과 같이 구한다.

우측 검정의 기각치 ☞ @tinv(유의수준 × 2, 자유도)
우측 검정의 *p*-value ☞ @tdist(검정통계량, 자유도, 1)
좌측 검정의 기각치 ☞ −@tinv(유의수준 ×2, 자유도)
좌측 검정의 *p*-value ☞ @tdist(| 검정통계량 | , 자유도, 1)
양측 검정의 기각치 ☞ @tinv(유의수준, 자유도)
양측 검정의 *p*-value ☞ @tdist(| 검정통계량 | , 자유도, 2)

③ $1-r^2$(r : 상관계수)를 계산하기 위하여 +1−(@power(상관계수 = G4, 2))를 입력하면 'G6 = 0.5823'과 같이 계산된다.

참고

엑셀에서 power 함수는 제곱을 계산해 준다. 즉 @power(a,b) = a^b를 계산한다. 그러므로 위에서 r^2를 계산하기 위해서 @power(G4, 2)와 같이 입력한 것이다. 단, 여기서 'G4'는 상관계수 r값(= 0.6463)이 있는 위치를 지정해 준다.

④ 검정통계량의 $(n-2)/(1-r^2)$ 부분을 계산하기 위하여 각각의 값이 위치한 'G5/G6'을 지정하면 'G7'의 위치에 340.0181과 같이 계산된다.

⑤ 검정통계량의 $((n-2)/(1-r^2))^{\frac{1}{2}}$ 부분을 계산하기 위하여 @sqrt(G7)과 같이 지정하면 'G8' 위치에 18.4396 값이 계산되어 나타난다.

참고

엑셀에서 @sqrt(A)는 A의 제곱근($A^{\frac{1}{2}}$)를 계산해 주는 함수이다. 즉 @sqrt(4) = 2, @sqrt(9) = 3이다.

⑥ 이제 검정통계량을 계산하기 위하여 'G4×G8'를 계산하면 'G9'에 11.9171가 계산되어 나타난다. 아래 검정통계량을 구하는 식과 엑셀 화면을 같이 비교해 보면 이해가 될 것이다.

$$\text{검정통계량 } t_0 = r\sqrt{\frac{n-2}{1-r^2}}$$

⑦ 양측 검정의 기각역을 구하는 엑셀 함수식은 **기각치 = @tinv(유의수준, 자유도) = @tinv(0.05, 표본수−2)**이므로 그림 7-3과 같이 @tinv(0.05,198) = 1.9720으로 계산된다(G11 위치).

	A	B	C	D	E	F	G
1	id	내부 디자인	색상 선호도	전반적 구매 의향			
2	1	5	5	5		내부 디자인과 전반적 구매 의향	
3	2	4	3	4			
4	3	4	3	4		@correl(b2..b201, d2..d201) =	0.646280136
5	4	5	4	4		n-2 = 200 - 2 =	198
6	5	5	3	5		1-r^2 = +1 - (@power(g4,2)) =	0.582321986
7	6	4	4	4		(n-2) / (1-r^2) = +g5/g6 =	340.0180736
8	7	5	4	4		$((n-2) / (1-r^2))^{1/2}$ = @sqrt(g7) =	18.439579
9	8	3	3	4		검정통계량 T_0 = g4 x g8 =	11.91713362
10	9	3	3	4			
11	10	3	3	4		기각치 = @tinv(0.05, 198) =	1.972017432
12	11	4	3	4		P-value = @tdist(g9, 198, 2) =	4.90701E-25
13	12	3	3	4			
14	13	3	3	4		색상 선호도와 전반적 구매의향	
15	14	3	3	4			
16	15	3	3	4		@correl(c2..c201, d2..d201) =	0.101859739
17	16	3	3	4		n-2 = 200 - 2 =	198
18	17	3	3	3		1-r^2 = +1 - (@power(g16,2)) =	0.989624593
19	18	3	4	4		(n-2) / (1-r^2) = +g17/g18 =	200.0758685
20	19	3	3	4		$((n-2) / (1-r^2))^{1/2}$ = @sqrt(g19) =	14.14481772
21	20	3	3	3		검정통계량 T_0 = g16 x g20 =	1.440787447
22	21	3	3	4			
23	22	3	4	4		기각치 = @tinv(0.05, 198) =	1.972017432
24	23	5	4	4		P-value = @tdist(g21, 198, 2) =	0.151224225
25	24	5	5	4			

그림 7-3 상관계수의 유의성 검정

⑧ 검정통계량 = 11.9171 > 기각치 = 1.9720이므로 귀무가설을 기각할 수 있다. 즉 내부 디자인에 대한 선호도와 전반적 구매 의향 간의 상관계수 0.6463은 통계적으로 유의미하다. 따라서 냉장고의 내부 디자인이 전반적 구매 의향에 긍정적인(+)인 상관 관계를 갖는다고 결론을 지을 수 있다. 동일한 방법으로 색상에 대한 선호도와 전반적 구매 의향 간 상관계수의 유의성 검정 결과가 그림 7-3 하단 부분에 제시되어 있다. 검정 결과, 검정통계량 = 1.4408 < 기각치 = 1.9720이고, p-value = 0.1512 > 0.05이므로 귀무가설을 기각할 수 없다. 즉 색상 선호도와 전반적 구매 의향과는 통계적으로 유의한 상관 관계가 없다고 결론을 지을 수 있는 것이다.

이와 같이 **두 변수 간 양(+)의 상관 관계가 나타난다고 해도 실질적인 통계적 유의성이 없을 수 있으므로 반드시 상관계수의 유의성에 대한 가설 검정을 확인한 후 상관계수를 사용**하여야 한다. 독자들은 위의 절차대로 한번 실습을 해보면서 결과를 확인해 보기를 강조한다.

7.3 검정절차 요약

일반적으로 모집단의 상관계수인 모상관계수는 ρ로, 임의 추출된 표본들의 상관계수인 표본 상관계수는 r로 표현한다. 표본 상관계수가 $r \neq 0$이더라도, r은 모집단에서 추출된 표본으로부터 산출된 것이므로 모상관계수 ρ가 반드시 유의적인 상관성이 있다고 할 수 없다. 따라서 표본 상관계수 r에 의해 모상관계수가 $\rho = 0$인지에 대한 검정이 필요하므로, 이에 대한 검정 절차를 요약하였다.

(단계 1) 귀무가설 H_0와 대립가설 H_1의 설정

$H_0: \rho = 0$ vs $H_1: \rho \neq 0$ (양측 검정) 또는

$H_0: \rho = 0$ vs $H_1: \rho < 0$ (좌측 검정) 또는

$H_0: \rho = 0$ vs $H_1: \rho > 0$ (우측 검정)

(단계 2) 유의수준(α)의 결정

$\alpha = 0.01$(또는 0.05 또는 0.10)

(단계 3) 귀무가설 H_0하에서의 검정통계량과 검정통계량 분포의 정의

$$t_0 = r\sqrt{\frac{n-2}{1-r^2}} \sim t(\mathrm{d.f.} = n-2)$$

(단계 4) 기각역(의사결정 기준)의 정의

$H_1: \rho \neq 0$ 일 때 기각역: $|t_0| \geq t_{\alpha/2}(\mathrm{d.f.} = n-2)$ (양측 검정)

$H_1: \rho < 0$ 일 때 기각역: $t_0 \leq -t_\alpha(\mathrm{d.f.} = n-2)$ (좌측 검정)

$H_1: \rho > 0$ 일 때 기각역: $t_0 \geq t_\alpha(\mathrm{d.f.} = n-2)$ (우측 검정)

(단계 5) 검정통계량의 계산

추출된 n개 표본의 측정 자료를 이용하여 (단계 3)에서 정의한 검정통계량 값 t_0를 계산

(단계 6) 의사결정

(단계 5)에서 산출된 검정통계량 값 t_0를 이용하여 (단계 4)에 따라 귀무가설 H_0의 기각 여부에 대한 의사결정을 수행

8장 회귀분석

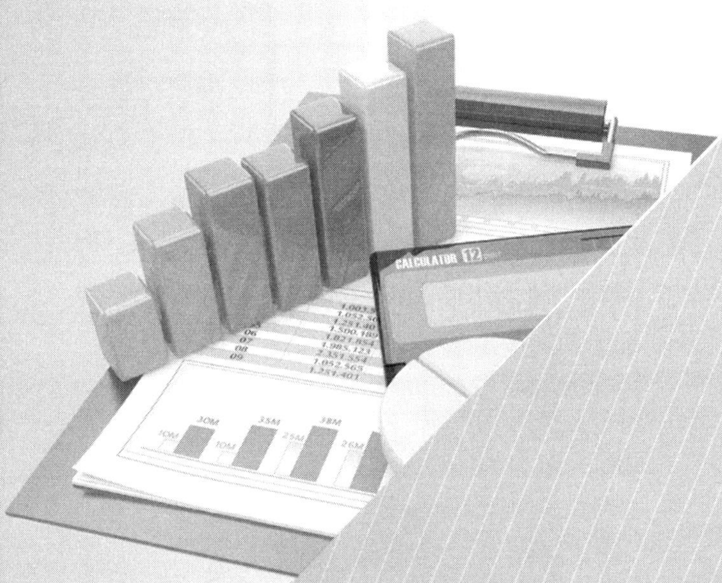

상관분석은 두 변수 간의 상호 선형적 연관 관계를 분석한 반면, 이 장에서는 **한 변수가 다른 변수에 어떤 영향을 미치는지, 그리고 영향을 받는 변수는 영향을 미치는 변수에 의하여 얼마나 설명 또는 예측이 되는지를 분석**하는 방법에 대해서 설명하려고 한다.

이때 다른 변수에 영향을 미치는 변수를 **설명 변수(explanatory variable) 또는 독립 변수(independent variable)**라고 하고, 다른 변수에 의해서 영향을 받는 변수를 **종속 변수(dependent variable) 또는 반응 변수(response variable)**라고 한다. 또한 **독립 변수가 한 개일 경우 종속 변수에 미치는 독립 변수의 영향력이나 설명력을 분석하는 선형 모형을 단순선형회귀모형(simple linear regression model)**이라고 하고, **1개의 종속 변수에 영향을 미치는 독립 변수가 2개 이상인 회귀모형을 다중선형회귀모형(multiple linear regression model)**이라고 한다.

8.1 단순선형회귀분석 및 유의성 검정

어떤 커피숍의 내부 시설 인테리어에 대한 고객들의 평가가 커피숍의 전반적인 이용 의향에 영향을 미치는지를 파악하기 위해 표 8-1과 같은 설문지를 이용하여 100명을 대상으로 조사하였다. 그 결과 예제 데이터 8-1과 같은 데이터를 얻었다. 이때 내부 시설 인테리어 평가를 독립 변수(X)로 하고 이용 의향을 종속 변수(Y)로 하는 다음과 같은 단순선형회귀모형을 설정할 수 있다.

$$Y_i = \alpha + \beta X_i + \varepsilon_i,\ i = 1,2,3,......,n \text{ (응답자 id)}$$

여기서 Y_i : 이용 의향

X_i : 인테리어에 대한 평가

α : 상수항

β : 독립변수 X의 회귀계수

ε_i : 오차항~iidN(o, σ^2)

여기서 α와 β는 모집단(전체 잠재 고객)의 특성치인 모수이므로 표본조사 결과인 예제 데이터 8-1의 데이터에 의해 추정해야 한다. α는 상수항이며, β는 회귀계수로서 인테리어에 대한 평가가 '1'단위 변화할 때 이용 의향이 이에 따라 β만큼 변화한다는 의미이다.

한편 커피숍 이용 의향을 결정하는 요인들 중에는 인테리어뿐 아니라 다양한 요인들이 영향을 미칠 것이다. 오차항 ε_i는 이처럼 독립 변수인 인테리어 평가가 설명하지 못하는 종속 변수(커피숍 이용 의향)의 변화에 대한 설명력을 의미하는데, 물론 측정 과정에서 야기되는 오차도 같이 포함하고 있다.

표 8-1 단순선형회귀 설문지

문1) ○○ 브랜드 커피숍의 내부 시설 인테리어에 대해 어느 정도 만족 또는 불만족하는지를 보기의 평가에 의하여 응답하여 주십시오.

①	②	③	④	⑤
전혀 마음에 들지 않는다	마음에 들지 않는 편이다	보통이다	약간 마음에 드는 편이다	매우 마음에 든다

문2) ○○ 브랜드 커피숍의 모든 사항들을 전반적으로 고려할 때 이용하고 싶은 생각이 얼마나 드는지를 보기의 척도에 의해서 응답하여 주십시오.

①	②	③	④	⑤
이용하고 싶은 생각이 전혀 들지 않는다	이용하고 싶은 생각이 들지 않는 편이다	보통이다	이용하고 싶은 생각이 약간 드는 편이다	이용하고 싶은 생각이 매우 많이 든다

엑셀의 '데이터 → 데이터 분석 → 회귀분석'을 선택해서 클릭한 후 회귀분석 대화 상자에서 그림 8-1과 같이 Y축 입력 범위에 종속 변수인 전반적 이용 의향의 데이터 범위를, X축 입력 범위에 독립 변수인 내부 시설 인테리어 평가의 데이터 범위를 입력한 후 확인을 클릭하면 그림 8-2와 같은 단순선형회귀분석 결과가 출력된다. 그림 8-2의 결과를 분석하면 다음과 같다.

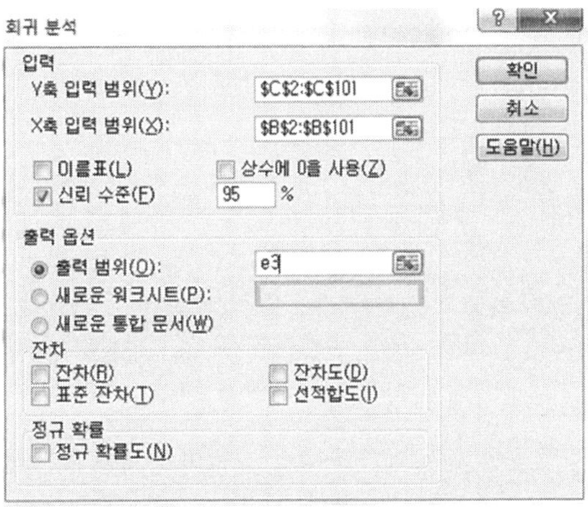

그림 8-1 단순선형회귀분석 대화 상자

	A	B	C	D	E	F	G	H	I	J	K	L	M
1	id	시설 인테리어	전반적 이용 의향										
2	1	5	4										
3	2	3	4		요약 출력								
4	3	3	4										
5	4	4	3		회귀분석 통계량								
6	5	1	1		다중 상관계수	0.535734							
7	6	4	3		결정계수	0.287011							
8	7	5	5		조정된 결정계수	0.279735							
9	8	3	4		표준 오차	0.681247							
10	9	5	4		관측수	100							
11	10	3	4										
12	11	3	4		분산 분석								
13	12	3	4			자유도	제곱합	제곱 평균	F 비	유의한 F		기각치	
14	13	4	4		회귀	1	18.30842	18.30842	39.44948	9.27E-09		3.93811	
15	14	4	4		잔차	98	45.48158	0.464098					
16	15	4	4		계	99	63.79						
17	16	4	4										
18	17	4	4			계수	표준 오차	t 통계량	P-값	하위 95%	상위 95%		
19	18	4	4		Y 절편	2.137414	0.244152	8.754438	6.08E-14	1.652902	2.621926		기각치
20	19	4	4		X 1	0.439578	0.069987	6.280882	9.27E-09	0.300692	0.578464		1.98447

그림 8-2 단순선형회귀분석 결과

① 요약출력 부분의 결정계수에 '0.287'이라는 수치가 나타나 있다. 이는 내부 시설 인테리어에 대한 평가가 카페의 이용 의향을 결정하는 데 28.7%를 설명하고 있으며, 나머지 71.3%(=100%−28.7%)는 다른 요인들에 의해서 카페 이용 의향이 설명된다는 의미이다.

② 그림 8-2의 분산분석표는 $\hat{Y}_i = \hat{\alpha} + \hat{\beta}X_i$ 함수가 유의미한 모형인가를 검정한 결과로써, '*F*비'라고 표현된 통계량이 검정통계량이고, '유의한 *F*'라고 표현된 것이 유의확률(*p*-value)이다. 먼저 '유의한 *F*'라고 표현된 *p*-value = 0.000으로써 0.05(유의수준 5% 가정)보다 작으므로 귀무가설을 기각할 수 있다. 즉 $\hat{Y}_i$(커피숍 이용 의향)= $\hat{\alpha} + \hat{\beta}X_i$(내부 시설 인테리어 모형)모형이 통계적으로 유의한 모형이라고 판단할 수 있다.

참고

회귀분석 모형의 통계적 유의성을 검정하기 위한 *F*-통계량은 자유도가 (분자 d.f. = 회귀계수의 수, 분모 d.f. = 응답자수−독립 변수의 수−1)인 *F*-분포에 따르며, 기각치와 *p*-value는 다음과 같은 엑셀 함수에 의해 구할 수 있다.

p-value = @fdist(*F*-test 통계량값, 회귀모형의 자유도, 잔차의 자유도)
= @fdist(*F*-test 통계량값, 독립 변수의 수, 표본수−독립 변수의 수−1)
= @fdist(I14, 1, 98)
= 0.0000

기각치 = @finv(유의수준, 회귀모형의 자유도, 잔차의 자유도)
= @finv(유의수준, 독립 변수의 수, 표본수−독립 변수의 수−1)
= @finv(0.05, 1, 98)
= 3.93811

③ 회귀분석의 통계적 유의성을 검정하는 기각역은 'F-통계량 > 기각치'일 때 귀무가설을 기각한다. 그러나 엑셀의 회귀분석 메뉴를 선택하면 분산분석표에서 회귀모형의 유의성을 검정하기 위한 기각치를 제시해 주지 않는다. 따라서 '참고'와 같이 기각치를 계산하면 '3.93811'을 얻을 수 있다. 따라서 F-통계량(F비) = 39.449 > 기각역 = 3.93811이므로 귀무가설을 기각할 수 있다. 즉 회귀모형이 통계적으로 유의미하다고 결론을 지을 수 있다.

④ 이번에는 독립 변수 β의 유의성에 대한 검정을 살펴보겠다. 즉 '귀무가설 H_0 : $\beta = 0$ vs 대립가설 H_1: $\beta \neq 0$'에 대한 검정이다. 엑셀 분석 결과를 보면 X의 계수인 β의 추정치는 0.4396이다. 즉 이는 인테리어 선호도가 '1'단위 증가하면 커피숍 이용 의향이 0.4396 증가한다는 뜻이다. 그러나 이러한 결론을 내리기 전에 독립 변수에 대한 회귀계수의 추정치인 0.4396이 통계적으로 유의한 변수인가를 확인하여야 한다. 먼저 X의 회귀계수 β=0에 대한 검정 결과 p-value가 0.000이므로 귀무가설을 강하게 기각할 수 있다.

참고

회귀분석에서 독립 변수의 통계적 유의성을 검정하기 위한 ***t*-통계량은 자유도가 (표본수−독립 변수의 수−1)인 *t*-분포**를 따르며, t-분포의 기각치와 p-value는 다음과 같은 엑셀 함수에 의해서 구한다. 양측 검정에 대한 엑셀 함수의 옵션을 다음과 같이 이용하였다.

p-value = @tdist(t-통계량 절댓값, 자유도, 2)
= @tdist(H20, 98, 2), ※ 단측 검정일 경우는 @tdist(H20, 98, 1)
= 0.0000
기각치 = @tinv(유의수준, 자유도)
※ 단측 검정일 경우는 @tinv(유의수준×2, 자유도)
= @tinv(0.05, 98)
= 1.98447

⑤ 또한 '귀무가설 $\beta = 0$ vs 대립가설 $\beta \neq 0$'을 검정하기 위한 기각역은 '| t-통계량 | > 기각치'일 때 귀무가설을 기각한다. 그러나 엑셀의 회귀분석 결과에서

는 독립 변수의 유의성을 검정하기 위한 기각치를 제시해 주지 않으므로 '참고'와 같은 방식으로 계산하면 1.98447이 계산된다. 따라서 *t*-test 통계량 = 6.281 > 기각역 = 1.98447이므로 귀무가설을 기각할 수 있다. 즉 인테리어에 대한 고객들의 평가는 커피숍의 이용 의향에 유의미한 영향력을 미치며, 전체 커피숍 이용 의향을 설명하는 요인 중 28.7%를 설명한다고 결론을 지을 수 있다.

표 8-2 회귀계수의 기각역

귀무가설	대립가설	기각역	p-value
$H_0 : \beta \le \beta_0$	$H_1 : \beta > \beta_0$	*t*-통계량 ≥ 기각치 = @tinv(유의수준×2, 자유도)	@tdist(*t*-통계량, 자유도, 1)
$H_0 : \beta \ge \beta_0$	$H_1 : \beta < \beta_0$	*t*-통계량 ≤ - 기각치 = - @tinv(유의수준×2, 자유도)	@tdist(*t*-통계량, 자유도, 1)
$H_0 : \beta = \beta_0$	$H_1 : \beta \neq \beta_0$	∣*t*-통계량∣≥ 기각치 = @tinv(유의수준, 자유도)	@tdist(∣*t*-통계량∣, 자유도, 2)

※ 자유도 = 표본수-독립 변수의 수-1

그러나 이와 같은 선형회귀모형을 사용하기 위해서는 선형성, 등분산성, 독립성, 정규성 등의 모형에 대한 가정들이 전제되어 있으며, 이러한 가정들을 확인하기 위하여 잔차분석을 사전에 진행하여야 한다. 실제 회귀계수를 추정하는 최소제곱법(least square method)은 이러한 가정에 아주 민감하지는 않으므로 큰 문제가 없는 경우가 대부분이지만, 만일 모형의 가정이 심하게 위반된다면 잘못된 분석 결과 – 심지어 모집단의 현상과 정반대의 결론 – 를 유도할 가능성이 있으므로 주의해야 한다.

이 책에서는 잔차분석의 이론적 설명 및 분석방법에 대해서는 설명하지 않으며 이는 회귀분석 전문 서적을 참고하기 바란다.

8.2 다중선형회귀분석 및 유의성 검정

고객들의 커피숍 이용 여부를 결정하는 데는 내부 시설 인테리어뿐만 아니라 가격, 커피 맛, 직원들의 서비스 등 다양한 요인들이 영향을 미칠 것이다. 또한 이러한 다양한 요인들을 종합적으로 고려한다면, 내부 시설 인테리어 하나의 독립 변수 만으로 종속 변수인 전반적 이용 의향을 설명할 때보다 많은 정보를 가지고 더욱 효율적으로 전반적 이용 의향의 변화를 설명할 수 있을 것이다.

이렇게 **독립 변수가 2개 이상인 다음과 같은 선형회귀모형을 다중선형회귀모형(multiple linear regression model)**이라고 한다.

$$Y_i = \alpha + \beta_1 X_{1i} + \beta_2 X_{2i} + \beta_3 X_{3i} + \beta_4 X_{4i} + \varepsilon_i,\ i = 1,2,3,....n$$

여기서 n : 표본수

X_{1i} : i번째 응답자의 시설 인테리어 평가

X_{2i} : i번째 응답자의 가격 합리성에 대한 평가

X_{3i} : i번째 응답자의 커피 맛에 대한 평가

X_{4i} : i번째 응답자의 직원 친절성에 대한 평가

α : 상수항

β_i : i번째 독립변수의 회귀계수

ε_i : 오차~iidN(o, σ^2)

앞의 예제에서 인테리어뿐만 아니라 가격 합리성, 커피 맛, 직원들의 서비스 친절성에 대해서 표 8-3과 같이 추가로 질문하여 예제 데이터 8-2와 같은 결과를 얻었다(표본수 100).

'데이터 → 데이터 분석 → 회귀분석'을 선택하여 클릭하면 그림 8-3과 같은 대화 상자가 나타난다. 한 가지 주목할 점은 데이터 입력 범위이다. '*Y*축 입력 범위'에 종속 변수인 전반적 이용 의향 데이터가 입력되어 있는 'F1..F101'을 입력하는 것은 단순선형회귀분석과 동일하지만, '*X*축 입력 범위'에는 4개의 독립 변수 데이터를 모두 묶어서 데이터 범위를 지정해 주어야 한다. 즉 첫 번째 독립 변수의 위치인 B열의 첫 번째 응답자(B2)부터 마지막 독립 변수의 마지막 응답자 위치(E101)까지 묶어서 지정을 한다는 점이다. 따라서 원천 데이터(raw data) 입력 시 독립 변수 데이터는 전체 영역을 묶어서 입력해야 할 것이다.

표 8-3 다중선형회귀모형의 설문지

문1) ○○ 브랜드 커피숍의 다음 항목들에 대해서 얼마나 만족 또는 불만족하는지를 보기의 척도에 의해서 평가해 주십시오.

	①	②	③	④	⑤
	전혀 마음에 들지 않는다	마음에 들지 않는 편이다	보통이다	약간 마음에 드는 편이다	매우 마음에 든다
시설 인테리어					
가격 합리성					
커피 맛					
직원 친절성					

문2) 그렇다면 인테리어, 가격, 커피 맛, 친절성 등을 모두 종합적으로 고려할 때 ○○ 브랜드 커피숍을 전반적으로 이용하고 싶은 생각은 어느 정도인지를 보기의 척도에 응답하여 주십시오.

①	②	③	④	⑤
이용하고 싶은 생각이 전혀 들지 않는다	이용하고 싶은 생각이 들지 않는 편이다	보통이다	이용하고 싶은 생각이 약간 드는 편이다	이용하고 싶은 생각이 매우 많이 든다

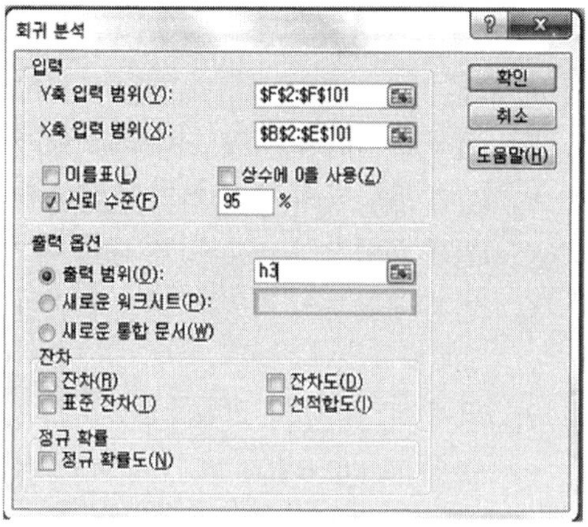

그림 8-3 다중선형회귀모형 대화창

	A	B	C	D	E	F
1	id	시설 인테리어	가격 합리성	커피 맛	직원 친절	전반적 이용 의향
2	1	5	4	5	5	4
3	2	3	4	5	4	4
4	3	3	4	4	4	4
5	4	4	4	4	4	3
6	5	1	4	4	4	1
7	6	4	4	5	3	3
8	7	5	4	4	4	5
9	8	3	4	4	3	4
10	9	5	4	4	2	4
11	10	3	4	5	2	4
12	11	3	4	4	3	4
13	12	3	4	4	5	4
14	13	4	5	4	4	4
15	14	4	4	4	3	4
16	15	4	4	4	3	4
17	16	4	4	4	3	4
18	17	4	5	4	2	4
19	18	4	4	4	3	4
20	19	4	4	5	4	4
21	20	2	4	4	3	2
22	21	5	4	4	5	5
23	22	4	4	4	5	4
24	23	4	4	4	3	4
25	24	4	4	5	4	4

요약 출력

회귀분석 통계량	
다중 상관계수	0.60766
결정계수	0.36925
조정된 결정계수	0.34269
표준 오차	0.65079
관측수	100

분산 분석

	자유도	제곱합	제곱 평균	F 비	유의한 F		기각치
회귀	4	23.5545	5.88864	13.9037	5.7713E-09		2.46749
잔차	95	40.2355	0.42353				
계	99	63.79					

	계수	표준 오차	t 통계량	P-값	하위 95%	상위 95%
Y 절편	0.7193	0.56304	1.27754	0.20453	-0.3984708	1.83708
X 1	0.32272	0.07696	4.19337	6.2E-05	0.1699356	0.4755
X 2	0.29615	0.12574	2.35533	0.02056	0.04653294	0.54577
X 3	0.04487	0.07504	0.59794	0.5513	-0.1041005	0.19384
X 4	0.14955	0.07066	2.11641	0.03692	0.00926816	0.28983

회귀 계수의 기각치 = @tinv(유의 수준, 자유도) = @tinv(0.05, 100-4-1) = 1.98525

그림 8-4 다중선형회귀모형 분석

대화창에 입력 후 확인을 클릭하면 그림 8-4와 같은 분석 결과가 출력 범위로 지정한 'H3' 위치에 출력된다. 먼저 결정계수가 0.3693(36.9%)으로써 이는 4개의 독립 변수가 고객들의 커피숍 이용 의향을 36.9% 설명하고 있다는 것이다. 나머지 63.1%는 4가지 독립 변수 이외의 커피숍 이용 의향을 결정하는 요인들의 설명력이다(예를 들어 매장 위치, 주차 시설, 브랜드, 내부 공간 평수, 점원의 성실성 등 다양한 요인들이 있을 것이다). 앞의 예제 데이터 8-1에서 독립 변수(인테리어) 하나만 있던 단순회귀분석의 설명력(28.7%)보다 상승한 것을 볼 수 있다.

회귀분석에서는 이렇게 독립 변수의 수가 증가하면 회귀모형의 결정계수(회귀모형의 설명력)가 증가하는 경향이 있다. 이렇게 독립 변수의 수가 증가함에 따라 커지는 결정계수가 아니라 순수회귀모형 만의 결정계수를 나타낸 통계량이 조정된(adjusted) 결정계수(0.3427)이다. 따라서 독립 변수의 수와 무관하게 가장 설명력이 큰 회귀모형을 탐색할 시는 조정된 결정계수(adjusted r-square)를 보고 판단한다.

다중선형회귀분석에서 모형의 유의성을 검정하기 위하여 다음과 같은 가설을 설정할 수 있다.

$$\text{귀무가설 } H_0: \beta_1 = \beta_2 = \beta_3 = \beta_4 = 0 \text{ vs 대립가설 } H_1: \text{not } H_0$$

즉 귀무가설은 4개의 모든 독립 변수의 회귀계수가 '0'이라는 가설로써, "회귀모형 자체가 종속 변수를 설명하는데 전혀 유의성이 없다"라는 뜻이다. 반면 대립가설은 "모든 독립 변수 중 최소한 한 개 이상은 독립 변수를 설명하는 데 유의한 영향을 갖는다"라는 가설로써 회귀모형이 통계적으로 유의하다는 뜻이다.

먼저 회귀모형의 유의성을 검정하기 위하여 그림 8-4의 분산분석표를 보면 '유의한 *F*'로 표현된 *p*-value가 0.000으로 귀무가설을 강하게 기각할 수 있다. 즉 회귀모형이 통계적으로 유의한 설명력을 갖는다는 것이며, 이는 4개의 독립 변수 중에서 최소한 한 개 이상의 독립 변수가 종속 변수를 유의하게 설명한다는 의미이다.

참고

회귀모형의 유의성을 검정하는 *F*-통계량은 자유도가 (회귀식의 자유도, 잔차의 자유도)인 *F*-분포를 따르며, 이는 흔히 F_0~*F*(독립 변수의 수, 표본수−독립 변수의 수−1)로 표현한다. 또한 *F*-통계량은 회귀모형에 의한 분산과 잔차에 의한 분산비로 계산되며, 이러한 관점에서 분산분석(ANOVA, ANalysis Of VAriance)이라고 한다.

단순선형회귀모형에서와 마찬가지로 '***F*-통계량 > 기각치**'일 때 귀무가설을 기각할 수 있는데, 엑셀의 회귀분석에서는 기각치를 제시해 주지 않으므로 다음과 같이 기각치를 계산할 수 있다.

p-value = @fdist(*F*-통계량값, 회귀모형의 자유도, 잔차의 자유도)
= @fdist(L14, 4, 95)
= 0.0000

기각치 = @finv(유의수준, 회귀모형의 자유도, 잔차의 자유도)
= @finv(0.05, 4, 95)
= 2.4675

따라서 F-통계량 = 13.9037 > 기각치 = 2.4675이므로 귀무가설을 기각하고 회귀 모형이 통계적으로 유의하다고 결론을 지을 수 있다.

다음은 각각의 독립 변수들에 대한 통계적 유의성을 검증해 보겠다. 각 독립 변수들의 가설과 기각역, 이를 계산하는 엑셀 함수는 표 8-4와 같다.

표 8-4 다중회귀계수의 기각역

귀무가설	대립가설	기각역	p-value
$H_0 : \beta_i \leq \beta_0$	$H_1 : \beta > \beta_0$	t-통계량 ≥ 기각치 @tinv(유의수준×2, 자유도)	@tdist(t-통계량, 자유도, 1)
$H_0 : \beta_i \geq \beta_0$	$H_1 : \beta < \beta_0$	t-통계량 ≤ 기각치 - @tinv(유의수준×2, 자유도)	@tdist(t-통계량, 자유도, 1)
$H_0 : \beta_i = \beta_0$	$H_1 : \beta \neq \beta_0$	∣ t-통계량 ∣ ≥ 기각치 @tinv(유의수준, 자유도)	@tdist(∣ t-통계량 ∣ , 자유도, 2)

참고

회귀계수의 유의성을 검정하기 위한 t-통계량은 자유도가 $n-k-1$(표본수−독립 변수의 수−1)인 t-분포를 따르며, 흔히 $t_0 \sim t(n-k-1)$과 같이 표현한다. 이러한 t-분포 가정 하에 표 8-4와 같은 기각역과 p-value가 정의된다.

독립 변수들의 회귀계수 값을 보면 X_1(시설 인테리어)→X_2(가격 합리성)→X_4(직원 친절성)→X_3(커피 맛)의 순으로 종속 변수에 영향력을 미치는 것으로 나타났으나, X_3의 p-value(=0.5513) > 0.05이어서 95% 신뢰수준 하에서 귀무가설을 기각할 수 없으므로 X_3 변수는 통계적으로 유의하다고 할 수 없다.

한편 앞에서 설명한 것과 같이 엑셀에서는 회귀계수의 유의성 검정을 위한 기각치를 제시해 주지 않으므로 표 8-4에 따라 기각역을 구하면 다음과 같다. 단, 유의수준은 0.05로 지정한다.

단측 검정의 기각치 = @tinv(유의수준×2, 자유도)
= @tinv(0.05×2, 표본수−독립 변수의 수−1)
= @tinv(0.1, 95)
= 1.6611

양측 검정의 기각치 = @tinv(유의수준, 자유도)
= @tinv(0.05, 표본수−독립 변수의 수−1)
= @tinv(0.05, 95)
= 1.9864

따라서 X_1~X_4 독립 변수들은 다음과 같이 기각 여부를 결정할 수 있다(양측 검정 기준).

X_1(시설 인테리어) → t-통계량 = 4.1934 > 기각치 = 1.9864 → 귀무가설 기각
X_2(가격 합리성) → t-통계량 = 2.3553 > 기각치 = 1.9864 → 귀무가설 기각
X_3(커피 맛) → t-통계량 = 0.5979 < 기각치 = 1.9864 → 귀무가설 채택
X_4(직원 친절성) → t-통계량 = 2.1164 > 기각치 = 1.9853 → 귀무가설 기각

즉 β_1, β_2, β_4는 귀무가설을 기각할 수 있으나 β_3는 귀무가설을 기각할 수 없으므로, ○○ 브랜드 키피숍의 이용 의향을 유발하는 데 커피 맛은 통계적으로 유의미한 영향력이 없는 반면, 내부 인테리어가 가장 큰 영향력을 갖고, 다음으로 가격, 직원들의 친절성 등이 커피숍 고객수를 늘리는 데 영향력을 갖는다고 결론지을 수 있다. 즉 고객들은 커피보다는 편안한 분위기에서 적당한 가격에 직원들의 서비스와 시설을 이용하고자 커피숍을 방문하는 것이다.

커피숍의 본원적 속성인 커피 맛이 고객 방문에 영향을 미치지 못하고, 부가적 요인인 인테리어, 가격, 직원 친절성 등이 커피숍 운영에 가장 중요한 요인임을 회귀분석을 통해서 발견해 낸 것이다. 물론 설명의 이해를 높이기 위하여 임의로 만든 가상 데이터임을 밝혀 둔다.

다중선형회귀분석에서 독립 변수들 간에 강한 상관 관계가 있는지를 반드시 점검해야 하는데, 이렇게 **독립 변수 간의 높은 선형적 상호 연관 관계를 다중공선성 (multicollinearity)**이라고 한다. 문제는 다중회귀분석에서 **다중공선성이 심하면 추정 계수가 매우 불안정해져서 잘못된 계수가 계산**되어 나타날 수 있다는 것이다. 다중공선성이 심할 때 나타나는 현상으로는 회귀모형 자체의 유의성을 검정하는 F-test 결과가 유의하게 나타난 반면 개별 회귀계수가 유의하지 않은 상반된 결과가 나타나거나, 회귀계수가 상식적 생각과 정반대의 부호로 나타날 수 있다. 예를 들어 인테리어 선호도의 회귀계수가 (−)가 나오는 현상과 같이 당연히 (+)가 나와야 할 회귀계수가 (−)가 나오는 경우 등이다.

이러한 다중공선성의 정도를 직접 하나의 총체적인 계량적 지표로 측정할 수 있는 통계적 지표는 존재하지 않으나, 다만 각 독립 변수의 분산 확대 인자(VIF: Variance Inflation Factor)를 사용하는 방법이 있다. 모든 개별 독립 변수마다 VIF 지수를 계산하여 통상적으로 **VIF가 10보다 크면 해당 독립 변수와 다른 독립 변수들 간에 상호 연관 관계가 존재한다고 간주한다.**

그러나 엑셀의 회귀분석에서는 이러한 다중공선성을 측정하는 VIF 지표가 출력되지 않는다. 물론 엑셀의 역행렬 함수 등을 이용하여 구할 수는 있지만 이는 VIF에 대한 수리적 이론과 역행렬에 대한 개념, 엑셀 함수를 익혀야 하는데, 수리적 이론이 어려우므로 차라리 SAS나 SPSS 등의 통계 전문프로그램을 이용하

는 것이 효율적이다. VIF 외에도 다중공선성을 진단할 수 있는 방법으로는 독립 변수들 간의 상관계수를 추정하여 이 값이 매우 큰 경우 두 독립 변수 간에는 다중공선성의 문제가 발생한다는 것을 알 수 있다. 따라서 엑셀의 상관분석 기능을 이용하여 다중공선성을 추정해 볼 수는 있다. 앞의 예에서 4개의 독립 변수 간 상관계수를 구하면 그림 8-5와 같은 독립 변수들의 상관계수 행렬이 나타난다. 4개의 독립 변수들 간에 상관계수가 가장 높은 경우는 X_1(내부 시설 인테리어)과 X_4(직원 친절성) 간의 0.48로써, 이들 간 유의적인 상관성을 보이기는 하나 다중공선성을 일으킬 만큼 상관계수의 절대크기가 크지 않아 다중공선성 문제는 발생하지 않는 것으로 판단할 수 있다. 그 외에도 다중회귀모형의 설명력인 결정계수(r^2)는 높지만 회귀모형의 독립 변수들이 유의하지 않게 나타나는 경우가 있는데, 이러한 경우 독립 변수들 간에 높은 선형의 상관성이 있음을 의심할 수 있다.

다중공선성이 의심되면 다음과 같은 방법으로 다중공선성 문제를 해결할 수 있다. 능형 회귀분석(ridge regression)이나 주성분 회귀분석(principal component regression)으로부터 편의 추정량(biased estimator)을 구하는 계수 추정 방법을 사용할 수 있는데, 이들 방법은 고차원적 통계 이론을 요구하므로 이 책에서는 언급을 피한다. 다만, 쉽게 문제를 해결할 수 있는 방법은 다중공선성 문제를 일으키는 변수를 제거하는 것이다. 일반적으로 다중공선성 문제를 일으키는 독립 변수들 중 종속 변수와의 상관성이 높은 변수를 남겨두거나, 상관성이 유사하다면 종속 변수와의 해석이 용이한 독립 변수를 남겨두는 것이 좋다. 위의 예에서 엑셀을 이용하여 X_1(내부 시설 인테리어)을 제외한 다중회귀모형을 분석하고, 또한 X_4(직원 친절성)를 제외한 다중선형회귀모형을 분석한 후 결과를 비교하여 수정된 결정계수가 높은 모형을 이용하는 방법도 하나의 해결 방법일 것이다.

문제는 사회과학에서는 응답자들이 설문 항목에 응답하는 과정에서 독립 변수 간 응답치의 상호 연관 관계가 발생하는 경향이 높다는 것이다. 따라서 엑셀을 이용하여 다중선형회귀분석을 사용할 시는 ① 독립 변수 간 상관계수를 체크해 보고, ② 독립 변수 간 연관 관계가 의심되면 상관계수의 유의성 검정을 확인한 후 ③ 다중공선성이 의심될 때는 해당 변수를 제외한 회귀모형의 결정계수를 확인하여 삭제할 변수를 선택하는 것이 좋다. ④ 만약 독립 변수의 수가 많아서 일일이 엑셀로 작업하기가 어려울 경우에는 반드시 전문 통계 프로그램을 이용하거나 전문가에게 상의하는 것이 중요하다.

	Column 1	Column 2	Column 3	Column 4
Column 1	1			
Column 2	0.194147	1		
Column 3	0.124144	0.062567	1	
Column 4	0.480005	0.155975	0.288529	1

그림 8-5 독립 변수들의 상관계수 행렬

9장

범주형 자료의 독립성 검정

9.1 비율값 차이에 대한 검정

지금까지는 주로 연속형 데이터에 대해서 설명하였다. 즉 선호도나 구매 의향 등과 같이 일정한 양적인 척도를 갖는 연속형 변수의 자료를 분석하는 방법에 대해서 설명하였다. 5점 척도 같은 순서형 척도는 명확한 의미의 연속형 변수는 아니지만 일반적으로 양적인 분석방법론에 의하여 분석을 하기도 한다.

그러나 이와 같은 연속형 자료가 아니라 범주형 자료(categorical type data)로 조사가 진행될 경우가 있다. 예를 들어 모 건설 회사에서 아파트를 건설하는 과정에서 3개의 실내 인테리어 디자인을 고민하다가 어느 것을 고객들이 가장 선호할 것인가를 파악하기 위하여, 분양 의향률(범주)이 3가지 인테리어 디자인(모집단)별로 동일한지를 조사하기로 하였다. 모 건설회사는 입주 예정자들을 대상으로 3가지 인테리어 디자인의 시안을 각각 100명에게 제시한 후 분양 의향을 질문하였다. 조사 결과, 예제 데이터 9-1과 같은 자료가 얻어졌다고 하자. 이와 같은 형태의 서로 배반적인 분할된 범주의 데이터 분석을 범주형 자료 분석이라고 한다.

		아파트 인테리어 타입			
		A	B	C	계
	분양 희망	25	45	30	100
분양 의향	분양 비희망	75	55	70	200
	계	100	100	100	300

그림 9-1 아파트 인테리어 디자인 타입별 분양 의향

3가지 인테리어 디자인 타입별 모집단의 분양 의향률을 각각 P_1, P_2, P_3라고 하면 귀무가설과 대립가설은 다음과 같이 설정된다.

- 귀무가설 $H_0: P_1 = P_2 = P_3$

  3가지 타입의 인테리어 디자인에 대한 분양 의향률이 모두 동일하다.
- 대립가설 $H_1: \text{not } H_0$

  3가지 타입의 인테리어 디자인에 대한 분양 의향률이 모두 같지는 않다.

이와 같은 범주형 자료의 비율값 차이를 검정하기 위해서는 먼저 기대 도수를 구해야 하는데, 그림 9-1에 제시된 데이터는 실제 관찰된 관측 도수이며, 표 9-1과 같이 표현할 수 있다. 즉 A 디자인에 대한 분양 희망자의 수를 'X_{11}'이라고 하고, 분양 비의향자의 수를 'X_{21}' 등과 같은 방법으로 표현하였다.

표 9-1 관측 도수

	A 디자인	B 디자인	C 디자인	계
분양 희망	X_{11}	X_{12}	X_{13}	R_1
분양 비희망	X_{21}	X_{22}	X_{23}	R_2
계	C_1	C_2	C_3	n

표 9-1과 같은 관측 도수의 각 셀에 대한 기대 도수를 추정하면 표 9-2와 같이 구할 수 있다.

X_{ij}의 기대도수 $= E_{ij}$

$= (i$행의 관측 도수 합$\times$j열의 관측 도수 합$)$ / 전체 표본수

$= R_i \times C_j / n$

표 9-2 기대 도수

	A 디자인	B 디자인	C 디자인
분양 희망	$(R_1 \times C_1)/n$	$(R_1 \times C_2)/n$	$(R_1 \times C_3)/n$
분양 비희망	$(R_2 \times C_1)/n$	$(R_2 \times C_2)/n$	$(R_2 \times C_3)/n$

예제 데이터 9-1의 관측 도수와 기대 도수를 표 9-2와 같은 방식으로 구하면 그림 9-2와 같다.

	A	B	C	D	E	F	G
1							
2							
3	관측 도수		아파트 인테리어 타입				
4			A	B	C	계	
5		분양 희망	25	45	30	100	
6	분양 의향	분양 비희망	75	55	70	200	
7		계	100	100	100	300	
8							
9							
10	기대 도수		선호 브랜드				
11			A	B	C	계	
12		분양 희망	33.3	33.3	33.3	100.0	
13	분양 의향	분양 비희망	66.7	66.7	66.7	200.0	
14		계	100.0	100.0	100.0	300	

그림 9-2 아파트 인테리어 디자인의 분양 의향 자료의 기대도수

한편 '귀무가설 $H_0 : P_1 = P_2 = P_3$'를 검정하기 위하여 기각역과 검정통계량을 구해야 하는데, 먼저 표 9-1의 관측 도수와 표 9-2의 기대 도수를 다음과 같이 표현해 보자. 즉 관측(Observation)의 머리 글자 'O'와 기대(Expectation)의 머리 글자 'E'를 따서 표현하면 표 9-3과 같다.

표 9-3 관측 도수와 기대 도수

관측 도수	A 디자인	B 디자인	C 디자인
분양 희망	O_{11}	O_{12}	O_{13}
분양 비희망	O_{21}	O_{22}	O_{23}
기대 도수	A 디자인	B 디자인	C 디자인
분양 희망	E_{11}	E_{12}	E_{13}
분양 비희망	E_{21}	E_{22}	E_{23}

귀무가설을 검정하기 위한 Chi-square(χ^2) 검정 통계량은 다음과 같으며, 또한 기각역, 유의확률(*p*-value)과 이에 대한 엑셀 함수는 표 9-4와 같다.

$$\chi^2 = \sum_{\text{i}}\sum_{\text{j}} \frac{\left(O_{\text{ij}} - E_{\text{ij}}\right)^2}{E_{\text{ij}}} \sim \chi^2\left(\text{d.f.} = (R-1)(C-1)\right)$$

여기서 R: 행의 수
C: 열의 수
E_{ij}: i행 j열의 기대치
O_{ij}: i행 j열의 관측치

표 9-4 범주형 자료에 대한 비율값 차이 검정의 기각역

귀무가설 H_0	$P_1 = P_2 = P_3 = P_4 = \cdots\cdots = P_C$
대립가설 H_1	not H_0
기각역	χ^2-통계량 > 기각치 = @CHIINV(유의수준, (행의 수−1)×(열의 수−1))
p-value	유의확률 *p*-value = @CHITEST(관측 도수 데이터 범위, 기대 도수 데이터 범위)

참고

표 9-4의 기각역과 유의확률은 범주형 자료의 행의 수가 R이고 열의 수가 C일 때, Chi-square 검정통계량은 자유도가 '$(R-1)\times(C-1)$'인 χ^2 분포를 따른다는 통계학의 분포 이론에 의해 도출된다.

이제 그림 9-3을 참고하여 '아파트 인테리어 디자인 타입별 분양 의향이 모두 같은가'에 대한 귀무가설의 검정 방법을 설명한다.

먼저 *p*-value를 다음과 같이 구하면 유의수준을 0.05라고 할 때 유의확률 = 0.00764 < 유의수준 = 0.05이므로 귀무가설을 기각할 수 있다.

p-value = @CHITEST(관측 도수 데이터 범위, 기대 도수 데이터 범위)
= @CHITEST(C5..E6, C12..E13)
= 0.00764

기각치(임계값)는 다음과 같이 구한다.

기각치 = @CHIINV(유의수준, (행의 수−1) × (열의 수−1))
= @CHIINV(0.05, (2−1) × (3−1))
= 5.99146

범주형 자료의 비율값 차이를 검정하는 χ^2 검정통계량은 각 셀별로 '(관측 도수 −기대 도수)^2 / 기대 도수'를 계산하여 모두 합하여야 하는데, 행의 수와 열의 수가 많을 시는 매우 번거로운 작업이다. 따라서 **유의확률(p-value)이 주어졌을 때 검정통계량을 역으로 계산하는 엑셀 함수식을 이용**하여 구할 수 있다.

검정통계량 = @CHIINV(유의확률, (행의 수−1) × (열의 수−1))
= @CHIINV(C18, 2)
= @CHIINV(0.00764, 2)
= 9.75

검정통계량 = 9.75 > 기각치 = 5.99146이므로 역시 귀무가설을 기각할 수 있음을 알 수 있다.

참고

χ^2 분포의 유의확률은 검정통계량보다 큰 확률인 $P(\chi^2_{(R-1)(C-1)} >$ 검정통계량 $\chi^2_0)$을 구하는 것이므로, 유의확률이 주어졌을 때는 그의 역함수를 이용하여 검정통계량을 엑셀 함수 '@CHINV (유의확률, (행의 수−1) × (열의 수−1))'에 의해서 구할 수 있다.

한편 각 인테리어 디자인의 분양 의향률은 각각의 '분양 희망자수 / 각 디자인 타입의 표본수'이므로 다음과 같이 추정할 수 있다.

A 인테리어 타입의 분양 의향률 $P_{10} = 25 / 100 = 0.25$
B 인테리어 타입의 분양 의향률 $P_{20} = 45 / 100 = 0.45$
C 인테리어 타입의 분양 의향률 $P_{30} = 30 / 100 = 0.30$

위의 예에서는 디자인 타입별 표본의 분양 의향률이 다르게 나타났고, 95% 신뢰수준 하에서 귀무가설을 기각할 수 있으므로 이는 실제 모집단의 디자인 타입별 분양 의향률이 다르다고 결론을 지을 수 있다.

	A	B	C	D	E	F	G	H	I
1									
2									
3		관측 도수		아파트 인테리어 타입					
4			A	B	C	계			
5		분양 희망	25	45	30	100			
6	분양 의향	분양 비희망	75	55	70	200			
7		계	100	100	100	300			
8									
9									
10		기대 도수		아파트 인테리어 타입					
11			A	B	C	계			
12		분양 희망	33.3	33.3	33.3	100.0			
13	분양 의향	분양 비희망	66.7	66.7	66.7	200.0			
14		계	100.0	100.0	100.0	300			
15									
16									
17									
18		p-value	0.00764	@chinest(관측치 범위, 예측치 범위) = @CHITEST(c5:e6,c12:e13)					
19		유의수준	0.05						
20		자유도	2	(행의 범주수 -1) x (열의 범주수 - 1) = (2-1)*(3-1)					
21		임계값(C.R.)	5.99146	@chiinv(유의수준,자유도) = @CHIINV(C19,C20)					
22		검정 통계량	9.75	chiinv(p-value,자유도) = @CHIINV(c18,c20)					
23									
24		귀무 가설 기각							
25									
26									

그림 9-3 인테리어 디자인 유형별 분양 의향률 차이에 대한 검정

9.2 독립성 검정

모 자동차 회사에서 은퇴 후 여가를 즐기려는 고연령층을 대상으로 한 자동차 신제품을 개발하려고 한다. 자동차의 기능이나 콘셉트가 정해진 후에, 60대 이상 타깃 집단이 좋아하는 차별적인 자동차 색상을 파악하려고 먼저 연령별로 선호하는 자동차 색상의 차이가 있는가를 조사하였다. 즉 붉은 계열, 푸른 계열, 검은 계열, 흰색 계열 등 4가지 계열의 색상 중에 가장 좋아하는 자동차 색상에 대해 1,000명을 조사한 결과, 각 연령대별로 200명씩 응답하여 예제 데이터 9-2를 얻었다.

표 9-5 자동차 색상별 선호도 질문

문) 다음의 자동차 색상별로 귀하께서 가장 선호하시는 색상은 무엇인지 하나만 선택하여 주십시오. 1) 붉은 계열 2) 푸른 계열 3) 검은 계열 4) 흰색 계열

먼저 i번째 연령이 j번째 색상의 자동차를 좋아할 확률은 '$P_{ij} = X_{ij}$ / 200'와 같이 구할 수 있으며, 그림 9-4와 같이 나타난다(X_{ij} : i번째 연령층이 j번째 색상을 좋아하는 사람의 수).

그림 9-4의 결과를 보면, 20대는 붉은 계열 → 푸른 계열 순, 30대는 푸른 계열 → 붉은 계열 순, 40대는 푸른 계열, 50대는 검은 계열 → 흰색 계열 순, 60대 이상은 흰색 계열의 자동차 색상을 좋아하는 경향이 있는 것으로 나타났다.

그러면 이러한 표본조사 결과로 나타난 연령별 자동차 선호 색상이 실제로 유의한 것인가를 검정하기 위해서 다음과 같은 가설을 설정할 수 있다.

귀무가설 H_0: 연령과 좋아하는 자동차 색상은 상호 독립이다.
(연령과 좋아하는 자동차 색상은 무관하다)

대립가설 H_1: 연령과 좋아하는 자동차 색상은 독립이 아니다.
(연령과 좋아하는 자동차 색상은 무관하지 않다)

위의 가설을 검정하기 위해서 앞의 그림 9-2와 같이 관측 도수와 기대 도수를 동일한 방식으로 구하는데, 그 결과는 그림 9-5와 같다.

X_{ij}의 기대 도수 $= E_{ij}$
= (i행의 관측 도수 합 × j열의 관측 도수 합) / 전체 표본수
$= (R_i \times C_j) / n$

관측 도수		선호 색상				
		붉은 계열	푸른 계열	검은 계열	흰색 계열	계
연령	20대	64	54	40	42	200
	30대	57	64	33	46	200
	40대	38	76	41	45	200
	50대	43	43	65	49	200
	60대 이상	44	45	46	65	200
	계	246	282	225	247	1000

색상별 선호 비율		선호 색상				
		붉은 계열	푸른 계열	검은 계열	흰색 계열	계
연령	20대	32.0%	27.0%	20.0%	21.0%	100.0%
	30대	28.5%	32.0%	16.5%	23.0%	100.0%
	40대	19.0%	38.0%	20.5%	22.5%	100.0%
	50대	21.5%	21.5%	32.5%	24.5%	100.0%
	60대 이상	22.0%	22.5%	23.0%	32.5%	100.0%

그림 9-4 연령별 선호 색상 비율

범주형 자료의 독립성 검정을 위한 검정통계량의 분포와 기각역을 구하는 방법은 '9.1 비율값 차이에 대한 검정'과 동일하다. 따라서 검정통계량은 다음과 같으며, 귀무가설을 기각하는 기각역과 유의확률은 표 9-6과 같이 구한다.

$$\chi^2 = \sum_{i}\sum_{j}\frac{(O_{ij} - E_{ij})^2}{E_{ij}} \sim \chi^2(d.f. = (R-1)(C-1))$$

여기서 R: 행의 수

C: 열의 수

E_{ij}: i행 j열의 기대치

O_{ij}: i행 j열의 관측치

관찰 도수		선호 색상				
		붉은 계열	푸른 계열	검은 계열	흰색 계열	계
연령	20대	64	54	40	42	200
	30대	57	64	33	46	200
	40대	38	76	41	45	200
	50대	43	43	65	49	200
	60대 이상	44	45	46	65	200
	계	246	282	225	247	1000

기대 도수		선호 색상				
		붉은 계열	푸른 계열	검은 계열	흰색 계열	계
연령	20대	49.2	56.4	45.0	49.4	200
	30대	49.2	56.4	45.0	49.4	200
	40대	49.2	56.4	45.0	49.4	200
	50대	49.2	56.4	45.0	49.4	200
	60대 이상	49.2	56.4	45.0	49.4	200
	계	246	282	225	247	1000

그림 9-5 선호 자동차 색상의 관측 도수와 기대 도수

표 9-6 범주형 자료에 대한 독립성 검정의 기각역

귀무가설 H_0	$P_{ij} = P_i \times P_j$
대립가설 H_1	not H_0
기각역	χ^2-통계량 > 기각치 = @CHIINV(유의수준, (행의 수–1)×(열의 수–1))
p-value	유의확률 *p*-value = @CHITEST(관측 도수 데이터 범위, 기대 도수 데이터 범위)
검정통계량	@CHIINV(유의확률, 자유도=(행의 수–1)×(열의 수–1))

참고

범주형 자료의 비율값 차이 검정과 독립성 검정은 비록 귀무가설이 상이하여 검정통계량을 구하는 접근 방법은 다르지만, 이들은 결과적으로 동일한 검정통계량의 형태와 Chi-square 분포를 따른다. 또한 두 변수가 독립이라는 가정은 '$P_{ij} = P_i \times P_j$' 가정과 동일하다.

P_{ij} : i번째 응답자가 j번째 색상을 좋아할 비율
P_i : 전체 응답자 중에서 i번째 응답자들의 비율
P_j : 전체 응답자 중에서 j번째 색상을 좋아할 비율

이제 그림 9-6에 따라 귀무가설을 검정해 보자. 먼저 유의확률 p-value = @CHITEST(관측 도수 데이터 범위, 기대 도수 데이터범위) = @chitest(C4..F8, C14..F18) = 0.0000 < 유의수준 = 0.05이므로 귀무가설을 기각할 수 있다(유의수준은 연구자의 자의적 판단과 조사의 정확성을 요구하는 정도에 따라 연구자가 설정한다). 한편 기각치는 @CHIINV(유의수준, (행의 수−1)×(열의 수−1)) = @CHIINV (0.05, (5−1) (4−1) = 12) = 21.0261로 계산된다.

또한 앞 절에서와 동일한 방식으로 유의확률(*p*-value)이 주어졌을 때 검정통계량을 역으로 구하면 다음과 같이 기각역보다 커서 역시 귀무가설을 기각할 수 있음을 알 수 있다.

검정통계량 = @CHIINV(유의확률, (행의 수−1)×(열의 수−1))
= @CHIINV(C23, 12)
= 42.6808 > 기각치(= 21.0261)

따라서 연령과 좋아하는 자동차 색상의 계열이 무관하다는 귀무가설을 기각하고 연령별로 선호하는 자동차 색상의 계열이 있다고 결론을 내릴 수 있다.

	A	B	C	D	E	F	G	H
1								
2	관찰 도수		선호 색상					
3			붉은 계열	푸른 계열	검은 계열	흰색 계열	계	
4	연령	20대	64	54	40	42	200	
5		30대	57	64	33	46	200	
6		40대	38	76	41	45	200	
7		50대	43	43	65	49	200	
8		60대 이상	44	45	46	65	200	
9		계	246	282	225	247	1000	
10								
11								
12	기대 도수		선호 색상					
13			붉은 계열	푸른 계열	검은 계열	흰색 계열	계	
14	연령	20대	49.2	56.4	45.0	49.4	200	
15		30대	49.2	56.4	45.0	49.4	200	
16		40대	49.2	56.4	45.0	49.4	200	
17		50대	49.2	56.4	45.0	49.4	200	
18		60대 이상	49.2	56.4	45.0	49.4	200	
19		계	246	282	225	247	1000	
20								
21								
22								
23		p-value	=CHITEST(C4:F8,C14:F18) 치 범위, 예측치 범위) = @CHITEST(c4:f8,c14:f18)					
24		유의수준	0.05					
25		자유도	12	행의 자유도 x 열의 자유도 = (5-1)*(4-1)				
26		임계값(C.R.)	21.0260698	@chiinv(유의수준,자유도) = @CHIINV(C24,C25)				
27		검정 통계량	42.6808274	chiinv(p-value,자유도) = @CHIINV(c23,c25)				
28								
29		귀무 가설 기각						
30								

그림 9-6 범주형 자료의 독립성 검정

9.3 검정절차 요약

각 모집단(예를 들어 예제 데이터 9-1에서 아파트 인테리어 타입 A/B/C)에서 미리 정한 수만큼 표본을 뽑아 각 응답치를 범주(예를 들어 예제 데이터 9-1에서 분양 희망/분양 비희망)별로 분류한다고 하자. 이때 데이터의 구성은 이원 분할표가 되는데, 각각의 범주에 대한 비율이 모든 모집단에 대하여 동일하다는 가설검정이 9.1에서 설명한 모집단에 대한 비율값 차이 검정이다. 이는 각 모집단(예로 분양 희망 여부)에서 범주의 비율(예로 분양 의향률)을 각각 $P_1, P_2, \dots, P_c$라고 할 때, C개의 독립인 모집단에서 성공 확률(예로 분양 의향률)이 동일한지를 보는 것과 같다. 이때 귀무가설은 $H_0: P_1 = P_2 = \cdots = P_c$이며, 따라서 이를 동질성 검정(homogeneity test)이라고 한다.

또한 하나의 임의 표본에 대해 2가지의 특성(예를 들어 예제 데이터 9-2에서 연령과 자동차 색깔)으로 분류되는 경우에 두 특성 간 서로 독립인지 아닌지를 검정할 수 있는데, 이를 독립성 검정(test of independence)이라고 한다. 독립성 검정에서 두 특성이 서로 독립이라는 귀무가설은 $H_0: P_{ij} = P_i \cdot P_j$이다.

9.1절의 동질성(비율값 차이) 검정과 9.2절의 독립성 검정은 귀무가설과 대립가설의 설정만 다르고, 검정통계량과 검정통계량의 분포 정의와 기각역을 구하는 방법은 모두 동일하다.

그 외에도 범주형 데이터에 대한 적합도 검정(Goodness of Fit test)도 있으나 이에 대한 활용빈도는 상대적으로 낮다고 판단하여 생략하였으므로, 필요한 경우 대부분의 통계학 기초서적에 기술되어 있으니 참고하기를 바란다.

① 열 범주수가 *C*개인 모집단의 비율값 차이(동질성) 검정절차

(단계 1) 귀무가설 H_0와 대립가설 H_1의 설정

$$H_0 : P_1 = P_2 = \cdots = P_C \quad \text{vs} \quad H_1 : \text{not}\, H_0$$

(단계 2) 유의수준(α)의 결정

$\alpha = 0.01$(또는 0.05 또는 0.10)

(단계 3) 귀무가설 H_0하에서의 검정통계량과 검정통계량 분포의 정의

$$\chi_0^2 = \sum_{i=1}^{R}\sum_{j=1}^{C}\frac{(E_{ij} - O_{ij})^2}{E_{ij}} \sim \chi^2\left(\text{d.f.} = (\text{행의 수} - 1) \times (\text{열의 수} - 1)\right)$$

여기서 R: 행의 수

C: 열의 수

E_{ij}: i행 j열의 기대치

O_{ij}: i행 j열의 관측치

(단계 4) 기각역(의사결정기준)의 정의

$$\chi_0^2 \geq \chi_\alpha^2\left(\text{d.f.} = (\text{행의 수} - 1) \times (\text{열의 수} - 1)\right)$$

(단계 5) 검정통계량의 계산

각 모집단으로부터 추출된 표본으로부터 (단계 3)에서 정의한 검정통계량 값 χ_0를 계산

(단계 6) 의사결정

(단계 5)에서 산출된 검정통계량 값 χ_0^2 을 이용하여 (단계 4)에 따라 귀무가설 H_0의 기각여부에 대한 의사결정을 수행

② 독립성 검정 절차

(단계 1) 귀무가설 $\mathrm{H_0}$와 대립가설 H_1의 설정

$$H_0 : P_{\mathrm{ij}} = P_{\mathrm{i}} \cdot P_{\mathrm{j}} \; (i = 1,2,\dots,R, j = 1,2,\dots,C) \quad \text{vs} \quad H_1 : \text{not}\, H_0$$

(단계 2) 유의수준(α)의 결정

$$\alpha = 0.01(\text{또는 } 0.05 \text{ 또는 } 0.10)$$

(단계 3) 귀무가설 H_0하에서의 검정통계량과 검정통계량 분포의 정의

$$\chi_0^2 = \sum_{i=1}^{R}\sum_{j=1}^{C}\frac{\left(E_{ij}-O_{ij}\right)^2}{E_{ij}} \sim \chi^2\left(\mathrm{d.f.} = (\text{행의 수} - 1) \times (\text{열의 수} - 1)\right)$$

여기서 R : 행의 수

C : 열의 수

E_{ij} : i행 j열의 기대치

O_{ij} : i행 j열의 관측치

(단계 4) 기각역(의사결정기준)의 정의

$$\chi_0^2 \geq \chi_\alpha^2\left(\mathrm{d.f.} = (\text{행의 수} - 1) \times (\text{열의 수} - 1)\right)$$

(단계 5) 검정통계량의 계산

각 모집단으로부터 추출된 표본으로부터 (단계 3)에서 정의한 검정통계량 값 $\chi_0{}^2$를 계산

(단계 6) 의사결정

(단계 5)에서 산출된 검정통계량 값 χ_0^2 을 이용하여 (단계 4)에 따라 귀무가설 H_0의 기각여부에 대한 의사결정을 수행

부록

사례1. 개별 면접 조사 설문지 사례
사례2. 온라인 조사 설문지 사례
사례3. CLT 설문지 사례
사례4. 갱서베이 설문지 사례

사례 1. 개별 면접 조사 설문지 사례

보험 고객만족도 조사_개별면접	ID				

안녕하십니까?
저희 OOO 리서치에서는 고객 여러분에게 제공해 드리는 보험 상품의 품질 및 서비스를 향상시키기 위해 고객 여러분들의 의견을 조사하고 있습니다.
고객님께서 응답해 주신 내용은 통계적 분류에만 사용될 뿐 개인의 정보는 통계법에 의하여 절대로 비밀이 보장되오니 진솔한 의견을 주시면 소중한 자료로 활용하겠습니다.
잠시만 시간을 내어 협조해 주시면 대단히 감사하겠습니다.

OOO 리서치
담당자: 홍길동(02-3333-3333)

응답자	성명		전화번호	
	연령	________ 세	성별	1) 남자 2) 여자
보험사	1) XX 보험 2) QQ 보험 3) TT 보험 4) KK 보험			
주소	시 구 동		면접원 성명	
면접날짜	20XX년 ____월 ____일 ____시~____분간		검증날짜	

☞ **지금부터는 고객님께서 가입하고 계신 XX 보험에 대해서 질문을 드리도록 하겠습니다.**

A1. 먼저 보험 상품에 대한 질문입니다. 다음의 각 항목별로 얼마나 만족 또는 불만족하시는지를 보기의 척도에 의해서 평가해 주십시오.

매우 불만족	약간 불만족	보통	약간 만족	매우 만족
1	2	3	4	5

	매우 불만족	약간 불만족	보통	약간 만족	매우 만족
납입하고 있는 보험료	1	2	3	4	5
보장하고 있는 보장 내용					
보험 상품의 다양성					

A1-1. 이상의 사항들을 종합적으로 고려할 때 XX 보험사의 보험 상품에 대해서는 전반적으로 얼마나 만족 또는 불만족하십시까?

매우 불만족	약간 불만족	보통	약간 만족	매우 만족
1	2	3	4	5

A1-2. (A1-1에서 1~3으로 응답한 사람에게 질문) 고객님께서 보험 상품에 대해서 다소 만족스럽지 못하다고 응답을 주셨는데, 어떤 점이 불편하셨습니까? 어떤 내용이든지 상관 없으니 구체적으로 말씀해 주시면 감사하겠습니다.

A2. 이번에는 고객님을 담당하는 재무컨설턴트(보험 설계사)에 대해서 여쭈어 보겠습니다. 다음의 각 항목별로 얼마나 만족 또는 불만족하시는지를 보기의 척도에 의해서 평가해 주십시오.

매우 불만족	약간 불만족	보통	약간 만족	매우 만족
1	2	3	4	5

	매우 불만족	약간 불만족	보통	약간 만족	매우 만족
컨설턴트의 전문 지식	1	2	3	4	5
고객의 입장을 배려한 설명 및 상품 설계	1	2	3	4	5
고객을 응대하는 친절 및 태도	1	2	3	4	5
이해하기 쉽고 자세한 설명 정도	1	2	3	4	5
업무 처리 신속성	1	2	3	4	5
업무 처리 정확성	1	2	3	4	5

A2-1. 이상의 사항들을 종합적으로 고려할 때 XX 보험사의 컨설턴트에 대해서는 전반적으로 얼마나 만족 또는 불만족하십시까?

매우 불만족	약간 불만족	보통	약간 만족	매우 만족
1	2	3	4	5

A2-2. (A2-1에서 1~3으로 응답한 사람에게 질문) 고객님께서 컨설턴트에 대해서 다소 만족스럽지 못하다고 응답을 주셨는데, 어떤 점이 불편하셨습니까? 어떤 내용이든지 상관 없으니 구체적으로 말씀해 주시면 감사하겠습니다.

A3. 이번에는 보험 가입 단계에 대해서 몇 가지 여쭙겠습니다. 다음의 각 항목별로 얼마나 만족 또는 불만족하시는지를 보기의 척도에 의해서 평가해 주십시오.

매우 불만족	약간 불만족	보통	약간 만족	매우 만족
1	2	3	4	5

	매우 불만족	약간 불만족	보통	약간 만족	매우 만족
가입 절차 간편성	1	2	3	4	5
관련 서류의 이해 용이성	1	2	3	4	5
가입 상품 정보에 대한 안내 및 설명	1	2	3	4	5

A3-1. 이상의 사항들을 종합적으로 고려할 때 XX 보험사의 가입 단계에 대해서는 전반적으로 얼마나 만족 또는 불만족하십시까?

매우 불만족	약간 불만족	보통	약간 만족	매우 만족
1	2	3	4	5

A3-2. (A3-1에서 1~3으로 응답한 사람에게 질문) 고객님께서 가입 단계에 대해서 다소 만족스럽지 못하다고 응답을 주셨는데, 어떤 점이 불편하셨습니까? 어떤 내용이든지 상관 없으니 구체적으로 말씀해 주시면 감사하겠습니다.

A4. 보험금 수령 단계에 대한 서비스에 대해서 다음의 각 항목별로 얼마나 만족 또는 불만족하시는지를 보기의 척도에 의해서 평가해 주십시오.

매우 불만족	약간 불만족	보통	약간 만족	매우 만족
1	2	3	4	5

	매우 불만족	약간 불만족	보통	약간 만족	매우 만족
신청 서류 및 절차의 간편성	1	2	3	4	5
접수 및 심사 담당자의 친절성	1	2	3	4	5
업무 처리 정확성	1	2	3	4	5
업무 처리 신속성	1	2	3	4	5
신청, 심사, 지급 단계에 대한 친절한 안내	1	2	3	4	5

A4-1. 이상의 사항들을 종합적으로 고려할 때 XX 보험사의 보험금 수령 단계에 대해서는 전반적으로 얼마나 만족 또는 불만족하십시까?

매우 불만족	약간 불만족	보통	약간 만족	매우 만족
1	2	3	4	5

A4-2. (A4-1에서 1~3으로 응답한 사람에게 질문) 고객님께서 보험금 수령 단계에 대해서 다소 만족스럽지 못하다고 응답을 주셨는데, 어떤 점이 불편하셨습니까? 어떤 내용이든지 상관 없으니 구체적으로 말씀해 주시면 감사하겠습니다.

A5. 다음은 대출 서비스에 대한 질문입니다. 각각의 세부 항목별로 얼마나 만족 또는 불만족하시는지를 보기의 척도에 의해서 평가해 주십시오.

매우 불만족	약간 불만족	보통	약간 만족	매우 만족
1	2	3	4	5

	매우 불만족	약간 불만족	보통	약간 만족	매우 만족
신청 서류 및 절차의 간편성	1	2	3	4	5
대출 조건의 합리성	1	2	3	4	5
담당직원의 친절성	1	2	3	4	5
업무 처리 및 지급의 신속성	1	2	3	4	5

A5-1. 이상의 사항들을 종합적으로 고려할 때 XX 보험사의 대출 서비스 단계에 대해서는 전반적으로 얼마나 만족 또는 불만족하십니까?

매우 불만족	약간 불만족	보통	약간 만족	매우 만족
1	2	3	4	5

A5-2. (A5-1에서 1~3으로 응답한 사람에게 질문) 고객님께서 대출 서비스에 대해서 다소 만족스럽지 못하다고 응답을 주셨는데, 어떤 점이 불편하셨습니까? 어떤 내용이든지 상관 없으니 구체적으로 말씀해 주시면 감사하겠습니다.

이제 XX 보험사의 전반적인 사항에 대해서 몇 가지 질문을 드리겠습니다. 위에서 응답해 주신 내용을 종합적으로 고려하여 말씀해 주십시오.

QB1. 고객님께서는 지금까지 XX 보험사의 상품, 컨설턴트 서비스, 가입 단계, 보험금 수령 단계, 대출 서비스 등에 대해서 평가를 해 주셨습니다. 그렇다면 이상의 사항들을 종합적으로 고려할 때 XX 보험사의 총체적인 서비스에 대해서는 전반적으로 얼마나 만족 또는 불만족하십니까?

매우 불만족	약간 불만족	보통	약간 만족	매우 만족
1	2	3	4	5

QB2. XX 보험사의 **가입 이전에 가졌던 기대 수준과 비교**한다면 얼마나 만족 또는 불만족하십니까?

기대 대비 매우 불만족	기대 대비 약간 불만족	기대와 비슷	기대 대비 약간 만족	기대 대비 매우 만족
1	2	3	4	5

QB3. 보험사가 갖추어야 할 보험 상품 및 서비스에 대한 이상적인 수준을 가정할 때 XX 보험사의 상품 및 서비스에 대해서는 전반적으로 얼마나 만족 또는 불만족하시는 편입니까?

이상치 대비 매우 불만족	이상치 대비 약간 불만족	기대와 비슷	이상치 대비 약간 만족	이상치 대비 매우 만족
1	2	3	4	5

QB4. 만일 고객님께서 보험 상품을 다시 또는 추가로 가입하실 일이 생긴다면 XX 보험사와 다시 추가 계약할 생각이 있으십니까?

재계약 의향이 전혀 없다	재계약 의향이 없는 편이다	보통	재계약 의향이 약간 있다	재계약 의향이 매우 많다
1	2	3	4	5

QB5. 고객님의 **가족친지나 주위 분**들이 보험에 가입하고자 할 경우 XX **보험사를 권유**할 생각이 얼마나 있으십니까?

추천 의향이 전혀 없다	추천 의향이 없는 편이다	보통	추천 의향이 약간 있다	추천 의향이 매우 많다
1	2	3	4	5

마지막으로 통계적 분류를 위하여 00님에 대해 몇 가지만 여쭙겠습니다. 본 질문은 통계적 분류로만 사용될 뿐 개인의 정보는 절대로 비밀이 보장되오니 성실히 응답해 주시면 감사하겠습니다.

QX1. 실례지만 고객님의 최종학력은 어떻게 되십니까?

(1) 고졸 이하 (2) 대학 졸업(또는 재학) (3) 대학원 졸업(또는 재학)

QX2. 고객님의 직업은 무엇입니까?

(1) 전업 가정주부 (2) 일반사무직(기업체 사무직)
(3) 자영/판매/세일즈(운전자, 세탁, 오락, 판매직, 전문세일즈, 음료숙박업)
(4) 생산/기술직(농축산업, 섬유, 봉제, 기계조립, 건설업)
(5) 전문직(약사, 판사, 검사, 의사, 교수) (6) 공무원 및 교직원
(7) 기타 ______________

QX3. 연평균 가구소득은 어느 정도나 되십니까? 이자소득과 임대수익 등 모든 가구소득을 포함하여 말씀해 주십시오.

(1) 2,000만 원 미만 (2) 2,000만 원 ~ 3,000만 원 미만
(3) 3,000만 원 ~ 5,000만 원 미만 (4) 5,000만 원 ~ 7,000만 원 미만
(5) 7,000만 원 ~ 1억 원 미만 (6) 1억 원 이상

QX4. 월 저축액은 어느 정도 되십니까? 전 금융권을 모두 합쳐서 말씀하여 주십시오.

(1) 50만 원 이하 (2) 51~100만 원 (3) 101~150만 원
(4) 151~200만 원 (5) 201~300만 원 (6) 300만 원 초과

면접원 여러분 수고하셨습니다.
누락되거나 부족한 부분은 없는지 다시 한번 꼼꼼히 살펴보시고 설문을 제출하여 주십시오.

사례 2. 온라인 조사 설문지 사례

기업 이미지 조사-온라인 조사	ID				

패널 여러분. 안녕하세요?
본 조사는 취업 대상자들을 대상으로 기업 이미지 조사를 진행하는 조사입니다.
시간은 약 20분 정도가 소요될 예정입니다. 감사합니다.

응답자 선정 및 배경질문

SQ1. 귀하 혹은 귀하의 직계가족 중에서 다음의 회사/업종에 종사하시는 분이 계신지요?

1) 여론조사 및 소비자 조사, 광고 회사 → 조사중단
2) 경영 컨설팅 관련 기관 → 조사중단
3) 유무선 통신 회사 → 조사중단
4) 해당 사항 없음 → 조사진행

SQ2. 현재 귀하의 직업은 다음 중 어디에 해당하십니까? → QUOTA 체크
(WEB-UP 팀: 본 조사는 대학생, 대학원생 또는 취업 준비생들을 대상으로 진행하는 조사입니다.)

1) 2~3년제 대학생 2) 4년제 대학생 3) 대학원생 4) 대학(원) 졸업 후 취업 준비생 → 조사진행
5) 직장인 6) 자영업 7) 주부 5) 기타 → 조사중단

SQ3. (WEB-UP팀 : SQ2.에서 대학원생의 경우에만 질문) 대학원생인 경우 석사 과정인지 박사 과정인지를 응답해 주십시오. → QUOTA 체크

1) 대학원생(석사 과정) 2) 대학원생(박사 과정)

SQ4. 귀하의 전공은 무엇입니까? (____________ 학과) → QUOTA 체크

1) 이공 계열 2) 인문/사회/상경 계열
3) 법대 4) 의학/간호 계열
5) 예체능/교육 대학 계열 6) 어문 계열

SQ5. 귀하의 성별은?

1) 남자 2) 여자 → QUOTA 체크

SQ6. (WEB-UP팀 : SQ5.에서 남자인 경우에만 질문) 현재 귀하의 병역 상태는 다음 중 어디에 해당하십니까?

1) 군필 2) 군미필 3) 기타

PART 1. 기업 인지도 및 이미지

A1. 귀하께서는 국내기업하면 어느 회사가 가장 먼저 떠오르십니까? 생각나시는 순서대로 기록해 주십시오.
(WEB-UP팀: 3개 이상 응답을 받도록 할 것)

(____________), (____________), (____________), (____________)

A2. (WEB-UP팀: A1에서 응답된 회사 제시) 중에서 귀하께서 입사를 고려하시거나 향후 취업하시고 싶은 기업이 있으십니까? 있으면 가장 입사하고 싶은 순서대로 모두 기록해 주십시오.

(____________), (____________), (____________), (____________)

A3. (WEB-UP팀: A2에서 첫 번째로 응답된 회사)를 가장 입사하고 싶은 이유는 무엇입니까? 무엇이든지 좋으니 구체적으로 응답해 주십시오.

B1. (WEB-UP팀: A1에서 응답된 회사 중 1~3순위 회사에 대해서 제시하면서 질문하시오)
(WEB-UP팀: 세부항목의 질문 순서를 로테이션하시오)
(WEB-UP팀: 회사 질문 순서를 로테이션하시오)
다음은 기업의 기능적 이미지에 대한 항목들입니다. 각각의 항목에 대해서 각 회사별로 보기의 척도에 의해서 평가해 주십시오.

전혀 그렇지 않다	그렇지 않은 편이다	보통이다	약간 그런 편이다	매우 그렇다
1	2	3	4	5

		1순위 회사	2순위 회사	3순위 회사
1)	업계를 선도한다			
2)	전문성이 뛰어나다			
3)	전통적 기업이다			
4)	변화에 발 빠른 대처를 하는 기업이다			
5)	고객을 중시하는 회사이다			
6)	글로벌 경쟁력이 있다			
7)	재무 구조가 튼튼하다			
8)	경영자의 능력이 뛰어나다			
9)	우수한 인력이 많다			
10)	연구 개발에 투자를 많이 하는 기업이다			
11)	미래 지향적인 기업이다			
12)	새로운 분야를 지속적으로 개척하는 기업이다			
13)	중략…			

B1-1. 다음의 항목들이 귀하께서 취업할 기업을 선택하는 데 얼마나 중요하다고 생각하십니까? 중요한 순서대로 2가지만 선택하여 주십시오. (WEB-UP팀: 보기 제시 순서를 로테이션하시오)

1 순위		2 순위	

1) 업계를 선도한다
2) 전문성이 뛰어나다
3) 전통적 기업이다
4) 변화에 발 빠른 대처를 하는 기업이다
5) 고객을 중시하는 회사이다
6) 글로벌 경쟁력이 있다
7) 재무 구조가 튼튼하다
8) 경영자의 능력이 뛰어나다
9) 우수한 인력이 많다
10) 연구 개발에 투자를 많이 하는 기업이다
11) 미래 지향적인 기업이다
12) 새로운 분야를 지속적으로 개척하는 기업이다
13) 중략

B2. (WEB-UP팀: A1에서 응답된 회사 중 1~3순위 회사에 대해서 제시하면서 질문하시오)
(WEB-UP팀: 세부항목의 질문 순서를 로테이션하시오)
(WEB-UP팀: 회사 질문 순서를 로테이션하시오)
다음은 기업의 도덕적 이미지에 대한 항목들입니다. 각각의 항목에 대해서 각 회사별로 보기의 척도에 의해서 평가해 주십시오.

전혀 그렇지 않다	그렇지 않은 편이다	보통이다	약간 그런 편이다	매우 그렇다
1	2	3	4	5

		1순위 회사	2순위 회사	3순위 회사
1)	양심적인			
2)	공정한			
3)	도적적 경영을 하는			
4)	사명이 건전한			
5)	조직문화가 건전한			
6)	원칙과 상식을 중요하게 생각하는			
7)	기업이 투명한			
8)	사회에 기여하는			
9)	문화/예술 분야를 지원하는			
10)	주변과 불우 이웃을 돕는			
11)	에너지를 절감하려고 노력하는			
12)	사회적 고통을 분담하려는			
13)	국가 경제 발전에 기여하는			
14)	장애인 고용에 편견이 없는			
15)	장학 사업을 지원하는			
16)	청년 실업 해소에 노력하는			
17)	중략…			

B2-1. 다음의 항목들이 귀하께서 취업할 기업을 선택하는 데 얼마나 중요하다고 생각하십니까? 중요한 순서대로 2가지만 선택하여 주십시오. (WEB-UP팀: 보기 제시 순서를 로테이션하시오)

1 순위		2 순위	

1) 양심적인
2) 공정한
3) 도적적 경영을 하는
4) 사명이 건전한
5) 조직문화가 건전한
6) 원칙과 상식을 중요하게 생각하는
7) 기업이 투명한
8) 사회에 기여하는
9) 문화/예술 분야를 지원하는
10) 주변과 불우 이웃을 돕는
11) 에너지를 절감하려고 노력하는
12) 사회적 고통을 분담하려는
13) 국가 경제 발전에 기여하는
14) 장애인 고용에 편견이 없는
15) 장학 사업을 지원하는
16) 청년 실업 해소에 노력하는
17) 중략…

B3. (WEB-UP팀: A1에서 응답된 회사 중 1~3순위 회사에 대해서 제시하면서 질문하시오)
(WEB-UP팀: 세부항목의 질문 순서를 로테이션하시오)
(WEB-UP팀: 회사 질문 순서를 로테이션하시오)
다음은 기업의 형용사 이미지에 대한 항목들입니다. 회사의 전반적인 분위기나 임직원들의 이미지를 고려하여 각각의 항목에 대해서 각 회사별로 보기의 척도에 의해서 평가해 주십시오.

전혀 그렇지 않다	그렇지 않은 편이다	보통이다	약간 그런 편이다	매우 그렇다
1	2	3	4	5

		1 순위 회사	2 순위 회사	3 순위 회사
1)	따뜻한			
2)	친근한			
3)	생동감 있는			
4)	우아한			
5)	든든한			
6)	세련된			
7)	가족적인			
8)	매력적인			
9)	순수한			
10)	인간적인			
11)	활동적인			
12)	신뢰할 수 있는			
13)	능력 있는			
14)	자신감 있는			
15)	지적인/스마트한			
16)	도전적인			
17)	합리적인			
18)	중략…			

B3-1. 다음의 항목들이 귀하께서 취업할 기업을 선택하는 데 얼마나 중요하다고 생각하십니까? 중요한 순서대로 2가지만 선택하여 주십시오. (WEB-UP팀: 보기 제시 순서를 로테이션하시오)

1 순위		2 순위	

1) 따뜻한
2) 친근한
3) 생동감 있는
4) 우아한
5) 든든한
6) 세련된
7) 가족적인
8) 매력적인
9) 순수한
10) 인간적인
11) 활동적인
12) 신뢰할 수 있는
13) 능력있는
14) 자신감 있는
15) 지적인 /스마트한
16) 도전적인
17) 합리적인
19) 중략…

B4. (WEB-UP 팀: A1 에서 응답된 회사 중 1~3 순위 회사에 대해서만 제시하면서 질문하시오)
(WEB-UP 팀: 세부항목의 질문 순서를 로테이션하시오)
(WEB-UP 팀: 회사 질문 순서를 로테이션하시오)
다음은 바람직한 직장의 조건들입니다. 각각의 항목에 대해서 각 회사별로 보기의 척도에 의해서 평가해 주십시오.

전혀 그렇지 않다	그렇지 않은 편이다	보통이다	약간 그런 편이다	매우 그렇다
1	2	3	4	5

		1 순위 회사	2 순위 회사	3 순위 회사
1)	내 전공 분야와 밀접한 업무를 할 수 있는 직장			
2)	복지, 연봉 등의 근무조건이 좋은 회사			
3)	정년 기간 등의 고용이 안정적인 회사			
4)	동료 직원이나 상하 직원들 간의 관계가 좋은 회사			
5)	업무 수행을 통해 성취감을 느낄 수 있는 회사			
6)	미래 내 모습에 대한 비전을 가질 수 있는 회사			
7)	업무 수행을 통해 성취감을 느낄 수 있는 직장			
8)	직원 교육 및 능력 개발에 지원을 아끼지 않는 회사			
9)	중략…			

B4-1. 다음의 항목들이 귀하께서 취업할 기업을 선택하는 데 얼마나 중요하다고 생각하십니까? 중요한 순서대로 2가지만 선택하여 주십시오. (WEB-UP팀 : 보기 제시 순서를 로테이션하시오)

1 순위		2 순위	

1) 내 전공 분야와 밀접한 업무를 할 수 있는 직장
2) 복지, 연봉 등의 근무조건이 좋은 회사
3) 정년 기간 등의 고용이 안정적인 회사
4) 동료 직원이나 상하 직원들 간의 관계가 좋은 회사
5) 업무 수행을 통해 성취감을 느낄 수 있는 회사
6) 미래 내 모습에 대한 비전을 가질 수 있는 회사
7) 업무 수행을 통해 성취감을 느낄 수 있는 직장
8) 직원 교육 및 능력 개발에 지원을 아끼지 않는 회사
9) 중략…

C1. 지금까지 응답해 주신 사항들을 종합적으로 고려할 때 다음의 항목별로 보기의 척도에 의해서 평가해 주십시오.

전혀 그렇지 않다	그렇지 않은 편이다	보통이다	약간 그런 편이다	매우 그렇다
1	2	3	4	5

		1 순위 회사	2 순위 회사	3 순위 회사
1)	전반적으로 마음에 드는 기업이다			
2)	일해 보고 싶은 기업이다			
3)	후배들이나 동료들에게도 취업을 추천하고 싶은 기업이다			
4)	나와 어울리는 기업이다			
5)	내가 발전할 가능성이 있는 기업이다			

◈ 긴 시간 동안 응답에 참여해 주셔서 감사합니다 ◈

사례 3. CLT 설문지 사례

신제품 컨셉 테스트_치약_CLT	ID				

안녕하세요?
저는 OOO 리서치라는 소비자 조사 전문기관에서 근무하는 면접원 OOO입니다.
이번에 저희는 생활용품에 대해서 소비자 여러분의 의견을 모으고 있습니다. 제가 묻게 되는 질문에는 맞거나 틀리는 답이 없습니다. 즉, 이런 의견을 가지고 계시는 분이 몇(%)인가 하는 식으로 이용됩니다. 귀하께서 제공하신 응답들은 단지 통계적인 목적으로만 사용될 것입니다. 귀하의 개인적인 의견과 정보는 외부에 유출되지 않습니다. 바쁘시더라도 잠시만 시간을 내주시면 큰 도움이 되겠습니다. 만약 귀하께서 질문이 있으시면 아래에 적힌 전화번호로 연락을 주십시오.

OOO 리서치
담당자: 홍길동(02-3333-3333)

응답자	성명		전화번호		
	연령	_________ 세			
	직업	1) 전업 주부	2) 취업 주부	3) 학생	4) 미혼 직장인
컨셉 제시	1) Q → T　　2) T → Q			CLT 장소	
면접날짜	20XX년 ____월 ____일 ____시~____분간			검증날짜	

응답자 선정 질문

SQ1. 귀하께서는 현재 서울에 거주하십니까 ?

1) 예　　2) 아니오 ➔ 조사 중단

SQ2. 귀하 혹은 함께 거주하는 지인이나 가족 중에 다음 직종에 종사하는 분이 계십니까?

1) 시장 조사 및 여론 조사, 광고 대행사, 기타 경영 컨설팅 관련 기관 ➔ 조사 중단
2) 생활용품 제조 및 판매 관련 기관 ➔ 조사 중단
3) 해당 사항 없음 ➔ 조사 진행

SQ3. 귀하께서는 지난 6개월 이내 설문 조사에 응하신 적이 있습니까?

1) 예 ➔ 조사 중단　　2) 아니오

SQ4. 실례지만 귀하의 연령은 만으로 어떻게 됩니까?　만__________ 세

➔ 20~49세까지만 조사 진행
➔ 연령 QUOTA 체크

SQ5. 실례지만 귀하께서 현재 하시는 일은 무엇입니까? ➔ 연령 QUOTA 체크

1) 전업 주부 2) 취업 주부 3) 학생 4) 미혼 직장인

SQ6. 귀하께서는 평균적으로 얼마나 자주 치약을 구입하시는 편이십니까?

1) 1달에 1번 정도 2) 1달에 1번 이상 3) 2~3달에 1번 정도
4) 4~6개월에 1번 정도 5) 1년에 1번 미만 6) 1년에 1번 정도
7) 치약을 직접 구입하지 않음 ➔ 조사 중단

SQ7. (보기 제시) 귀하께서 현재 사용하고 계신 치약 상표는 무엇입니까? 여러 개를 사용하고 있는 경우에는 가장 자주 사용하는 브랜드를 한 가지만 선택하여 주십시오. ➔ QUOTA 확인

이상의 조건에 해당하는 분은 조사 장소로 안내하여 이후 본 문항을 조사 진행하시오.

사용 행태

K1. 귀하께서는 '치약'하면 어느 브랜드가 가장 먼저 생각나십니까? (______________)

K1-1. 그 밖에 생각나는 치약 브랜드를 생각나시는 순서대로 말씀해 주십시오.
(면접원 : "더 생각나시는 브랜드는 없으십니까"하고 한번 더 질문한 후 다음 질문으로 넘어가시오)

K1-2. (보기 카드 제시) 다음의 브랜드 중에서 알고 계시거나 들어본 적이 있는 브랜드를 모두 말씀하여 주십시오.

1) 2080 2) 송염 3) 페리오 4) 메디안 5) 덴티스테 6) 죽염 7) 클리오

K2. (보기 카드 제시) 귀하께서 현재 사용하고 계신 치약 상표는 무엇입니까? 여러 개를 사용하고 있는 경우에는 가장 자주 사용하시는 브랜드를 말씀하여 주십시오. (에디팅팀: K1-2 문항과 로직 체크하시오)

(______________)

K3. 귀하께서 평소 치약을 구입/사용하실 때 다음 중 어떤 방식으로 사용하시는 편입니까?

1) 평소 주로 구입/사용하는 상표가 한 가지 정해져 있는 편이다
2) 평소 주로 구입/사용하는 상표들이 2~3가지 정도 정해져 있는 편이다
3) 주로 구입/사용하는 정해진 상표가 없이 상황에 따라 구입/사용하는 편이다

K4. 귀하의 댁에서는 현재 가족 분들 간에 모두 동일한 상표의 치약을 사용하십니까? 아니면 서로 다른 상표의 치약을 사용하십니까?

1) 동일한 상표를 사용한다 ➔ A1으로 2) 다른 상표를 사용한다 ➔ K4-1로

K4-1. (보기 카드 제시) 귀하께서 사용하시는 것을 제외하고 가족들이 사용하는 치약 브랜드 중에서 가장 자주 사용하시는 치약은 어느 브랜드입니까?

(______________)

제품 테스트

◆ **지금부터 제품 설명서를 보여 드리겠습니다. 천천히 자세히 읽어 보신 후, 아래 질문에 대해 귀하께서 느끼신 그대로 응답해 주십시요**(면접원 주의: 컨셉 제시 순서에 따라 차례로 컨셉을 제시하고, 응답자가 컨셉 내용을 충분히 읽도록 하시오.)

1st 컨셉 평가

A1. 방금 보신 제품의 설명에 대해서 다음의 항목별로 보기의 척도에 의해서 평가해 주십시오.

전혀 그렇지 않다	그렇지 않은 편이다	보통	약간 그렇다	매우 그렇다
1	2	3	4	5

	전혀 그렇지 않다	그렇지 않은 편이다	보통이다	약간 그렇다	매우 그렇다
다른 치약 제품과 대비해서 차별성이 있다	1	2	3	4	5
이러한 제품의 특징이 필요하다고 생각한다	1	2	3	4	5
제품 설명의 내용이 신뢰가 간다	1	2	3	4	5
제품의 가격만큼의 가치가 있다고 생각한다	1	2	3	4	5

A2. 이번에는 본 제품을 사용하고 난 후 효과에 대한 느낌입니다. 방금 보신 제품의 설명을 참고하여 다음의 항목별로 보기의 척도에 따라서 귀하께서 느끼시는 정도를 응답해 주십시오.
(면접원 주의: 세부 항목별 질문 제시 순서를 로테이션하시오)

전혀 그렇지 않다	그렇지 않은 편이다	보통	약간 그렇다	매우 그렇다
1	2	3	4	5

	매우 불만족	약간 불만족	보통	약간 만족	매우 만족
입 냄새 제거가 잘 될 것 같다	1	2	3	4	5
미백 효과가 좋을 것 같다	1	2	3	4	5
충치 예방 효과가 좋을 것 같다	1	2	3	4	5
이를 닦은 후 입 안이 개운할 것 같다	1	2	3	4	5
치아가 건강해질 것 같다	1	2	3	4	5
중략	1	2	3	4	5

A3. 이상의 사항들을 종합적으로 고려할 때 제품이 전반적으로 얼마나 마음에 드시는 편입니까?

전혀 마음에 들지 않는다	마음에 들지 않는다	보통	약간 마음에 든다	매우 마음에 든다
1	2	3	4	5

A3-1. (면접원: A3에서 1~3으로 응답한 사람에게 질문) 귀하께서 이 제품이 다소 마음에 들지 않는다고 응답해 주셨는데, 그렇다면 어떤 부분이 마음에 들지 않으시는지 구체적으로 응답해 주십시오.
(면접원: A3에서 4~5로 응답한 사람에게 질문) 어떤 부분이 마음에 드십니까. 무엇이든지 좋으니 구체적으로 응답해 주십시오.

A4. 이 제품이 5,000원에 판매된다면 구매하실 의향이 있으십니까?

1) 예 → B1 문항으로　　2) 아니오 → A4-1 문항으로

A4-1. 이 제품이 4,000원에 판매된다면 구매하실 의향이 있으십니까?

1) 예 → B1 문항으로　　2) 아니오 → A4-2 문항으로

A4-2. 이 제품이 3,000원에 판매된다면 구매하실 의향이 있으십니까?

1) 예 → B1 문항으로　　2) 아니오 → A4-3 문항으로

A4-3. 이 제품이 2,000원에 판매된다면 구매하실 의향이 있으십니까?

1) 예 → B1 문항으로　　2) 아니오 → A4-4 문항으로

A4-4. 이 제품이 1,000원에 판매된다면 구매하실 의향이 있으십니까?

1) 예　　2) 아니오

2nd 컨셉 평가

B1. 방금 보신 제품의 설명에 대해서 다음의 항목별로 보기의 척도에 의해서 평가해 주십시오.

전혀 그렇지 않다	그렇지 않은 편이다	보통	약간 그렇다	매우 그렇다
1	2	3	4	5

	전혀 그렇지 않다	그렇지 않은 편이다	보통이다	약간 그렇다	매우 그렇다
다른 치약 제품과 대비해서 차별성이 있다	1	2	3	4	5
이러한 제품의 특징이 필요하다고 생각한다	1	2	3	4	5
제품 설명의 내용이 신뢰가 간다	1	2	3	4	5
제품의 가격만큼의 가치가 있다고 생각한다	1	2	3	4	5

B2. 이번에는 본 제품을 사용하고 난 후의 효과에 대한 느낌입니다. 방금 보신 제품의 설명을 참고하여 다음의 항목별로 보기의 척도에 따라서 귀하께서 느끼시는 정도를 응답해 주십시오.
(면접원 주의: 세부 항목별 질문 제시 순서를 로테이션하시오)

전혀 그렇지 않다	그렇지 않은 편이다	보통	약간 그렇다	매우 그렇다
1	2	3	4	5

	매우 불만족	약간 불만족	보통	약간 만족	매우 만족
입 냄새 제거가 잘 될 것 같다	1	2	3	4	5
미백 효과가 좋을 것 같다	1	2	3	4	5
충치 예방 효과가 좋을 것 같다	1	2	3	4	5
이를 닦은 후 입 안이 개운할 것 같다	1	2	3	4	5
치아가 건강해질 것 같다	1	2	3	4	5
중략	1	2	3	4	5

B3. 이상의 사항들을 종합적으로 고려할 때 제품이 전반적으로 얼마나 마음에 드시는 편입니까?

전혀 마음에 들지 않는다	마음에 들지 않는다	보통	약간 마음에 든다	매우 마음에 든다
1	2	3	4	5

B3-1. (면접원: B3에서 1~3으로 응답한 사람에게 질문) 귀하께서 이 제품이 다소 마음에 들지 않는다고 응답해 주셨는데, 그렇다면 어떤 부분이 마음에 들지 않으시는지 구체적으로 응답해 주십시오.
(면접원: B3에서 4~5로 응답한 사람에게 질문) 어떤 부분이 마음에 드십니까? 무엇이든지 좋으니 구체적으로 응답해 주십시오.

B4. 이 제품이 5,000원에 판매된다면 구매하실 의향이 있으십니까?
1) 예 → C1 문항으로 2) 아니오 → B4-1 문항으로

B4-1. 이 제품이 4,000원에 판매된다면 구매하실 의향이 있으십니까?
1) 예 → C1 문항으로 2) 아니오 → B4-2 문항으로

B4-2. 이 제품이 3,000원에 판매된다면 구매하실 의향이 있으십니까?
1) 예 → C1 문항으로 2) 아니오 → B4-3 문항으로

B4-3. 이 제품이 2,000원에 판매된다면 구매하실 의향이 있으십니까?
1) 예 → C1 문항으로 2) 아니오 → B4-4 문항으로

B4-4. 이 제품이 1,000원에 판매된다면 구매하실 의향이 있으십니까?
1) 예 2) 아니오

C1. (면접원: 2개의 제품 컨셉 카드를 다시 제시하면서 질문하시오)
귀하께서 지금까지 응답해 주신 모든 내용을 고려할 때 이 2개의 제품 중 어느 것이 더 마음에 드십니까?

1) 제품 T　　2) 제품 Q

C2. 그 제품이 더 마음에 드시는 이유는 무엇입니까? 무엇이든지 좋으니 구체적으로 말씀해 주십시오.

응답자 특성

☞ **마지막으로 통계적으로 자료를 분류하기 위하여 몇 가지만 여쭈어 보겠습니다.**

X1. 귀하께서 함께 거주하시는 가족 구성원은 모두 몇 명입니까?

1) 1인 가구　　2) 2명　　3) 3~4명　　4) 5명 이상

X2. (보기카드 제시) 귀하의 월 평균 가구 소득은 어느 정도이십니까? (보너스, 이자 소득, 가구 구성원 소득 모두 포함)

1) 200만 원 미만　　2) 200만 원 ~ 300만 원 미만　　3) 300만 원 ~ 400만 원 미만
4) 400만 원 ~ 600만 원 미만　　5) 600만 원 ~ 800만 원 미만　　6) 800만 원 ~ 1천만 원 미만
7) 1천만 원 이상

● 끝까지 응답해 주셔서 감사합니다 ●

사례 4. 갱서베이 설문지 사례

광고 시안 테스트_갱서베이	ID				

안녕하십니까?
이번 조사에 참석해 주심을 진심으로 감사드립니다.
이번 조사는 전자 제품 판매점 광고 시안에 대한 조사로써 모든 문항에 정답은 따로 없고 그냥 느끼시는 대로 솔직하게 알려주시면 감사하겠습니다.
또한 응답해 주신 내용은 통계적인 분류에만 사용될 뿐 개별적인 내용은 통계법에 의하여 비밀이 보장되오니 진솔한 의견을 주시면 소중한 자료로 활용하겠습니다.

OO 리서치 홍길동

〈 작성시 주의 사항 〉

☞ 먼저 읽고 설문지를 작성하는 것이 아니라 진행자의 설명에 따라 작성하면서 진행자와 같이 설문지를 작성하여 주십시오.
☞ 각 문항의 질문 취지와 작성 방법에 대해 진행자의 설명을 듣고, 진행자가 "답란을 적으세요"하면 응답을 작성하는 방식으로 진행합니다.
☞ 작성하다가 의문 사항이 있으시면 임의대로 작성하지 마시고, 반드시 진행자에게 질문하여 주십시오.

응답자 성명				전화번호(유선)	
전화번호(H.P.)				e-mail 주소	
성별	1) 남 2) 여			연령	만 ________ 세 1) 20 ~ 29세 2) 30 ~ 39세 3) 40 ~ 49세
직업	1) 직장인/자영업 2) 전업주부 3) 학생 4) 기타			1년 이내 OO프라자 방문경험 여부	1) 경험 있음 2) 경험 없음
프로젝트 코드				조사 일시	________년 ______월 ______일
광고 시안 로테이션	1) A → B → C 4) B → A → C			2) A → C → B 5) C → A → B	3) B → C → A 6) C → B → A

▣ 즐겨 이용하는 전자제품 유통 매장

1) AA 프라자　　2) TT 마트
3) QQ 프라자　　4) 기타 : ________________

첫 번째 광고 시안 평가

지금부터 광고를 만들기 위한 사전 시안에 대해서 설명을 드리겠습니다.
설명을 드리는 광고 안이 실제 TV 광고로 만들어졌다고 생각하시면서 자유롭고 편안하게 설명을 들어 주시기 바랍니다.
설명을 다 들으신 후 다음 질문에 성의껏 답해 주시면 감사하겠습니다.

QA1. 귀하께서는 방금 보신 광고에서 어떤 부분이 가장 기억에 남으시나요? 인상적인 메시지나 장면을 구체적으로 말씀해 주십시오.

QA2. 다음은 방금 보신 광고에 관한 세부 질문입니다. 아래의 각각의 항목에 대해 귀하께서 생각하는 정도를 표시하여 주십시오.

	항목	전혀 그렇지 않다	그렇지 않은 편이다	보통 이다	그런 편이다	매우 그렇다
1	광고가 새롭고 신선하다	1	2	3	4	5
2	광고가 흥미롭다	1	2	3	4	5
3	광고 내용에 공감이 간다	1	2	3	4	5
4	광고가 즐겁게 느껴진다	1	2	3	4	5
5	광고가 이해하기 쉽다	1	2	3	4	5
6	광고가 기억에 잘 남는다	1	2	3	4	5
7	말하는 내용에 신뢰가 간다	1	2	3	4	5
8	"OO 프라자"의 광고라는 것을 쉽게 알 수 있다	1	2	3	4	5
9	"OO 프라자"에 대한 새로운 정보를 제공해 준다	1	2	3	4	5
10	"OO 프라자"가 다른 전자제품 매장과는 다르다는 느낌을 준다	1	2	3	4	5
11	"OO 프라자" 에 대한 호감이 생기게 한다	1	2	3	4	5
12	광고가 "OO 프라자"를 젊게 느껴지게 한다	1	2	3	4	5
13	"OO 프라자"를 방문하고 싶게 한다	1	2	3	4	5
14	광고에 나온 모델이 마음에 든다	1	2	3	4	5

QA3. 귀하께서는 방금 보신 광고에 대해 전체적으로 얼마나 마음에 드십니까?

전혀 마음에 들지 않는다	마음에 들지 않는 편이다	보통이다	마음에 드는 편이다	매우 마음에 든다
1	2	3	4	5

QA3-1. 그렇게 생각하시는 이유는 무엇입니까? 어떤 내용이든지 좋으니 구체적으로 적어 주십시오.

QA4. 귀하께서는 방금 보신 광고가 전달하고자 하는 메시지가 잘 전달되고 있다고 생각하십니까?

전혀 전달되지 않는다	전달되지 않는 편이다	보통이다	전달되는 편이다	매우 잘 전달된다
1	2	3	4	5

QA4-1. 그렇게 생각하시는 이유는 무엇입니까? 무엇이든지 좋으니 구체적으로 적어 주십시오.

두 번째 광고 시안 평가

지금 설명을 드리는 광고 안이 실제 TV 광고로 만들어졌다고 생각하시면서 자유롭고 편안하게 설명을 들어 주시기 바랍니다. 설명을 다 들으신 후 다음 질문에 성의껏 답해 주시면 감사하겠습니다.

QB1. 귀하께서는 방금 보신 광고에서 어떤 부분이 가장 기억에 남으시나요? 인상적인 메시지나 장면을 구체적으로 말씀해 주세요.

QB2. 다음은 방금 보신 광고에 관한 세부 질문입니다. 아래의 각각의 항목에 대해 귀하께서 생각하는 정도를 표시하여 주십시오.

	항목	전혀 그렇지 않다	그렇지 않은 편이다	보통이다	그런 편이다	매우 그렇다
1	광고가 새롭고 신선하다	1	2	3	4	5
2	광고가 흥미롭다	1	2	3	4	5
3	광고 내용에 공감이 간다	1	2	3	4	5
4	광고가 즐겁게 느껴진다	1	2	3	4	5
5	광고가 이해하기 쉽다	1	2	3	4	5
6	광고가 기억에 잘 남는다	1	2	3	4	5
7	말하는 내용에 신뢰가 간다	1	2	3	4	5
8	"OO 프라자"의 광고라는 것을 쉽게 알 수 있다	1	2	3	4	5
9	"OO 프라자"에 대한 새로운 정보를 제공해 준다	1	2	3	4	5
10	"OO 프라자"가 다른 전자제품 매장과는 다르다는 느낌을 준다	1	2	3	4	5
11	"OO 프라자" 에 대한 호감이 생기게 한다	1	2	3	4	5
12	광고가 "OO 프라자"를 젊게 느껴지게 한다	1	2	3	4	5
13	"OO 프라자"를 방문하고 싶게 한다	1	2	3	4	5
14	광고에 나온 모델이 마음에 든다	1	2	3	4	5

QB3. 귀하께서는 방금 보신 광고에 대해 전체적으로 얼마나 마음에 드십니까?

전혀 마음에 들지 않는다	마음에 들지 않는 편이다	보통이다	마음에 드는 편이다	매우 마음에 든다
1	2	3	4	5

QB3-1. 그렇게 생각하시는 이유는 무엇입니까? 어떤 내용이든지 좋으니 구체적으로 적어 주십시오.

QB4. 귀하께서는 방금 보신 광고가 전달하고자 하는 메시지가 잘 전달되고 있다고 생각하십니까?

전혀 전달되지 않는다	전달되지 않는 편이다	보통이다	전달되는 편이다	매우 잘 전달된다
1	2	3	4	5

QB4-1. 그렇게 생각하시는 이유는 무엇입니까? 무엇이든지 좋으니 구체적으로 적어 주십시오.

세 번째 광고 시안 평가

지금 설명을 드리는 광고 안이 실제 TV 광고로 만들어졌다고 생각하시면서 자유롭고 편안하게 설명을 들어 주시기 바랍니다.
설명을 다 들으신 후 다음 질문에 성의껏 답해 주시면 감사하겠습니다.

QC1. 귀하께서는 방금 보신 광고에서 어떤 부분이 가장 기억에 남으시나요? 인상적인 메시지나 장면을 구체적으로 말씀해 주십시오.

QC2. 다음은 방금 보신 광고에 관한 세부 질문입니다. 아래의 각각 항목에 대해 귀하께서 생각하는 정도를 표시하여 주십시오.

	항목	전혀 그렇지 않다	그렇지 않은 편이다	보통이다	그런 편이다	매우 그렇다
1	광고가 새롭고 신선하다	1	2	3	4	5
2	광고가 흥미롭다	1	2	3	4	5
3	광고 내용에 공감이 간다	1	2	3	4	5
4	광고가 즐겁게 느껴진다	1	2	3	4	5
5	광고가 이해하기 쉽다	1	2	3	4	5
6	광고가 기억에 잘 남는다	1	2	3	4	5
7	말하는 내용에 신뢰가 간다	1	2	3	4	5
8	“OO 프라자”의 광고라는 것을 쉽게 알 수 있다	1	2	3	4	5
9	“OO 프라자”에 대한 새로운 정보를 제공해 준다	1	2	3	4	5
10	“OO 프라자”가 다른 전자제품 매장과는 다르다는 느낌을 준다	1	2	3	4	5
11	“OO 프라자” 에 대한 호감이 생기게 한다	1	2	3	4	5
12	광고가 “OO 프라자”를 젊게 느껴지게 한다	1	2	3	4	5
13	“OO 프라자”를 방문하고 싶게 한다	1	2	3	4	5
14	광고에 나온 모델이 마음에 든다	1	2	3	4	5

QC3. 귀하께서는 방금 보신 광고에 대해 전체적으로 얼마나 마음에 드십니까?

전혀 마음에 들지 않는다	마음에 들지 않는 편이다	보통이다	마음에 드는 편이다	매우 마음에 든다
1	2	3	4	5

QC3-1. 그렇게 생각하시는 이유는 무엇입니까? 어떤 내용이든지 좋으니 구체적으로 적어 주십시오.

QC4. 귀하께서는 방금 보신 광고가 전달하고자 하는 메시지가 잘 전달되고 있다고 생각하십니까?

전혀 전달되지 않는다	전달되지 않는 편이다	보통이다	전달되는 편이다	매우 잘 전달된다
1	2	3	4	5

QC4-1. 그렇게 생각하시는 이유는 무엇입니까? 무엇이든지 좋으니 구체적으로 적어 주십시오.

모델 평가

QM1. 다음은 방금 보신 광고의 모델에 관한 세부 질문입니다. 아래 각각의 항목에 대해 귀하께서 생각하는 정도를 표시하여 주십시오.

항목		전혀 그렇지 않다	그렇지 않은 편이다	보통이다	그런 편이다	매우 그렇다
1	모델에 호감이 간다	1	2	3	4	5
2	모델이 전자 제품 매장의 광고모델로서 잘 어울린다	1	2	3	4	5
3	모델이 OO 프라자 브랜드 이미지와 잘 어울린다	1	2	3	4	5
4	모델에 신뢰가 간다	1	2	3	4	5

QM2. 지금 보신 광고의 모델 이외에 OO 프라자의 광고모델로 어울릴 것 같다고 생각하시는 모델이 있다면 기입해 주시기 바랍니다.

상대 평가

지금까지 총 3편의 광고시안을 보셨습니다.
지금까지 보신 3편의 광고시안을 다시 한 번 생각해 보시고 다음 질문에 성의껏 답해 주시면 감사하겠습니다.

QR1. 지금까지 보신 총 3편의 OO 프라자 광고 시안 중에서 가장 마음에 드는 광고는 무엇입니까?

1) 첫 번째 광고 2) 두 번째 광고 3) 세 번째 광고

QR1-1. (1순위로 선택한 광고에 대해) 선택하신 광고가 가장 마음에 드는 이유는 무엇입니까? 구체적으로 적어 주십시오.

QR2. 지금까지 보신 총 3편의 OO 프라자 광고 시안 중에서 OO 프라자를 가장 방문하고 싶게 만드는 광고는 무엇입니까?

1) 첫 번째 광고 2) 두 번째 광고 3) 세 번째 광고

QR2-1. (1순위로 선택한 광고에 대해) 선택하신 광고가 다른 광고에 비해 OO프라자를 더 방문하고 싶게 만드는 이유는 무엇입니까? 구체적으로 적어 주십시오.

◈ 긴 시간 동안 설문에 참여해 주셔서 감사합니다 ◈

참고 및 추천 문헌

김경인·김진경·박진호 외 (2015)「통계학」자유아카데미
김종호·정재구·류제복 외 (2006)「표본조사입문」자유아카데미
윤신례 (2008)「엑셀 함수 사전」영진닷컴
이군희 (2005)「사회과학연구방법론」법문사
이유재·박찬수 (1995)「신상품 마케팅」시그마프레스
이은수·강현철 (2011)「실무자를 위한 마케팅리서치 매뉴얼」자유아카데미
채서일 (1987)「마케팅조사론」무역경영사
하지철·이동한 (2010)「마케팅 조사 실무노트」이담
허명회 (1992)「비교연구를 위한 통계적 방법론」 자유아카데미
허명회 (1999)「사회과학을 위한 통계적 방법」 자유아카데미

찾아보기

|저자 소개|

이은수

고려대학교 대학원 통계학과 석사 졸업
밀워드브라운미디어리서치 이사
서울마케팅리서치 이사
삼성생명서비스(주) 리서치사업부 선임연구원
현) 마켓링크 연구이사

조재범

고려대학교 대학원 통계학과 통계학박사
(주)대신경제연구소 금융공학팀 팀장
고려대학교 금융공학 협동과정(대학원) 강사
연세대학교 고급금융리스크관리(AFRM)과정 강사
(주)에프원컨설팅 전무이사
현) 성신여자대학교 통계학과 겸임교수
현) 한국리스크관리(주) 전무이사

엑셀을 이용한 실무 중심의
사회과학 조사방법론

|저　　자 이은수 · 조재범
|발 행 인 김지영
|발 행 처 자유아카데미
|주　　소 경기도 파주시 회동길 37-42
파주출판도시
|전　　화 031-955-1321
|팩　　스 031-955-1322
|홈페이지 www.freeaca.com
|전자우편 main@freeaca.com(대표)
editor@freeaca.com(편집)
crm@freeaca.com(영업)
|등　　록 제406-2003-017호, 1980. 7. 12
|제1판1쇄 2016년 8월 10일 발행
|제1판3쇄 2022년 7월 10일 발행
|정　　가 17,000원

저자와의
협의하에
인지생략

ISBN 979-11-5808-093-8　　93310